Herausgegeben von

Susanne Prediger

Bärbel Barzel

Stephan Hußmann

Timo Leuders

Erarbeitet von
Susanne Prediger, Bärbel Barzel, Stephan Hußmann, Timo Leuders,
Carola Ehret, Matthias Glade, Gilbert Greefrath, Lars Holzäpfel, Michael Marxer,
Udo Mühlenfeld, Thomas Royar, Andrea Schink, Ulla Schmidt, Claudia Schneider,
Robert Storz, Christine Streit, Jan Verschraegen, Christof Weber,
Cornelia Witzmann

Redaktion: Grit Weber
unter Mitarbeit von Stefanie Hautz, Ludwig Heyder, Ulf Rothkirch

Illustrationen: Christian Nusch
Technische Zeichnungen: Christian Böhning
Bildredaktion: Peter Hartmann
Umschlaggestaltung: Claudia Bachmann
Layoutkonzept: Andrea Jaschinski
Layout und technische Umsetzung: Jürgen Brinckmann

www.cornelsen.de
Unter der folgenden Adresse befinden sich multimediale Zusatzangebote
für die Arbeit mit dem Schülerbuch:
www.cornelsen.de/mathewerkstatt
Die Buchkennung ist **MWS040235**.

Die Links zu externen Webseiten Dritter, die in diesem Lehrwerk angegeben sind,
wurden vor Drucklegung sorgfältig auf ihre Aktualität geprüft.
Der Verlag übernimmt keine Gewähr für die Aktualität und den Inhalt dieser Seiten
oder solcher, die mit ihnen verlinkt sind.

1. Auflage, 2. Druck 2014

Alle Drucke dieser Auflage sind inhaltlich unverändert
und können im Unterricht nebeneinander verwendet werden.

© 2013 Cornelsen Schulverlag GmbH, Berlin

Das Werk und seine Teile sind urheberrechtlich geschützt. Jede Nutzung in anderen
als den gesetzlich zugelassenen Fällen bedarf der vorherigen schriftlichen
Einwilligung des Verlages.
Hinweis zu den §§ 46, 52a UrhG: Weder das Werk noch seine Teile dürfen ohne eine
solche Einwilligung eingescannt und in ein Netzwerk eingestellt oder sonst öffentlich
zugänglich gemacht werden.
Dies gilt auch für Intranets von Schulen und sonstigen Bildungseinrichtungen.

Druck: DBM Druckhaus Berlin-Mitte GmbH

ISBN 978-3-06-040235-9

PEFC zertifiziert
Dieses Produkt stammt aus nachhaltig
bewirtschafteten Wäldern und kontrollierten
Quellen.
www.pefc.de

Inhaltsverzeichnis

Verbrauch im Haushalt – Schätzen und Überschlagen 5
Wie kann man Mengen schätzen?
Wie rundet und überschlägt man sinnvoll?
Wie geht man beim Problemlösen vor?

Zahlen unter der Lupe – Zahlen zerlegen und erforschen 23
Wie sind Zahlen zusammengesetzt?
Wie geht man vor, wenn man Zahlen erforschen will?
Welche Muster gibt es beim Teilen und Vervielfachen?

Freizeit von Mädchen und Jungen – Anteile vergleichen und zusammenfassen 43
Wie kann man Ergebnisse fair vergleichen?
Wie kann man Anteile darstellen und vergleichen?
Wie kann man Anteile zusammenfassen?

Orientierung auf Land und Wasser – Die Lage von Orten beschreiben und finden ... 79
Wie kann man Richtungen und Richtungsänderungen durch Zahlen beschreiben?
Wie kann man Orte mit Zahlen beschreiben?

Haushaltskosten aufteilen – Rechnungen darstellen und diskutieren 101
Wie kann man festhalten, wie abgerechnet werden soll?
Wie kann man mit Termen eindeutig rechnen?
Wie findet man Terme, die das Gleiche beschreiben?

Einen Raum renovieren – Mit Dezimalzahlen rechnen 123
Wie kann man Dezimalzahlen multiplizieren und dividieren?

Kinder weltweit – Anteile von Anteilen verstehen 143
Warum kommt es bei Anteilen auf das Ganze an?
Wie kann man Anteile von Anteilen bestimmen?

Die Welt im Museum – Vergrößern und Verkleinern 165
Wie kann man Bilder und Modelle von großen und kleinen Dingen erstellen?
Wie kann man schrittweise vergrößern und verkleinern?
Wie kann man mit Prozenten und Dezimalzahlen vergrößern oder verkleinern?

Zahlen- und Bildmuster – Geschickt zählen und fortsetzen 189
Wie kann man geschickt zählen?
Wie kann man geschickt weiterzählen?
Wie kann man geschickt weiterrechnen?

Unser Klima – Diagramme verstehen und erstellen 209
Wie kann man Informationen aus Diagrammen ablesen?
Wie kann man Daten geeignet darstellen und präsentieren?

Anhang 229

Verbrauch im Haushalt – Schätzen und Überschlagen

In diesem Kapitel …

▶ überschlägst du den Verbrauch von Wasser im Haushalt.

▶ rundest du Größenangaben sinnvoll.

▶ lernst du, wie man beim Problemlösen planvoll vorgeht.

Verbrauch im Haushalt – Schätzen und Überschlagen

Erkunden A

Wie kann ich Mengen schätzen?

Erinnere dich
Ein Liter ist das Volumen eines Dezimeterwürfels.

1 Den Wasserverbrauch im Haushalt schätzen

In den Bildern unten ist dargestellt, wofür man in einer Familie Wasser verbraucht.

a) Wähle eines der beiden Bilder aus und untersuche:
- Welche Arten des Wasserverbrauchs sind hier dargestellt?
- Wie viel Liter sind das ungefähr im Jahr für eine Familie mit Mutter, Vater und zwei Kindern? Gib den Verbrauch auch in Kubikmeter an.

Schreibe alle deine Gedanken, Ideen und Rechnungen auf.

(1)

(2)

b) Vergleicht eure Bearbeitungen miteinander: Was ist verschieden, was ist gleich?

← **nachgedacht**

c) An welcher Stelle hattest du Schwierigkeiten? Beschreibe deine Schwierigkeiten.

d) Wofür wird im Haushalt noch Wasser verbraucht? Schätze jeweils den Wasserverbrauch.

2 Unbekannte Werte finden

a) Wie viel Wasser benötigt man, um ein Spülbecken zu füllen?
Schätze die Wassermenge. Notiere deine Überlegungen.

Erinnere dich
Ein Ansatz ist ein Weg, den du aussuchst, um eine Aufgabe zu bearbeiten.

b) Ole und Merve wissen nicht, welche Wassermenge in ein Spülbecken passt.
Um diese Wassermenge zu schätzen, wählen sie den Ansatz *auf etwas Bekanntes zurückführen*.

Sprechblase (Ole): *In ein fast gefülltes Spülbecken passt genauso viel Wasser wie in zwei große Putzeimer.*

Sprechblase (Merve): *In ein gefülltes Spülbecken passen ungefähr 9 oder 10 große Flaschen Wasser.*

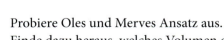

Probiere Oles und Merves Ansatz aus.
Finde dazu heraus, welches Volumen die Vergleichsgegenstände von Ole und Merve haben.

c) Überlege dir, welche anderen Wassermengen du mit Hilfe von Wasserflaschen oder Putzeimern schätzen kannst.
Wähle auch die Einheit Kubikmeter, wenn es sinnvoll ist.

Erkunden B — Wie runde und überschlage ich sinnvoll?

3 Passend runden

wiederholen

Wissensspeicher aus vorigen Schuljahren: *Dezimalzahlen 3*

Pia, Ole, Till und Merve sollen einen Artikel über den Trinkwasserverbrauch in der Stadt Münster schreiben. Sie haben dazu im Internet recherchiert und mit Mitarbeitern der Wasserwerke telefoniert. Dabei haben sie einige Überlegungen aufgeschrieben.

> Am 1. Januar 2008 gab es in der Stadt Münster 272 951 Einwohner. Im Jahr 2007 wurden im Stadtgebiet 13 051 152 065 Liter Trinkwasser verbraucht. Durchschnittlich hat jeder Einwohner an jedem Tag genau 131 Liter Wasser verbraucht.

> Bei einem täglichen Verbrauch von 100 Litern pro Einwohner hat die Stadt Münster mit 273 000 Einwohnern einen Jahresverbrauch von 10 Milliarden Litern.

Gut zu wissen

Man kann sagen „auf Tausender gerundet" oder „auf Tausend genau" und schreibt z. B.
47 847 Liter ≈ 48 000 Liter.

a) Merve und Pia haben unterschiedliche Zahlenwerte für
 (1) die Einwohnerzahl von Münster,
 (2) den Jahresverbrauch aller Einwohner,
 (3) den durchschnittlichen Verbrauch jedes Einwohners pro Tag.
 Vergleiche Merves und Pias Werte und erkläre, wie sie gerundet haben.
 Schreibe alle Verbrauchsangaben auch in Kubikmeter.

nachgedacht

b) Vergleiche das Vorgehen von Pia und Merve:
- Pia hat alles ganz genau gerechnet. Prüfe ihre Rechnung nach. Welche Vor- und Nachteile hat es, so genau wie Pia zu rechnen?
- Merve hat vor und nach dem Rechnen gerundet. Wie könnte sie gerechnet haben? Welche Vor- und Nachteile hat es, so wie Merve zu runden?

c) Merve begründet ihr Vorgehen so:

> Ich will mir ja nur vorstellen, wie viel es ungefähr ist.

- Wie kannst du dir die Mengen (1), (2), (3) bei a) vorstellen?
- Wie groß ist jeweils die Menge, die man beim Abrunden verliert oder die beim Aufrunden hinzubekommt?
- Wie kannst du dir die verlorenen oder hinzugekommenen Mengen vorstellen?

d) Berechne aus Tills Angabe …
 (1) den Jahresverbrauch aller Einwohner.
 (2) den Tagesverbrauch pro Einwohner.
 Runde vorher oder am Ende sinnvoll.

> Jeder der 272 950 Münsteraner verbraucht im Jahr 50 000 Liter Trinkwasser.

10 Verbrauch im Haushalt – Schätzen und Überschlagen

Ein wassersparender Duschkopf für 79,90 €

Erinnere dich
1 m³ = 1000 Liter

▶ Materialblock S. 7
Arbeitsmaterial
Runden und Rechnen mit unterschiedlicher Genauigkeit

4 Runden und Rechnen mit unterschiedlicher Genauigkeit

Tills Familie hat letztes Jahr 122 000 Liter Wasser verbraucht und dafür 181,78 € bezahlt. 1000 Liter Wasser kosteten in den letzten Jahren 149 Cent.

Zu Beginn dieses Jahres haben sie einen wassersparenden Duschkopf eingebaut.
Sie möchte nun wissen, ob sich die Anschaffung des Duschkopfs gelohnt hat.
Deshalb lesen sie am 21. Januar und am 20. Februar den Zählerstand an ihrer Wasseruhr ab.

21.01. Zählerstand 14 572 Liter

20.02. Zählerstand 23 651 Liter

a) ■ Wie viel Liter Wasser wurden vom 21. 1. bis zum 20. 2. verbraucht?
■ Wie viel Liter Wasser wurden in dieser Zeit ungefähr verbraucht?
■ Wie viel Euro kostet diese Wassermenge ungefähr?

b) Hat sich die Anschaffung des Duschkopfes gelohnt?
Versuche, diese Frage mit Hilfe der Ergebnisse von Aufgabe a) ohne Taschenrechner und ohne schriftliche Rechnung zu beantworten.

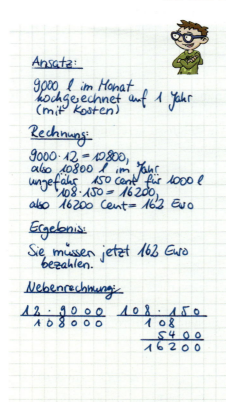

c) Till und Ole haben die folgende Frage bearbeitet:

> Wie viel wird Tills Familie in diesem Jahr für Wasser bezahlen müssen?

Lies die Lösungen von beiden durch und schätze Tills und Oles Vorgehen an Hand der folgenden Fragen ein:
(1) Wie haben Till und Ole die 9000 Liter bestimmt? Wie genau ist die Angabe?
(2) Warum meint Ole, er kann auch mit „ungefähr 150 Cent" rechnen?
(3) Till und Ole stellen sich ein Jahr verschieden vor. Worin besteht der Unterschied?

nachgedacht d) Was sagst du zur Genauigkeit der Rechnungen von Till und Ole?

Erkunden C — Wie gehe ich beim Problemlösen vor?

5 Mit einfacheren Fragen kommt man weiter

Till, Ole und Merve möchten eine Waldmeisterparty veranstalten, weil sie alle drei so gerne Waldmeister mögen. Zu der Waldmeisterparty gibt es Getränke mit Eiswürfeln aus Waldmeistersaft. Das Problem lautet:

> Wie viel Liter Waldmeistersaft sollen dafür zu Eiswürfeln eingefroren werden?

Till wusste zuerst nicht, wie er dieses Problem lösen kann.
Sein Ansatz war daher: *einfachere Fragen stellen*.

a) Versuche, das Problem mit Tills Überlegungen zu lösen.

Ansatz: einfachere Fragen stellen

Wie viele Eiswürfel brauchen wir für die Waldmeisterparty?
Um das zu beantworten, brauche ich noch mehr Informationen.

Wie viele Gäste werden kommen?
Wir haben 30 Gäste eingeladen, wahrscheinlich kommen 25.

Tipp
Ihr könnt auch einmal einige Eiswürfel in einem Messbecher schmelzen lassen.

Wie viel Saft braucht man für einen Eiswürfel?
Das habe ich mal ausprobiert! Bei mir waren es ungefähr 10 ml.

Wie viele Gläser trinkt jeder an einem Nachmittag?

Gut zu wissen
Die Abkürzung ml bedeutet Milliliter. 1000 ml sind 1 Liter.

Bei einer Feier trinkt man oft mehr als sonst. Vielleicht 4 Gläser pro Gast.

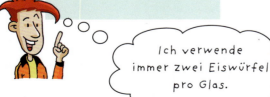

Wie viele Eiswürfel braucht man pro Glas?
Ich verwende immer zwei Eiswürfel pro Glas.

▸ nachgedacht **b)** Wie hat dir der Ansatz *einfachere Fragen stellen* geholfen?

Verbrauch im Haushalt – Schätzen und Überschlagen

Ordnen A

Erinnere dich
1 dm · 1 dm · 1 dm = 1 dm³
= 10 cm · 10 cm · 10 cm
= 1000 cm³ = 1 Liter
Anstelle von 10 Liter schreibt man abgekürzt auch 10 ℓ.

✱ **Neues Wort**
Ein **Milliliter** ist ein tausendstel Liter.
1 Milliliter schreibt man abgekürzt auch: 1 mℓ.

▶ Materialblock S. 13
Arbeitsmaterial
Gute Gegenstände zum Vergleichen

▶ Materialblock S. 2
Wissensspeicher
Vergleichsgegenstände zum Schätzen des Volumens

Wie kann man Mengen schätzen?

1 Vergleichsgegenstände für das Schätzen

Zum Schätzen des Volumens von Gegenständen kann man Vergleichsgegenstände mit bekanntem Volumen nutzen. Deshalb ist es hilfreich, sich das Volumen einiger Gegenstände und einfache Umrechnungen zu merken.

a) Ein Kubikdezimeter ist das Volumen eines Würfels mit der Kantenlänge 1 dm.
Ein Liter ist genau so groß wie ein Kubikdezimeter.
- Wie kannst du dir 10 Liter, 100 Liter oder 1000 Liter vorstellen?
- Wie stellst du dir einen Kubikmeter vor?

b) Ein Kubikzentimeter ist das Volumen eines Würfels mit der Kantenlänge 1 cm.
Ein *Milliliter*✱ ist genau so groß wie ein Kubikzentimeter. 1000 Milliliter sind 1 Liter.
Suche Gegenstände, die ein Volumen von 10 Milliliter, von 100 Milliliter oder von 1000 Milliliter haben.

c) Im Materialblock findest du eine Tabelle und mehrere Bilder von Gegenständen.

Volumen in Liter	Volumen in Kubik...	Gegenstand

Schneide die Bilder der Gegenstände aus und ordne sie nach ihrem Volumen.
Ergänze dann die Tabelle mit Bleistift und lege an passender Stelle die Bilder dazu.

d) Überprüft eure Ergebnisse aus b) und c) und korrigiert sie, wenn nötig.
Vergleicht eure Lösungen und übertragt sie in den Wissensspeicher.
Klebt die Bilder der Gegenstände an den passenden Stellen ein.

2 Ein Ansatz für das Schätzen des Volumens von Gegenständen

a) Wie groß ist das Volumen des Spülkastens, des Minikühlschranks und des Löffels?
Beantworte die Frage im Heft mit dem Ansatz: *auf etwas Bekanntes zurückführen*.

(1) Gibt es etwas Bekanntes, das genauso groß ist?

(2) Wie oft passt etwas Bekanntes in das Gesuchte?

(3) Wie oft passt das Gesuchte in etwas Bekanntes?

▶ Materialblock S. 3
Wissensspeicher
Auf etwas Bekanntes zurückführen

b) Vergleicht eure Lösungen und übertragt sie in den Wissensspeicher.

Ordnen

3 Informationen im Text finden und damit Mengen schätzen

wiederholen
Methodenspeicher aus vorigen Schuljahren:
Arbeitstechniken 1, 2

▶ Materialblock S. 8
Arbeitsmaterial
Verbrauch beim Waschen

Manche Informationen kann man direkt aus einem Text ablesen.
Manchmal muss man zusätzlich einige Angaben schätzen, um Fragen zu beantworten.

a) Lies den Text „Verbrauch beim Waschen – Teil 1".

Verbrauch beim Waschen — Teil 1

In fast jedem Haushalt in Deutschland wird die Wäsche mit einer elektrischen Waschmaschine gewaschen. Das sind durchschnittlich 550 kg Wäsche pro Jahr.
Eine sehr sparsame moderne Waschmaschine für 7 kg Wäsche verbraucht im Normalprogramm 41 Liter Wasser. Für kleine Haushalte gibt es auch kleinere 5-Kilogramm-Waschmaschinen. Diese haben einen Wasserverbrauch von nur 7,7 Liter pro Kilogramm Wäsche.
Jumbolader sind Maschinen für 8 Kilogramm Wäsche pro Waschgang. Sparsame Jumbolader haben einen Wasserverbrauch von 10 500 Liter pro Jahr.

Hinweis
Den Text findest du auch im Materialblock. Dort kannst du die Fragen und die passenden Informationen im Text farbig unterstreichen.

b) Welche der folgenden Fragen, kannst du mit Hilfe des Textes nicht beantworten? Begründe deine Auswahl.
(1) Wie viel Wäsche wird im Durchschnitt in einem deutschen Haushalt in zehn Jahren gewaschen?
(2) Wie viele Jumbolader gibt es in Deutschland?
(3) Wie viel Kilogramm Wäsche können mit 10 500 Liter Wasser gewaschen werden?
(4) Wie viel Wasser wird pro Jahr in Deutschland zum Wäschewaschen verbraucht?
(5) Stimmt es, dass eine 5-Kilogramm-Maschine weniger Wasser verbraucht als eine moderne 7-Kilogramm-Maschine?

c) Stelle eigene Fragen, die sich mit dem folgenden Text beantworten lassen.
Versucht gegenseitig eure Fragen zu beantworten.

Verbrauch beim Waschen — Teil 2

Aufgrund des technischen Fortschritts benötigen die Waschmaschinen heute viel weniger Wasser pro Waschgang als früher. So hat sich der durchschnittliche Verbrauch von 180 ℓ zu Beginn der 1980er Jahre über 130 ℓ zu Beginn der 1990er Jahre bis jetzt auf 50 ℓ verringert.
Wasser und Strom sind dafür verantwortlich, dass eine Waschmaschine nicht nur bei ihrem Kauf Geld kostet. Viele Familien achten daher beim Kauf einer neuen Waschmaschine nicht nur auf den Preis. Im Internet und im Fachgeschäft sind heute zu jeder Waschmaschine auch der Stromverbrauch und der Wasserverbrauch angegeben.

Mein großer Bruder hat eine alte 5 kg-Waschmaschine, die 70 Liter Wasser pro Waschgang verbraucht. Wie viel Wasser verbraucht er wohl dafür in einem Jahr?

d) Manchmal fehlen in einem Text Informationen, die muss man dann schätzen.
Welche Information fehlt Merve, um ihre Frage mit den beiden Texten zu beantworten?
Schätze die fehlenden Werte und berechne eine Antwort.

e) Merves Bruder überlegt, eine neue, wassersparende Waschmaschine zu kaufen.
Er möchte damit auch Geld bei der Wasserabrechnung einsparen.
Er will wissen, nach wie viel Jahren sich der Kauf der neuen Maschine gelohnt hat.
Welche Angaben benötigst du, um seine Frage zu beantworten?

Verbrauch im Haushalt – Schätzen und Überschlagen

Ordnen B   Wie rundet und überschlägt man sinnvoll?

4 Sinnvolles Runden von Angaben

Ich habe gelesen, Münster hat gerade 272 851 Einwohner. So genau will man das doch gar nicht wissen.

a) Ergänze die folgenden Aussagen zur Einwohnerzahl von Münster. Runde die Angaben dazu passend auf Hunderter, Tausender, Zehntausender oder Hunderttausender.
Benutze das Zeichen „≈".

Neues Zeichen
„≈" bedeutet „ist ungefähr"
z. B.: 128 343 ≈ 130 000

128 343
|—————↓——|→
120 000   130 000

(1) Münster ist eine Großstadt mit etwa ▋00 000 Einwohnern.
(2) Seit vielen Jahren liegt die Einwohnerzahl von Münster bei etwa ▋▋0 000.
(3) Münster lag 2010 mit ▋▋▋ 000 Einwohnern knapp hinter Wiesbaden (276 000).
(4) Im Januar 2010 hatte Münster etwa ▋▋▋ ▋00 Einwohner.

b) Welche Begründung passt zu welcher Rundung bei a)?
(A) „Innerhalb eines Monats kann man die Einwohnerzahl nie ganz genau angeben."
(B) „Die Einwohnerzahl schwankt jedes Jahr um ein paar Tausend."
(C) „Viele deutsche Städte unterscheiden sich um ein- bis zweitausend Einwohner."
(D) „Ab 100 000 Einwohnern nennt man eine Stadt Großstadt."

▶ Materialblock S. 4
Wissensspeicher
Angaben sinnvoll runden

c) Vergleicht eure Ergebnisse und übertragt sie in den Wissensspeicher.

5 Überschlagen durch Runden und Rechnen

Ich finde, man sollte Tageszeitungen nicht mehr auf Papier drucken, sondern nur noch am Computer lesen. Das spart jedes Jahr eine Tonne Papiermüll.

Ach Quatsch, das sind doch höchstens 10 Kilogramm.

Ole will die Aussagen prüfen und wiegt eine Zeitung, sie wiegt 127 g.
Jede Woche kommen 6 Zeitungen, das Jahr hat 52 Wochen.
Außerdem gibt es noch etwa 10 Feiertage, an denen keine Zeitung kommt.

a) Rechne mit den Angaben von Ole ganz genau und runde erst am Schluss passend.
Kannst du mit der Lösung entscheiden, wer Recht hat?

b) Führe auch eine Überschlagsrechnung durch.
Runde dazu die Ausgangswerte und rechne mit den vereinfachten Zahlen.
Kannst du auch mit dieser Lösung entscheiden, wer Recht hat?

c) Welche der folgenden Aussagen zur Überschlagsrechnung findest du richtig?
Begründe deine Entscheidung.
(1) Man sollte immer erst ganz genau rechnen.
(2) Wenn man Werte rundet, kann man schneller ein ungefähres Ergebnis erhalten.
(3) Wenn man merkt, dass das Ergebnis nicht genau genug ist, kann man noch einmal mit genaueren Werten rechnen.

▶ Materialblock S. 4
Wissensspeicher
Überschlagsrechnung

d) Vergleicht die Ergebnisse aus b) und übertragt sie in den Wissensspeicher.

Ordnen

Ordnen C — Wie geht man beim Problemlösen vor?

6 Wichtige Schritte beim Lösen einer Aufgabe

a) Pia hat sich mit diesem Problem beschäftigt:

> Wie viel Wasser könnte ich jedes Jahr beim Zähneputzen sparen?

Pias Lösungsweg findest du im Materialblock.
Pia ist dabei in mehreren Schritten vorgegangen.
Diese Schritte verwendet sie immer wieder beim Lösen von Problemen.

▶ Materialblock S. 9
Arbeitsmaterial
Pias Lösungsschritte

Problem verstehen   **A**nsatz suchen
Ergebnis erklären   **D**urchführen   **K**ontrollieren

▶ Materialblock S. 5
Methodenspeicher
Schritte beim Problemlösen

Bringe die Schritte von Pias Lösung in die richtige Reihenfolge und ergänze die Namen der Schritte.

b) Vergleicht eure Lösungen und klebt sie in den Methodenspeicher.

7 Ein Lösungsplan

> So ähnlich wie Pia kann man eigentlich immer vorgehen. Dann hat man auch bei anderen Aufgaben einen Lösungsplan und kann der Reihe nach vorgehen.

P A D E K   Man kann die Schritte in einem Lösungsplan kurz aufschreiben:

- *Problem* — **P**roblem verstehen: in eigenen Worten formulieren
- *Ansatz* — **A**nsatz suchen: Annahmen beschreiben und Rechenweg planen
- *Durchführung* — **D**urchführen: Rechnung durchführen
- *Ergebnis* — **E**rgebnis erklären
- *Kontrolle* — **K**ontrollieren: Ergebnis, Rechnung und Ansatz prüfen

a) Bearbeite nach diesem Lösungsplan eines der folgenden Probleme.
  (1) Welche Flüssigkeitsmenge an Getränken nehme ich jede Woche zu mir?
  (2) Wie viel Kilogramm an fester Nahrung nehme ich jede Woche zu mir?
  (3) Wie viel Papier verbrauche ich jedes Jahr zum Schreiben, Zeichnen, Malen, …?

▶ Materialblock S. 5
Arbeitsmaterial
Ein einfacher Lösungsplan

b) Vergleicht eure Lösungen und übertragt eine in das Arbeitsmaterial.

c) Du hast zwei Ansätze zum Schätzen kennengelernt:

> auf etwas Bekanntes zurückführen   und   einfachere Fragen stellen

- An welcher Stelle im Lösungsplan verwendest du die Ansätze zum Schätzen?
- Was passiert im Lösungsplan P A D E K, wenn ein Ansatz nicht zum Ziel führt?

Verbrauch im Haushalt – Schätzen und Überschlagen

Vertiefen 1

Volumen schätzen durch Zurückführen auf Bekanntes

🛠 Training

▶ Materialblock S. 10
Arbeitsmaterial
Volumen durch Vergleichen schätzen

1 Volumen durch Vergleichen schätzen

a) Schätze jeweils, wie oft der Inhalt des einen Gegenstands in den anderen passt.
  (1) Milchtüte → Wassereimer
  (2) Kaffeesahne → Kaffeetasse
  (3) Kaffeetasse → Kaffeekanne
  (4) Kaffeekanne → Wassereimer
  (5) Wassereimer → Regentonne
  (6) Kaffeetasse → Milchtüte
  (7) Mülleimer → Mülltonne

Ergänze auf dem Arbeitsmaterial im Materialblock die entsprechenden Faktoren, also wie oft das eine in das andere passt.

b) Ordne jedem Gegenstand aus a) ein Volumen zu.

| 5 ml | 200 ml | 1 ℓ | 1,5 ℓ | 10 ℓ | 30 ℓ | 120 ℓ | 200 ℓ |

Ergänze auf dem Arbeitsmaterial die entsprechenden Volumenangaben.

c) Überprüfe, ob deine Volumenangaben aus b) zu den Faktoren aus a) passen.

2 Vergleichen mit etwas Bekanntem

a) Versuche, das Volumen durch Vergleichen mit etwas Bekanntem zu schätzen.

④ Planschbecken

① Schultasche

② Kühlschrank

③ Mülltonne

⑤ Kochtopf

b) Das Volumen eines Gegenstandes kann man auch näherungsweise berechnen. Stelle dir dazu für die Beispiele in a) jeweils einen gleichgroßen Quader oder mehrere Würfel vor und berechne das Volumen in Kubikdezimeter.
Vergleiche anschließend deine Lösungen mit den Schätzungen aus a).

Vertiefen 2 Sinnvoll runden

🛠 Training

▶ Materialblock S. 11
Arbeitsmaterial
Höhenangaben von Bergen runden

3 Höhenangaben von Bergen runden

a) Der höchste Berg der Welt ist der Mount Everest in Nepal mit einer Höhe von 8848 m.
Zeichne auf dem Zahlenstrahl im Materialblock die Höhe des Berges ein.
Zeichne auch …
(1) den nächstliegenden Zehner ein.
(2) den nächstliegenden Hunderter ein.
(3) den nächstliegenden Tausender ein.

b) Runde die Höhe des Berges auf Zehner, auf Hunderter und auf Tausender.
Was haben die gerundeten Zahlen mit den Eintragungen auf dem Zahlenstrahl bei a) zu tun?

c) Im Materialblock findest du noch weitere Berge mit ihren Höhenangaben.
Runde die Höhe jeweils auf Zehner, Hunderter und Tausender und ergänze die gerundeten Zahlen in der Tabelle.

d) Finde in der Tabelle aus c) Beispiele für gerundete Werte, die gleich groß sind.
Begründe, wie das passieren kann.

4 Ergebnisse beim Runden

a)

Eine Zahl wurde auf Zehner gerundet. Das Ergebnis ist 40.
▪ Welche Zahl könnte gerundet worden sein?
Gib einige mögliche Zahlen an.
▪ Finde alle Möglichkeiten.

b) Übertrage die Aufgaben ins Heft und ergänze die Lösungen.

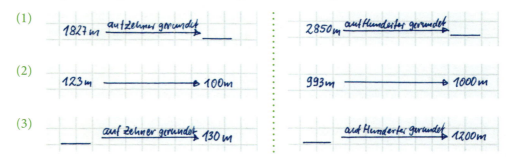

c) Bei einigen Aufgaben bei b) gibt es mehrere Lösungen.
Gib bei jeder Aufgabe möglichst alle Lösungen an.

d) Erfindet ähnliche Aufgaben und stellt sie euch gegenseitig.

Verbrauch im Haushalt – Schätzen und Überschlagen

5 Rundungsspiel

▶ Materialblock S. 12/13
Arbeitsmaterial
Rundungsspiel

Bei diesem Spiel für 2 bis 4 Spieler sollen immer drei zusammengehörende Karten gefunden werden.
Zum Beispiel gehören die Karten „1893", „1890" und „gerundet auf Zehner" zusammen.

Spielregeln:
- Die Karten werden gemischt und verdeckt auf den Tisch gelegt.
- Jeder deckt der Reihe nach eine Karte auf.
- Wer einen richtigen Dreier aus den offenen Karten bilden kann, also z. B. „1893 – gerundet auf Zehner – ist 1890", darf diese drei Karten behalten.

| | 1893 | gerundet auf Zehner | 1890 | | 1897 | gerundet auf Hunderter | |

6 Sinnvoll runden

a) Manchmal sind viele Zahlenangaben genauer angegeben, als es sinnvoll ist.
Entscheide, ob und wie man folgende Angaben sinnvoll runden kann.
(1) Für den Weg zu meiner Oma benötige ich mit dem Fahrrad genau 32 min 30 s.
(2) In eine Colaflasche passen 505 mℓ Cola.
(3) Ein Fußballfeld hat die Länge 105 679 mm und die Breite 68 435 mm.

b) Die folgenden Angaben sind gerundet.
Gib an, wie groß sie vor dem Runden mindestens und höchstens gewesen sein können.
(1) In einer Dose sind 330 mℓ Saft enthalten.
(2) Die Stadt Münster hat 270 000 Einwohner.
(3) Wenn ich mit dem Fahrrad zur Schule fahre, brauche ich ungefähr 20 Minuten.

c) „Für unseren Tennisplatz benötigen wir 3 912 542 Grassamen, denn er ist 2377 cm lang und 823 cm breit. Für jeden Quadratzentimeter benötigen wir ungefähr 2 Grassamen. Also sind es 3 912 542 Samen."
Ersetze in dieser Aufgabe alle Angaben durch sinnvoll gerundete Werte.
Berechne dann neu, wie viele Grassamen benötigt werden.

Training

7 Wie groß kann es sein?

a) Die folgenden Werte wurden gerundet.
Gib jeweils den kleinsten und den größten Wert an, der gerundet worden sein kann.
(1) Im Stadion waren 55 000 Besucher.
(2) Deutschland hat 80 000 000 Einwohner.
(3) Das Flugzeug erreichte eine Flughöhe von 11 400 m.
(4) Der Kofferraum eines bestimmten Autos hat das Volumen 560 Liter.
(5) Der größte Hai, den der Fischer gefangen hatte, war 6,90 m lang.

So kann deine Lösung bei (5) beginnen:

b) Erfindet eigene Aufgaben und stellt sie euch gegenseitig.

Vertiefen 3 — Einen Ansatz suchen und einen Lösungsplan verwenden

Training

einfachere Fragen stellen

8 Ein Problem mit einfacheren Fragen lösen

> Wie viele Äpfel esse ich jedes Jahr?

a) Dieses Problem kann man so nicht direkt lösen.
Die folgenden einfacheren Fragen können aber helfen.
Beantworte sie zuerst und versuche dann die Aufgabe zu lösen.
  (1) Wie viele Äpfel esse ich am Tag?
  (2) Wie viele Äpfel esse ich in der Woche?
  (3) Wie viele Wochen hat eigentlich ein Jahr?
  (4) Wie viele Wochen im Jahr sind Schulferien?

b) Löse das folgende Problem, indem du zuerst einfachere Fragen stellst:

> Wie viele ganze Brote esse ich jedes Jahr?

9 Passende und unpassende Fragen

Till möchte Chips für seine Geburtstagsparty kaufen.

> Wie viele Tüten Chips muss ich für die Geburtstagsfeier kaufen?

a) Dazu hat er sich viele Zwischenfragen aufgeschrieben.
Entscheide, welche geeignet und welche weniger hilfreich sind,
um die Ausgangsfrage zu beantworten.

> 1) Wie viele Chips brauchen wir für die Geburtstagsfeier?
> 2) Wie viele CDs müssen wir bereitlegen?
> 3) Wie lange wird die Feier dauern?
> 4) Wie viele Kuchen müssen wir backen?
> 5) Wie viele Chips passen in eine Schüssel?
> 6) Wie viele Chips sind in einer Tüte?
> 7) Wie viele Gäste werden kommen?
> 8) Wie viele Leute werden Chips und wie viele Schokolade essen?
> 9) Wie viele Chips isst jeder an einem Nachmittag?
> 10) Wie ist wohl das Durchschnittsalter der Gäste?

b) Wähle drei geeignete Zwischenfragen aus und beantworte sie.
Kannst du nun Tills Frage beantworten?
Welche Angaben fehlen dir noch?

c) Schreibe zu den fehlenden Angaben Zwischenfragen auf.
Gib Till am Schluss einen Tipp, wie viele Tüten Chips er kaufen soll.

Verbrauch im Haushalt – Schätzen und Überschlagen

10 Mülltonnenleerungen in Freiburg

Löse das folgende Problem im Heft.
Schreibe dabei die einzelnen P A D E K -Schritte immer als Zwischenüberschriften.

> Wie viele Restmülltonnen werden in Freiburg wöchentlich geleert?

Informationen von der Abfallbeseitigung und Stadtreinigung:
- Eine Restmülltonne hat eine Füllmenge von 60 Litern.
- Freiburg hat 217 547 Einwohner (Frühjahr 2008).
- Die Menge des Restmülls beträgt durchschnittlich 5 Liter pro Person pro Woche.
- In Freiburg sind 18 Mitarbeiter für die Restmüllbeseitigung zuständig.
- An einem Tag leert ein Team, bestehend aus 3 Personen, etwa 1000 Mülltonnen.
- 6 Einsatzfahrzeuge fahren jeweils 2 Touren pro Tag.
- In ein Müllauto passen etwa 16 Kubikmeter (das sind 16 000 Liter) Müll.

Problem verstehen
↓
Ansatz suchen
↓
Durchführen
↓
Ergebnis erklären
↓
Kontrollieren

a) Formuliere das P roblem in deinen eigenen Worten.
- Was willst du wissen?

b) Welchen A nsatz willst du wählen? Beschreibe deinen Ansatz.
- Mit welchen Daten aus dem Text willst du anfangen?
- Was willst du ausrechnen?
- Stellst du vielleicht erst eine Zwischenfrage?

c) Schreibe die D urchführung deiner Rechnung auf. Beschreibe, wie du vorgehst.
- Ist das Ergebnis der Rechnung vielleicht nur ein Zwischenergebnis?
- Benötigst du weitere Ansätze oder Zwischenfragen? (weiter mit b))

d) Erkläre dein E rgebnis.
- Wie rundest du das Ergebnis?
- Was bedeutet das Ergebnis?

e) K ontrolliere, ob das Ergebnis stimmen kann.
- Überlege, ob es passen kann, oder vergleiche mit deinem Nachbarn.

11 Zahnpastaverbrauch

> Wie viele Tuben Zahnpasta benötigt eine vierköpfige Familie im Jahr?

Bearbeite die Schätzaufgabe und verwende dazu den Lösungsplan P A D E K .
Schreibe dir Zwischenfragen auf und bearbeite sie.

12 Wasserbrauch beim Duschen

> Wie viel Liter Wasser verbraucht deine Familie jedes Jahr fürs Duschen?

Bearbeite die Schätzaufgabe und verwende dazu den Lösungsplan P A D E K .

Vertiefen 4 — Verbrauchsprobleme aus Zeitungstexten lösen

13 Neuen Duschkopf kaufen?

Duschkopf tauschen!
Normale Duschen verbrauchen rund 18 Liter Wasser pro Minute. Die „Spardusche" eines Herstellers aus Oberbayern verbraucht nur 6 Liter Wasser pro Minute. Den hochwertigen Duschkopf gibt es bereits ab 79,90 €, aber schon im ersten Jahr können pro Person rund 200 € an Wasser- und Energiekosten eingespart werden.

Überprüfe, ob die Angaben des Herstellers stimmen können.
Dabei können dir die folgenden Fragen helfen:
(1) Welche Angaben aus dem Text kannst du verwenden?
(2) Welche Informationen fehlen zur Lösung der Aufgabe?
(3) Von welchen Annahmen ist der Hersteller des Duschkopfes ausgegangen?

Lief das Wasser Tag und Nacht?
Laut Wasserrechnung verbrauchen Mieter der Schwanstraße in Berlin die zehnfache Wassermenge wie üblich. Statt durchschnittlich 100 Liter sollen täglich etwa 850 bis 1000 Liter Wasser aus dem Hahn geflossen sein. Dafür sollen die Bewohner mehr als 1000 Euro nachzahlen. Unglaublich!
Solch ein hoher Wasserverbrauch würde bedeuten, dass die Bewohner morgens alle Hähne auf und erst nachts wieder zudrehen. Vielleicht lief das Wasser ja auch Tag und Nacht.

14 Stimmt die Wasserrechnung?

a) Welche Fragen zu dem Artikel kannst du stellen?

b) Welche der Fragen aus a) zu diesem Artikel kannst du lösen?

c) Wähle eine Frage aus und bearbeite sie. Vergleicht eure Lösungen.

15 Standby-Verbrauch

Schon gewusst?
Eine Wattstunde (Wh) ist eine Energieeinheit. 1000 Wh sind eine Kilowattstunde.

Standby-Verbrauch wird oft vergessen
Viele Elektrogeräte im Haushalt, wie z. B. Fernseher oder Musikanlagen, kann man auf Standby setzen, damit man sie mit der Fernbedienung anschalten kann.
Sie sind dann aber nicht richtig ausgeschaltet und verbrauchen im Standby-Betrieb immer noch Strom. In einem durchschnittlichen Haushalt mit vier Personen liegt der Standby-Verbrauch bei etwa 50 bis 100 Wh pro Stunde. Zum Vergleich: Ein Föhn verbraucht 2000 Wh pro Stunde. 1000 Wh kosten etwa 20 Cent.

Eigentlich ist das doch gar nicht viel. Meine Freundin föhnt sich jeden Tag die Haare. Da verbraucht sie viel mehr Strom.

a) Könnte Merve Recht haben?
Die folgenden Fragen können dir dabei helfen:
- Wie lange wird die Freundin wohl brauchen, um sich die Haare zu föhnen?
- Welche Leerlaufzeit haben die Standby-Geräte?

b) Welche Kosten verursacht der Standby-Verbrauch? Welche Geräte verbrauchen besonders viel? Schätze oder recherchiere notwendige Angaben.

Checkliste — Verbrauch im Haushalt – Schätzen und Überschlagen

Ich kann … / Ich kenne …	Hier kann ich üben …
Ich kenne Beispiele für große und kleine Mengen und kann sie als Vergleich für das Schätzen verwenden. ▪ Wie kann man sich 200 mℓ vorstellen? ▪ Wie stellst du dir 1000 Liter vor? ▪ Wie viel Wasser passt wohl in die Schüssel auf dem Bild? 	S. 16 Nr. 1, 2
Ich kann eine Zahl auf Zehner, Hunderter und Tausender runden. Runde 10 581 auf Zehner, auf Hunderter und auf Tausender.	S. 17 Nr. 3, 4
Ich kann Rechnungen überschlagen, indem ich passend runde. Wie viele Mahlzeiten isst ein Mensch pro Jahr?	S. 18 Nr. 6 S. 19 Nr. 8
Ich kann zu Aufgabenstellungen einfachere Fragen formulieren. Till will herausfinden, wie viele Mathematikaufgaben er im Laufe seiner Schulzeit löst. Schreibe einige einfachere Fragen auf, die ihm dabei helfen können.	S. 19 Nr. 8, 9
Ich kenne verschiedene Schritte beim Problemlösen und kann sagen, bei welchem Schritt ich gerade bin. Erkläre in eigenen Worten, was die Buchstaben in der Abkürzung P A D E K bedeuten.	S. 20 Nr. 10–12
Ich kann Alltagsprobleme lösen, die mit dem Schätzen von Mengen und Größen zu tun haben. Wie viel Liter Müll fallen im Haushalt deiner Familie jedes Jahr an?	S. 21 Nr. 13–15

▶ *Hinweis:* Im Materialblock auf Seite 14 findest du diese Checkliste für deine Selbsteinschätzung. Zusätzliche Übungsaufgaben findest du im Internet unter 022-1.
(www.cornelsen.de/mathewerkstatt, Buchkennung: MWS040 235, Mediencode: 022-1)

Zahlen unter der Lupe –
Zahlen zerlegen und erforschen

In diesem Kapitel …

▶ untersuchst du, woraus Zahlen bestehen und wie man sie aufteilen kann.

▶ lernst du, wie man vorgeht, wenn man Zahlen erforschen will.

Erkunden A

Wie sind Zahlen zusammengesetzt?

Tipp
Du kannst zunächst das Rechnen bei einer einfachen Zahlenforschung üben.
▶ Materialblock S. 19/20
Arbeitsmaterial
Mal-Mauern

1 Schokoladentafeln

a) Rechts sind zwei Tafeln mit unterschiedlich vielen Stücken abgebildet.
Gib jeweils an, auf wie viele Personen diese gerecht aufgeteilt werden können.
Wann gibt es Streit beim Verteilen?

b) Vielleicht gibt es ja rechteckige Tafeln mit günstigeren Anzahlen.
Als Zahlenforscher kannst du bei der folgenden Frage helfen:

> Wie viele Stücke sollte eine rechteckige Schokolade haben,
> damit sie bei möglichst vielen verschiedenen Anzahlen von
> Personen gerecht aufgeteilt werden kann?

Schreibe – so wie Merve – alle deine Vermutungen und Ideen in dein Heft.

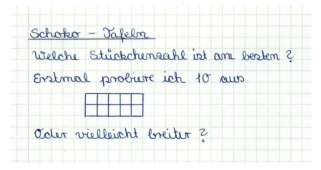

c) Schreibe zur Frage in b) deine Empfehlung auf und begründe sie.

Erkunden

2 Das Produktbäumchen-Spiel

Bei diesem Spiel für zwei Spieler erforschst du Eigenschaften von Zahlen.

Gut zu wissen
Ein Produkt ist das Ergebnis der Multiplikation von zwei Zahlen.

Spielregeln:
- Der erste Spieler schreibt eine Zahl – er „pflanzt" so ein Produktbäumchen.
- Danach „gießen" beide Spieler abwechselnd das Produktbäumchen.
- Jedes Mal „wachsen" aus einer Zahl zwei neue Zahlen.
  Das Produkt der beiden neuen Zahlen ist immer genau die Zahl, aus der sie gewachsen sind.
- Wer kein passendes Produkt mehr finden kann, hat verloren

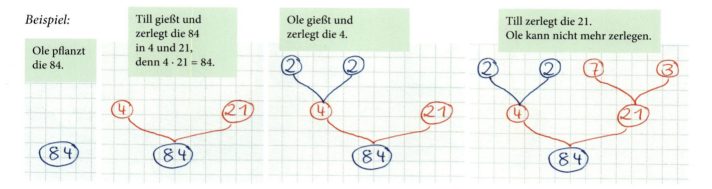

Beispiel: Ole pflanzt die 84. — Till gießt und zerlegt die 84 in 4 und 21, denn 4 · 21 = 84. — Ole gießt und zerlegt die 4. — Till zerlegt die 21. Ole kann nicht mehr zerlegen.

a) Spielt das Spiel mehrere Male und fangt dabei abwechselnd an.

b) Erforscht das Spiel: Welche Zahlen sollte man am Anfang wählen, um zu gewinnen?

c) „Warum kann Ole im Beispiel oben eigentlich nicht mehr zerlegen? Er könnte doch mit 7 mal 1 weiterspielen."

Pia meint: „Zerlegungen wie 7 mal 1 sollten verboten werden".
Warum ist Pias Vorschlag sinnvoll?

d) Erforscht die Produktbäumchen:
- Zeichnet möglichst viele verschiedene Produktbäumchen zu 15 und zu 48.
- Worin unterscheiden sich die Produktbäumchen?
  Was ist bei allen Produktbäumchen gleich?

nachgedacht

3 Rückblick auf die Zahlenforschung

Bei der Untersuchung von Schokoladentafeln und beim Spielen mit Produktbäumchen hast du erforscht, wie man Zahlen zerlegen kann. Nun weißt du schon etwas mehr darüber, wie Zahlen aufgebaut sind und wie man sie erforscht.

a) Bei welchen Zahlen ging das Zerlegen besonders gut und bei welchen besonders schlecht?

b)
- Wo hat dir ein Beispiel besonders gut geholfen?
- Welche Stelle war für dich beim Zahlenforschen besonders schwierig oder besonders interessant?

Erkunden B Wie gehe ich vor, wenn ich Zahlen erforschen will?

4 Treppenzahlen

Ole und Till haben aus Münzen Treppen gebaut.
Dabei ist jede Treppenstufe eins höher als die vorige Stufe.
Nun untersuchen sie, ob man für jede Anzahl von Münzen solche Treppen bauen kann.

Ich hab aus neun Münzen eine Treppe mit drei Stufen gemacht.

Ich hab aus neun Münzen eine Treppe mit zwei Stufen gebaut.

Ich habe acht Münzen. Geht das auch bei mir?

a) Baue Tills Treppe nach und füge noch eine weitere Stufe hinzu.
Wie viele Münzen hat die Treppe nun insgesamt?

b) Ole, Till, Merve und Pia haben folgende Frage untersucht:

> Zu welchen Zahlen lassen sich Treppen bauen?

Erinnere dich
Ein Ansatz ist ein Weg, den man aussucht, um eine Aufgabe zu bearbeiten.

Diese Ansätze haben ihnen beim Zahlenforschen geholfen:

| Beispiele aufschreiben | Beispiele ordnen (z.B. als Liste oder Tabelle) | eine andere Darstellung suchen (z.B. eine Zeichnung oder Rechnung) | eine Vermutung formulieren und überprüfen |

Forscheraufgaben können auch mal etwas länger dauern.

Merve hat alle ihre Überlegungen schriftlich festgehalten. An den Stellen, wo sie nicht weiterkam, wählte sie einen neuen Ansatz aus.

Untersuche auch du die Frage „Zu welchen Zahlen lassen sich Treppen bauen?"
Schreibe so wie Merve alle Schritte bei deiner Zahlenforschung auf.

c) Überlege dir, ob es eine Treppe aus 100 Münzen gibt.
Wenn es sie gibt, versuche zu beschreiben, wie diese Treppe aussieht.

← **nachgedacht**

d) Welche Ansätze hast du benutzt?
Welche Ansätze waren bei dieser Zahlenforschung nützlich?

Erkunden C

Welche Muster gibt es beim Teilen und Vervielfachen?

▶ Materialblock S. 21/22
Arbeitsmaterial
Reste-Rennen

5 Spiel „Reste-Rennen"

Bei diesem Spiel für 2 bis 4 Personen bastelst du mit Würfeln Divisionsaufgaben, die einen möglichst günstigen Rest lassen sollen. Neben dem Spielplan benötigt ihr Spielfiguren und drei Würfel, am besten Zehnerwürfel.

Erinnere dich
Wenn beim Dividieren die kleinere Zahl nicht genau in die größere passt, bleibt ein Rest, z. B.: 13 : 5 = 2 Rest 3

Spielregeln:
- Wer an der Reihe ist, würfelt nacheinander mit jedem Würfel einzeln und legt ihn in eines der drei linken Felder.
- Dabei entsteht eine Divisionsaufgabe. Der Rest bei der Division gibt an, wie viele Schritte man gehen darf.
- Wer dabei den Rest 0 herausbekommt, hat einen zweiten Versuch.
- Für einige Felder gelten besondere Regeln, wie im Bild zu sehen ist

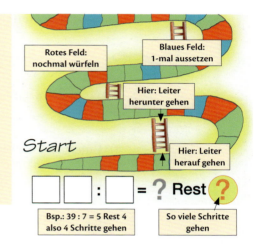

Tipp
Wenn ihr nicht mehr wisst, wie man mit Rest dividiert, schaut euch zuerst die Aufgaben 14 und 15 auf S. 40 an.

a) Spielt mehrmals das Spiel „Reste-Rennen".

b) Welche Tricks zum Legen der Würfel hast du beim Spielen herausgefunden, um günstige Reste zu bekommen?
Schreibe ein Beispiel für einen Trick auf und stelle den Trick deiner Gruppe vor.

c) Spielt als Team gegen ein anderes Team. Nutzt dabei die Tricks, die ihr gefunden habt. Diskutiert eure Tricks anschließend.

6 „Reste-Rennen" erforschen

▶ Materialblock S. 21
Arbeitsmaterial
Vielfachentabelle

Nun erforschst du, welche Regelmäßigkeiten es beim Teilen mit Rest gibt.

a) Till, Ole, Pia und Merve haben im Spiel „Reste-Rennen" jeweils zwei Würfel gelegt. Welche Reste können sie jetzt überhaupt noch bekommen?

Till: ⃞1⃞1⃞ : ⃞ = ? Rest ⃞   Ole: ⃞ ⃞5⃞ : ⃞5⃞ = ? Rest ⃞
Pia: ⃞ ⃞4⃞ : ⃞4⃞ = ? Rest ⃞   Merve: ⃞ ⃞3⃞ : ⃞3⃞ = ? Rest ⃞

Tipp
Bei diesen Zahlenforschungen helfen dir wieder die Ansätze aus Aufgabe 4 auf S. 28.

b) Wenn der Rest null wird, hat man noch einen zweiten Versuch. Pia hat die 2 schon in den hinteren Kasten gelegt. Was kann in den ersten beiden Feldern stehen, sodass der Rest null wird?   ⃞⃞ : ⃞2⃞ = ? Rest ⃞0⃞

c) Finde alle Möglichkeiten, was in den ersten beiden Feldern stehen kann:

(1) ⃞⃞ : ⃞3⃞ = ? Rest ⃞0⃞   (2) ⃞⃞ : ⃞5⃞ = ? Rest ⃞0⃞

d) Du hast untersucht, wie man erkennen kann, ob eine Zahl durch 2, 3 oder 5 teilbar ist. Schreibe alle deinen Vermutungen auf.

Zahlen unter der Lupe – Zahlen zerlegen und erforschen

7 Reste beim Teilen durch drei

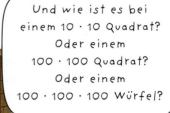

a) Untersuche die verschiedenen Zahlen 10, 100, 1000 usw. auf den Rest beim Teilen durch 3.

b) Untersuche bei folgenden Zahlenreihen die Reste beim Teilen durch 3:
   (1) 9, 99, 999, 9999, ...
   (2) 10, 100, 1000, 10 000, ...
   (3) 10, 20, 30, 40, 50, ...
   (4) 100, 200, 300, 400, ...
   (5) 11, 111, 1111, 11 111, ...
   Welche Regelmäßigkeiten kannst du entdecken?
   Wie kannst du sie erklären?

c) Till hat bei seinen Untersuchungen einen Trick gefunden.
   Er kann beim Teilen durch 3 den Rest finden, ohne zu dividieren:

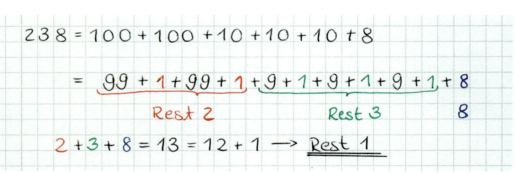

Erkläre den Trick mit den Ergebnissen aus Aufgabe b).
Diese Fragen können dir dabei helfen:
- Welchen Rest lassen jeweils 100, 10 und 1 beim Teilen durch 3?
- Welchen Rest lassen jeweils 400, 60 und 7 beim Teilen durch 3?
- Welchen Rest lässt 400 + 60 + 7 beim Teilen durch 3?

d) Till behauptet, dass alle folgenden Zahlen durch 3 teilbar sind.
   Überprüfe, ob er Recht hat.
   (1) 12, 21, 120, 210, 102, 201
   (2) 123, 321, 132, 3012, 3210, 3201, 3102, 2130

e) Woran kann man schnell erkennen, ob eine Zahl durch 3 teilbar ist?

Erkunden

8 Doppelt gerecht teilen

Merve will ein paar Freundinnen einladen, um gemeinsam ihren Schokolinsenvorrat aufzuessen. Zum Zeitvertreib zählt sie die Linsen:
84 Linsen sind rosa und 96 Linsen sind weiß.

a) Auf wie viele Personen kann sie die Linsen gerecht verteilen, wenn die Farbe egal ist?

b) Merve möchte allerdings, dass sowohl die weißen als auch die rosa Linsen gleichmäßig auf alle verteilt werden. Bei wie vielen Personen funktioniert das?

c) Untersuche auch, auf wie viele Personen man 78 weiße und 66 rosa Linsen so wie in Aufgabe b) gleichzeitig aufteilen kann. Erkläre, wie du dazu vorgehst.

9 Kluge Zikaden?

Gut zu wissen
Zikaden sind heuschreckenähnliche Insekten.
Mehr erfährst du im Internet unter dem Mediencode.
www 031-1

Im amerikanischen Bundesstaat Tennessee ereignet sich alle 17 Jahre ein seltsames Naturschauspiel. Über Nacht schlüpfen Milliarden von Zikaden aus dem Boden und paaren sich innerhalb weniger Wochen. Nach der Paarung und der Eiablage in den Boden verschwinden sie wieder für 17 Jahre. Im Jahre 1634 haben europäische Siedler das zum ersten Mal erlebt. Seitdem kamen sie immer genau alle 17 Jahre wieder.

a) In welchem Jahr ist das nächste Auftreten dieser Zikadenart zu erwarten?

b) Weiter südlich in Tennessee lebt eine andere Zikadenart, die alle 13 Jahre schlüpft. Stell dir vor, beide treffen in einem Jahr zusammen (nenne das Jahr einfach Jahr 0) Wie lange dauert es, bis beide Arten danach wieder im gleichen Jahr schlüpfen?

c) Forscher nehmen an, dass es ungünstig für das Überleben von zwei Zikadenarten ist, wenn sie gleichzeitig auftreten. Günstiger ist es, wenn zwei Arten möglichst selten im gleichen Jahr schlüpfen.
Untersuche, welche Jahresabstände für zwei Arten günstig wären und welche nicht.
(1)   6 Jahre und 8 Jahre
(2)   7 Jahre und 8 Jahre
(3)   6 Jahre und 9 Jahre

Ole hat sich an den Ansatz *eine andere Darstellung suchen* erinnert.

Vielleicht hilft dir seine Zeichnung.

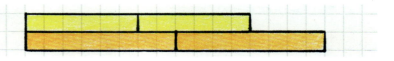

nachgedacht

10 Vergleiche deine Zahlenforschungen in den Aufgaben 8 und 9.
Welche Unterschiede und welche Gemeinsamkeiten gibt es?

Ordnen A Wie sind Zahlen zusammengesetzt?

1 Teiler finden

∗ Neues Wort
Man sagt, die Zahl 5 ist ein **Teiler** von 15, weil man 15 durch 5 teilen kann, ohne dass ein Rest bleibt.

a) Ole, Merve und Till erklären auf verschiedene Weise, dass 5 ein *Teiler*∗ von 15 ist.

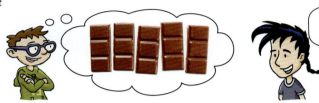

Prüfe und begründe ebenso, ob 3 ein Teiler von 15 ist und ob 4 ein Teiler von 15 ist.

▶ Materialblock S. 16
Wissensspeicher
Teiler von Zahlen

b) Es gibt Zahlen mit sehr wenigen Teilern und es gibt Zahlen mit sehr vielen Teilern. Trage mit Bleistift in die Tabelle im Wissensspeicher die Teiler aller Zahlen bis 30 ein. Welche Zahlen haben die meisten Teiler?

Alle Teiler von:	
1	1
2	1, 2
3	1, 3
4	1, 2, 4

∗ Neues Wort
Zahlen mit nur zwei Teilern heißen **Primzahlen**.

c) Die 3 hat nur die beiden Teiler 1 und 3. Solche Zahlen mit nur zwei Teilern nennt man *Primzahlen*∗.
Kreise in deiner Teiler-Übersicht aus b) alle Primzahlen ein.

d) Vergleicht eure Lösungen im Wissensspeicher und korrigiert sie, wenn nötig.

e) Das Wort „Primzahl" kommt aus dem Lateinischen „numerus primus" und bedeutet „erste Zahl". Kannst du erklären, warum die Zahlen so heißen?

2 Zahlen vollständig zerlegen

Im Produktbäumchen-Spiel auf Seite 27 werden Zahlen vollständig zerlegt.
Das kann man auch als Rechnung schreiben.
Zum Produktbäumchen am Rand gehören folgende Rechnungen und Erklärungen:

$84 = 4 \cdot 21$ „Die 84 kann man in die beiden Faktoren 4 und 21 zerlegen."
$ = 2 \cdot 2 \cdot 21$ „Die 4 kann man in $2 \cdot 2$ zerlegen."
$ = 2 \cdot 2 \cdot 7 \cdot 3$ „Die 21 kann man in $7 \cdot 3$ zerlegen."
     „Weiter kann man die Zahl nicht zerlegen."

▶ Materialblock S. 16
Wissensspeicher
Zahlen zerlegen

a) Zeichne ein Produktbäumchen für 180 und schreibe die passende Rechnung dazu. Wie viele Faktoren hat deine Zerlegung am Schluss?

b) Die Rechnungen in a) können verschieden aussehen. Was ist trotzdem bei allen Zerlegungen gleich?

c) Vergleicht eure Antworten aus b) und übertragt die richtigen Antworten und Beispiele in den Wissensspeicher.

d) Diskutiert, ob ihr eher Pias oder Tills Meinung seid.

Ordnen B

Wie geht man vor, wenn man Zahlen erforschen will?

3 Wichtige Schritte beim Zahlenforschen

▶ Materialblock S. 18
Methodenspeicher
Zahlen erforschen/ Problemlösen

Pia hat das Problem **Was haben alle Zahlen mit drei Teilern gemeinsam?** erforscht. Rechts im Bild sind ihre Notizen abgebildet. Du findest sie auch im Materialblock.

a) Lies Pias Lösung durch.
Wenn du nicht sofort alle Schritte verstehst, dann lies sie mehrmals durch oder frage bei der Lehrkraft nach.

Problem verstehen
Ansatz suchen
Durchführen
Ergebnis erklären
Kontrollieren

b) Die einzelnen Lösungsschritte von Pia kommen beim Problemlösen immer wieder vor.

Ergänze im Materialblock mit Bleistift die Namen der einzelnen Lösungsschritte.

c) Beim Lösen von Problemen und beim Erforschen von Zahlen gibt es verschiedene Ansätze, die helfen können. Hier sind einige Beispiele:

A	Beispiele aufschreiben
A	Beispiele ordnen (z. B. als Liste oder Tabelle)
A	eine andere Darstellung suchen (z. B. eine Zeichnung oder Rechnung)
A	eine Vermutung formulieren und überprüfen

Erinnere dich
Ein Ansatz ist ein Weg, den man wählt, um ein Problem zu lösen.

Notiere neben Pias Lösung mit Bleistift in der richtigen Reihenfolge, welche Ansätze sie gewählt hat.

d) Vergleicht eure Einträge im **Methodenspeicher** und korrigiert sie, wenn nötig.

e) Lest gegenseitig eure Zahlenforschungen zu Aufgabe **4** auf Seite 28.
Wo würdet ihr noch Schritte und Ansätze ergänzen?

f) Du hast verschiedene Ansätze für das Zahlenforschen kennengelernt, z. B. **Beispiele aufschreiben** und **eine andere Darstellung suchen**.
- Was passiert im Lösungsplan **P A D E K**, wenn ein Ansatz nicht zum Ziel führt?
- Wie verändert sich der Lösungsplan dadurch?

Problem verstehen   **A**nsatz suchen   **D**urchführen   **E**rgebnis erklären   **K**ontrollieren

Ordnen C   **Welche Muster gibt es beim Teilen und Vervielfachen?**

4 Teilbarkeitsregeln

* Neues Wort
*Eine **Teilbarkeitsregel** beschreibt, wann eine Zahl durch eine andere Zahl teilbar ist.*

Ob eine Zahl ohne Rest durch eine andere Zahl teilbar ist, kann man manchmal auch ohne Rechnung erkennen. Einen Satz, der das beschreibt, nennt man eine *Teilbarkeitsregel**.

a) Formuliere möglichst viele Teilbarkeitsregeln in der folgenden Form und prüfe sie an mehreren Beispielen:

Eine Zahl ist durch ___ teilbar, wenn sie auf ___ endet.

b) Ist die folgende Teilbarkeitsregel richtig?

Eine Zahl ist durch 4 teilbar, wenn sie auf 0, 4 oder 8 endet.

Begründe oder gib ein Beispiel dafür, dass die Regel nicht immer stimmt.

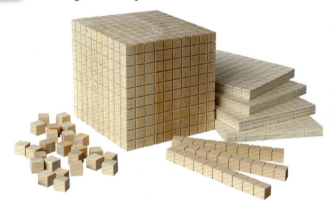

3425 = 3420 + 5
durch 10   durch 5
also insgesamt durch 5 teilbar.

c) Till hat für die Teilbarkeitsregel für 5 die Begründung links aufgeschrieben. Erkläre sie mit eigenen Worten und eigenen Beispielen.

d) Ole hat 1455 Würfel.
Er will überprüfen, ob diese Anzahl durch 2, 5 oder 10 teilbar ist.
- Wie kann er dabei vorgehen?
- Wie kann er bei einer beliebigen anderen Zahl vorgehen.

▶ Materialblock S. 17
  Wissensspeicher
  Teilbarkeitsregeln

e) Vergleicht die Teilbarkeitsregeln, die ihr gefunden habt, und übertragt sie in den Wissensspeicher.

5 Teilbarkeitsregeln für 3 und 9

* Neues Wort
*Die **Quersumme** einer Zahl ist die Summe ihrer Ziffern. Zum Beispiel ist 7 die Quersumme von 142, denn 1 + 4 + 2 = 7.*

a) In Aufgabe 7 auf Seite 30 hast du eine Teilbarkeitsregel entdeckt, bei der man die *Quersumme** verwenden kann. Wie lautet sie?

Eine Zahl ist durch ___ teilbar, wenn ihre Quersumme durch ___ teilbar ist.

b) Überprüfe, ob eine ähnliche Quersummenregel auch für 6 oder 9 gilt.

▶ Materialblock S. 17
  Wissensspeicher
  Teilbarkeitsregeln

c) Vergleicht eure Lösungen und übertragt sie in den Wissensspeicher.

d) Till hat untersucht, ob 5364 durch 9 teilbar ist.

> Ich nehme von 5 Tausendern 5 mal 999 weg, es bleiben 5 Einer.
> Dann nehme ich von 3 Hunderten 3 mal 99 weg, es bleiben 3 Einer.
> Dann nehme ich von 6 Zehnern 6 mal 9 weg, es bleiben 6 Einer.
> Insgesamt habe ich dann 5 + 3 + 6 + 4 Einer, das sind 18 Einer.
> Die sind durch 9 teilbar.

Erkläre Tills Idee. Zeige, wie sie am Beispiel 54 325 funktioniert.

Ordnen

6 Teilermengen vergleichen

Wenn man den Überblick über viele Teiler von verschiedenen Zahlen behalten will, kann man die Teiler in Mengen sammeln.

Gut zu wissen
Die Teilermenge von 8 kann man auch so schreiben:
$\{1, 2, 4, 8\}$

a) Die Teilermenge von 8 ist: (1, 2, 4, 8)

Schreibe im Heft die Teilermengen von 15, von 20 und von 25 auf.

b) Ole hat begonnen, ein besonderes Mengenbild zu zeichnen. Damit möchte er darstellen, dass einige Zahlen in den beiden Teilermengen von 20 und 25 stehen. Übertrage das Bild in dein Heft. Ergänze die Beschriftung und trage die Teiler von 20 und 25 passend ein.

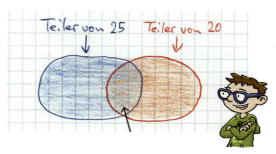

✱ Neues Wort
Der **größte gemeinsame Teiler** von 25 und 20 ist 5. Das kann man so abkürzen:
ggT(25, 20) = 5

c) In dem Bereich, in dem die beiden Mengen sich überschneiden, liegen die Zahlen, die gemeinsame Teiler von 25 und 20 sind. Welches ist der *größte gemeinsame Teiler*✱? Welches ist der kleinste gemeinsame Teiler?

▶ Materialblock S. 17
Wissensspeicher
Gemeinsame Teiler und Vielfache

d) Vergleicht eure Lösungen zu b) und c) und übertragt sie in den Wissensspeicher.

e) Finde auf ähnliche Weise den größten und den kleinsten gemeinsamen Teiler ...
(1) von 30 und 49.
(2) von 25 und 75.
Was fällt dir auf?

7 Vielfachenmengen vergleichen

a) Till erinnert sich noch aus der Grundschule an die Vielfachenreihen, z. B. sieht die Vielfachenreihe der 2 so aus: 2; 4; 6; 8; ...
Schreibe die Vielfachenreihen der 3, der 4, der 5 und der 6 in dein Heft.

✱ Neues Wort
Das **kleinste gemeinsame Vielfache** von 6 und 4 ist 12. Das kann man so abkürzen:
kgV(6, 4) = 12

b) Die Vielfachen kann man auch in Mengenbildern darstellen. Erstelle und beschrifte Mengenbilder für die Vielfachen von 4 und von 6 in deinem Heft. Finde auch alle gemeinsamen Vielfachen. Welches ist das *kleinste gemeinsame Vielfache*✱? Gibt es auch ein größtes gemeinsames Vielfaches? Begründe deine Antwort.

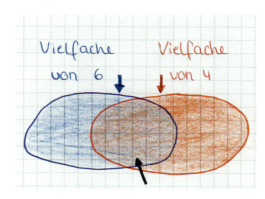

▶ Materialblock S. 17
Wissensspeicher
Gemeinsame Teiler und Vielfache

c) Vergleicht eure Lösungen zu b) und übertragt sie in den Wissensspeicher.

d) Was ist in a) und b) ähnlich wie bei den Teilern? Was ist anders?

Vertiefen 1 — Zahlen aufteilen und zusammensetzen

1 Alle Teiler einer Zahl

Ergänze die Sätze im Heft.
Welche Beobachtung kannst du machen?
(1) Alle Teiler von 30 sind _____. Alle Teiler von 60 sind _____.
(2) Alle Teiler von 31 sind _____. Alle Teiler von 61 sind _____.
(3) Alle Teiler von 32 sind _____. Alle Teiler von 62 sind _____.

2 Lückenfüller

Übertrage die Rechnungen in dein Heft und ergänze die fehlenden Zahlen.

(1)
$2 \cdot 3 = \square$
$\cdot \quad \cdot$
$5 \cdot 7 = \square$
$= \quad =$
$\square \quad \square$

(2)
$\square \cdot \square = 77$
$\cdot \quad \cdot$
$\square \cdot 5 = 10$
$= \quad =$
$22 \quad \square$

(1)
$5 \cdot 15 = \square$
$\cdot \quad \cdot$
$15 \cdot 20 = \square$
$= \quad =$
$\square \quad \square$

(2)
$\square \cdot 9 = 81$
$\cdot \quad \cdot$
$\square \cdot 11 = \square$
$= \quad =$
$99 \quad \square$

(3)
$\square \cdot 7 = 21$
$\cdot \quad \cdot$
$\square \cdot 11 = \square$
$= \quad =$
$15 \quad \square$

(4)
$\square \cdot \square = 21$
$\cdot \quad \cdot$
$\square \cdot \square = 26$
$= \quad =$
$14 \quad 39$

(3)
$\square \cdot \square = 100$
$\cdot \quad \cdot$
$\square \cdot \square = \square$
$= \quad =$
$8 \quad 50$

(4)
$\square \cdot \square = 72$
$\cdot \quad \cdot$
$\square \cdot \square = 24$
$= \quad =$
$48 \quad 36$

3 Zweifüßerzahlen und Vierfüßerzahlen

Ole nennt alle Zahlen, die man nur einmal in zwei Primzahlen zerlegen kann, „Zweifüßerzahlen".

a) Gib drei Zweifüßerzahlen an.

b) Finde alle Zweifüßerzahlen unter 50.
Begründe, dass es keine weiteren mehr gibt.

c) Finde mindestens fünf verschiedene Vierfüßerzahlen. Das sind Zahlen $\square$, die man in vier Primzahlen zerlegen kann: $\square = \square \cdot \square \cdot \square \cdot \square$

4 Zahlenraten

Kannst du die folgenden Zahlen erraten?
(1) Merves Zahl ist eine Primzahl. Sie ist durch 11 teilbar.
(2) Tills Zahl ist eine Primzahl. Sie ist kleiner als 50. Sie enthält die Ziffer 7.
(3) Oles Zahl lässt sich durch 3 und durch 5 teilen.
Sie enthält keine Ziffer 3 und auch keine Ziffer 5.
(4) Pias Zahl kann man durch 1, 2, 3, 4 und 5 teilen. Sie ist kleiner als 100.

Vertiefen

Training

5 Zahlen vollständig zerlegen

a) Übertrage die folgenden Gruppen von Rechnungen in dein Heft.
Finde zu jeder Zahl die vollständige Zerlegung in Primzahlen.

(1)	(2)	(1)	(2)
2 = 2	5 =	6 =	2 =
4 = 2 · 2	10 =	15 =	6 =
8 =	50 =	35 =	30 =
16 =	100 =	77 =	210 =
32 =	500 =	143 =	2310 =

b) Kannst du jeweils eine Regel formulieren, nach der die Gruppe aufgebaut ist?
Versuche, die Reihe fortzusetzen.

Problemlösen

6 Plus-Zahlenmauern

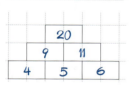

a) In jedem Stein einer Zahlenmauer steht die Summe der beiden darunterliegenden Zahlen.
Wie viele Primzahlen enthält die Zahlenmauer auf dem Bild?

b) Versuche, eine genauso große Zahlenmauer mit möglichst vielen Primzahlen zu bauen.

weitergedacht

7 Rekord-Primzahlen

a) Lies den folgenden Text. Schreibe auf, was du noch nicht verstanden hast.

Rekord-Primzahl mit fast 13 Millionen Stellen

Am 23. August 2008 wurde die erste Primzahl mit mehr als 10 Millionen Stellen entdeckt. (Die genaue Stellenzahl dieser Rekord-Primzahl beträgt 12 978 189.) Für diese Entdeckung erhielt das Internet-Primzahlenprojekt GIMPS den $ 100 000 Cooperative Computing Award. GIMPS heißt ausgeschrieben *Great Internet Mersenne Prime Search*. GIMPS verbindet die Rechner von fast 100 000 Nutzern weltweit zu einem virtuellen Supercomputer mit einer gewaltigen Rechenleistung.
Der aktuelle Rekordhalter ist ein Computerspezialist aus Los Angeles. In der aktuellen Top Ten sind auch zwei Deutsche platziert.
Primzahlen sind heute eine Grundlage für die Verschlüsselung von Daten im Internet.

Bei der Suche nach Rekordprimzahlen konzentrieren sich die Teilnehmer des GIMPS auf die so genannten *Mersennezahlen*. Sie sind nach dem Mönch Marin Mersenne (1588–1647) benannt.
Die *Mersennezahlen* haben die Darstellung (2 · 2 · … · 2) – 1.
Bisher wurden 47 *Mersennezahlen* gefunden, die auch Primzahlen sind.
Ein bisher ungelöstes mathematisches Problem besteht in der Frage, ob es unendlich viele Primzahlen unter den *Mersennezahlen* gibt.

b) Die Mersennezahlen, bei denen die Computer nach Primzahlen suchen, sehen so aus:

2 · 2 – 1, 2 · 2 · 2 – 1, 2 · 2 · 2 · 2 – 1 usw.

Rechne diese Zahlen und einige weitere der Reihe aus.
Welche davon sind Primzahlen?

c) Wie lange würdest du wohl brauchen, um eine Zahl mit dreizehn Millionen Stellen mit der Hand aufzuschreiben?

Vertiefen 2 — Problemlösen mit Plan

8 Ein Zahlenproblem mit Plan lösen

Vorhin habe ich gerechnet:
3 + 4 + 5 = 12.
Und später: 7 + 8 + 9 = 24.
Beide Ergebnisse sind durch 4 teilbar.

Das geht bestimmt immer …

Problemlösen

a) Untersuche die Entdeckung von Pia und Merve.

(1) Problem: — Formuliere das **P**roblem in deinen eigenen Worten.

(2) Ansatz: — Welchen **A**nsatz möchtest du wählen? Schreibe auf, wie du das Problem untersuchen möchtest (z. B. mit Bildern, mit einer Tabelle oder anders).

(3) Durchführung: — Schreibe deine **D**urchführung ausführlich auf. Erkläre auch in eigenen Worten, wie du vorgehst.

(4) Ergebnis: — Formuliere dein **E**rgebnis in eigenen Worten. Erkläre, was du herausgefunden hast.

(5) Kontrolle: — **K**ontrolliere, ob das Ergebnis stimmen kann, z. B. an weiteren Beispielen.

b) Betrachte deinen Lösungsweg. Was ist zwischendurch passiert?

c) Sind dir die roten Pfeile am Lösungsplan links aufgefallen? Was bedeuten sie?

Problemlösen

9 Zahlen mit Charakter

Nutze die folgenden Ansätze zum Erforschen der beiden Fragen (1) und (2):

- Beispiele aufschreiben
- Beispiele ordnen
- eine andere Darstellung suchen
- eine Vermutung formulieren und überprüfen

▶ Materialblock S. 21
Arbeitsmaterial
Vielfachentabelle

(1) Wie viele Zahlen mit zwei Stellen sind durch 3 und zugleich durch 5 teilbar?

(2) Woran erkennt man, ob eine Zahl über 100 durch 4 teilbar ist? Überprüfe deine Vermutung auch an Zahlen über 1000.

Vertiefen 3 — Viele gleiche Faktoren zusammenfassen

Sprechblase: 2 · 2 · 2 · 2 · 2 – das ist anstrengend. Bei 2 + 2 + 2 + 2 + 2 schreibe ich doch auch 5 · 2, also „5 mal 2".

10 Viele gleiche Faktoren

Mehrfachprodukte wie 2 · 2 · 2 · 2 · 2 kann man abkürzen: 2^5 (gesprochen: 2 hoch 5)

a) Untersuche für die folgenden Zahlen, welche Reste sich beim Teilen durch 3 ergeben:
- 2 = 2   2 : 3 = ■ Rest ■
- 2^2 = 4   4 : 3 = ■ Rest ■
- 2^3 = ■   ■ : 3 = ■ Rest ■
- 2^4 = ■ usw.   ■ : 3 = ■ Rest ■ usw.

Welche Reste ergeben sich, wenn man die Reihe fortsetzt?

b) Untersuche 3, 3^2, 3^3, 3^4, 3^5, 3^6, 3^7 darauf, welche Reste beim Teilen durch 5 bleiben.

⋮ Berechne die folgenden Zahlen und vergleiche die Ergebnisse.
⋮ (1) $2^1, 2^2, ..., 2^8$ (2) $4^1, 4^2, ..., 4^4$

11 Vollständige Zerlegungen von Zahlen kürzer aufschreiben

Gut zu wissen
Stufenzahlen sind 1, 10, 100, 1000, ...

a) Till hat Stufenzahlen zerlegt: 10 = 2 · 5, 100 = 2 · 2 · 5 · 5, 1000 = 2 · 2 · 2 · 5 · 5 · 5
Prüfe nach, ob seine Zerlegungen stimmen.
Zerlege auch die nächste Stufenzahl.

b) Schreibe Tills Zerlegungen mit Hilfe der Abkürzung aus Aufgabe 10.

Problemlösen

12 Tauschen und Vergleichen

Hinweis
Zum Problemlösen sind die Ansätze aus Aufgabe 9 auf Seite 38 nützlich.

a) Was ist größer: „4 hoch 3" oder „3 hoch 4"?

b) Untersuche Oles Frage auch für andere Zahlen. Stelle eine Vermutung auf.

13 Zahlen basteln

Till versucht, mit den Zahlen 1, 2, 3, 4 und 5 möglichst viele verschiedene Zahlen zu berechnen. Er möchte dabei jede Zahl nur einmal verwenden.

a) Berechne wie Till verschiedene Zahlen und beachtet dabei immer die jeweilige Regel:
- Regel 1: Es ist nur Multiplizieren erlaubt, also z. B. 2 · 3 · 5.
- Regel 2: Es ist nur Multiplizieren und Addieren erlaubt, also z. B. 2 · 3 + 4.
- Regel 3: Es ist Multiplizieren und Addieren und „Hoch" erlaubt, also z. B. 2^3 + 1.

b) Vergleicht eure Ergebnisse:
- Wurden alle Rechnungen richtig aufgeschrieben?
- Wurden alle Ergebnisse richtig berechnet?
- Habt ihr alle möglichen Ergebnisse berechnet?

Vertiefen 4 — Zahlenforschung bei Teilern und Vielfachen

Training

14 Teilen im Kopf

a) Wie oft passt die 5 …
(1) in die 50? (2) in die 1000? (3) in die 250?

Gut zu wissen
So kann man es aufschreiben:
20 : 3 = 6 Rest 2

b) Ole teilt 107 Kirschen gleichmäßig auf fünf Personen auf.
Wie viele Kirschen bekommt jeder?
Wie viele Kirschen bleiben übrig?

Training

15 Teilen mit Rest

a) Bestimme bei jeder Aufgabengruppe die Reste. Was fällt dir auf?

(1) 100 : 5 = ☐ Rest ☐   (2) 107 : 7 = ☐ Rest ☐   (3) 10 : 3 = ☐ Rest ☐
     101 : 5 = ☐ Rest ☐   114 : 7 = ☐ Rest ☐   20 : 3 = ☐ Rest ☐
     102 : 5 = ☐ Rest ☐   121 : 7 = ☐ Rest ☐   40 : 3 = ☐ Rest ☐

b) Setze jede Aufgabengruppe aus a) fort. Was passiert mit dem Rest?

c) Prüfe für jede der folgenden Aufgabengruppen:
Welche Aufgabe aus der Gruppe hat den größten Rest, welche hat den kleinsten Rest?

(1) 100 : 3   (2) 1000 : 5   (3) 1234 : 4   (4) 409 : 10   (5) 99 : 11
     101 : 3   1002 : 5   4321 : 4   409 : 5   999 : 11
     102 : 3   1004 : 5   1324 : 4   409 : 3   9999 : 11
     103 : 3   1006 : 5   1342 : 4   409 : 2   99 999 : 11

Training

16 Reihen mit Dreiern

a) Welche der Zahlen in jeder Reihe sind durch 3 teilbar?
(1) 1001, 1002, 1003, 1004, …   (2) 5, 10, 15, 20, …
(3) 12, 103, 1004, 10 005, …   (4) 1, 10, 100, 1000, …
(5) 1, 12, 123, 1234, …

b) Wie gehen die Reihen weiter?
Welche weiteren Zahlen werden durch 3 teilbar sein?

Problemlösen

17 Gibt es quadratische Zahlen?

a) Die Zahlen 1, 4, 9, 16 usw. nennt man Quadratzahlen. Erkläre am Bild, warum.

b) Bestimme alle Quadratzahlen bis 100. ⋮ Bestimme alle Quadratzahlen bis 400.

c) Berechne die Reste der Quadratzahlen beim Teilen durch 4.
Welche Regelmäßigkeiten erkennst du?

d) Berechne die Reste der Quadratzahlen beim Teilen durch 10.
Welche Regelmäßigkeiten erkennst du?

Vertiefen

18 Teilbare Zahlen erzeugen

Finde für die folgenden Forscheraufgaben Lösungen durch Probieren und Nachdenken. Wenn du unsicher bist, prüfe deine Lösungen mit einem Taschenrechner.

a) Bilde aus den Ziffern 1, 2, 3, 4, 5, 6 möglichst viele Zahlen, die …
(1) durch 2 teilbar sind.
(2) durch 4 teilbar sind.
(3) durch 3 teilbar sind.
(4) durch 5 teilbar sind.
Du darfst pro Zahl jede Ziffer nur einmal verwenden.

b) Ändere in der Zahl 13 579 nur eine Ziffer ab, sodass die neue Zahl …
(1) durch 2 teilbar ist.
(2) durch 3 teilbar ist.
(3) durch 4 teilbar ist.
(4) durch 5 teilbar ist.

Hinweis: Jeder Computer hat auch ein Taschenrechnerprogramm. Damit kann man mit Zahlen mit sehr vielen Stellen rechnen.

c) Ole behauptet, dass alle Ergebnisse der folgenden Rechnungen durch 9 teilbar sind.
(1) 987 654 321 + 123 456 789
(2) 987 654 321 − 123 456 789
(3) 10 203 040 506 070 809 + 908 070 605 040 302 010
(4) 999 999 999 + 111 111 111
Prüfe Oles Aussage, ohne das Ergebnis zu berechnen, und begründe, wenn möglich.

19 Was Ferien und Zahnräder gemeinsam haben

a) Die Klassenkameraden Martin, Heike und Elke gehen seit dem ersten Ferientag regelmäßig zum Schwimmen. Martin geht jeden dritten Tag, Heike jeden vierten Tag und Elke jeden sechsten Tag. Wie groß ist der Abstand zwischen zwei Tagen, an denen alle drei gleichzeitig im Schwimmbad sind?

Ich stelle mir da einen Zahlenstrahl vor.

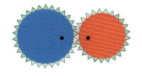

Hinweis: Ein Applet zu den Zahnrädern findest du unter 041-1.

b) Zwei Zahnräder mit jeweils 30 und 25 Zähnen greifen ineinander und drehen sich. Nach wie vielen Umdrehungen liegen die schwarzen Punkte wieder so nebeneinander?

c) Was haben die Aufgaben a) und b) gemeinsam?
Formuliere eine Ferien- und eine Zahnradaufgabe, die die gleiche Lösung haben.

▶ Materialblock S. 23/24 Arbeitsmaterial *Das Teilerspiel*

20 Gemeinsame Teiler, gemeinsame Vielfache

Bei diesem Spiel für vier Personen werden gemeinsame Teiler und Vielfache gesucht.

Beispiel:

| 25 | 30 |

5 teilt 25 und 30

| 42 | 22 |

2 teilt 42 und 22

Spielregeln:
- Spielt zwei gegen zwei. Mischt und verteilt die Karten, zwei Karten bleiben übrig.
- Alle vier Spieler legen, ohne zu sprechen, eine Karte verdeckt auf den Tisch.
- Die vier Karten werden aufgedeckt.

Spielvariante 1:
- Jede Zweiergruppe nennt eine Zahl, die ein Teiler ihrer beiden Zahlen ist.
- Die Zweiergruppe mit der größeren dritten Zahl hat gewonnen.

Spielvariante 2:
- Jede Zweiergruppen nennt eine Zahl, die ein Vielfaches ihrer beiden Zahlen ist.
- Die Zweiergruppe mit der kleinsten dritten Zahl hat gewonnen.

Checkliste

Zahlen unter der Lupe – Zahlen zerlegen und erforschen

Ich kann … Ich kenne …	Hier kann ich üben …
Ich kann zu einer Zahl kleiner als 100 alle Teiler angeben. Nenne alle Teiler von 25.	S. 36 Nr. 1, 2, 3
Ich kann erklären, was eine Primzahl ist, und Beispiele angeben. Wie viele Teiler hat eine Primzahl. Gib ein Beispiel an.	S. 36 Nr. 3, 4 S. 37 Nr. 6
Ich kann eine Zahl vollständig in ein Produkt von Primzahlen zerlegen. Stelle die Zahl 90 als Produkt aus Primzahlen dar.	S. 36 Nr. 3 S. 37 Nr. 5
Ich kann Produkte mit der Potenzschreibweise abgekürzt schreiben. ▪ Berechne $2^3 \cdot 5^3$. Erkläre was die Schreibweise bedeutet. Erkläre das Ergebnis. ▪ Schreibe mit Hilfe von Potenzen $2 \cdot 2 \cdot 3 \cdot 3 \cdot 3 \cdot 4 \cdot 4 \cdot 4 \cdot 4$.	S. 39 Nr. 10–13
Ich kann feststellen, ob eine Zahl durch 2, 3, 5, 9 oder 10 teilbar ist, ohne die Division auszuführen. ▪ Woran erkennst du, ob 14 362 634 durch 2 oder durch 3 teilbar ist? ▪ Bilde mit den Ziffern 0, 1, 2, 3 eine Zahl, die durch 2, 3 und 5 teilbar ist.	S. 41 Nr. 18
Ich kann zu zwei Zahlen den größten gemeinsamen Teiler (ggT) und das kleinste gemeinsame Vielfache (kgV) finden. Finde zu 10 und 15 den größten gemeinsamen Teiler und das kleinste gemeinsame Vielfache.	S. 41 Nr. 19, 20
Ich kann Zahlen erforschen, indem ich Beispiele untersuche, Vermutungen formuliere und sie überprüfe. Untersuche, woran man erkennt, ob eine Zahl durch 4 teilbar ist. Beschreibe, wie du vorgehst.	S. 38 Nr. 8, 9 S. 40 Nr. 17
Ich kann Probleme mit Zahlen lösen, indem ich nach dem Lösungsplan P A D E K vorgehe. Wie lautet die kleinste Zahl, die man ohne Rest durch 3, 4, 5 und 6 teilen kann? Gehe nach dem Lösungsplan P A D E K vor.	S. 38 Nr. 8, 9 S. 40 Nr. 17

▶ *Hinweis:* Im Materialblock auf Seite 25 findest du diese Checkliste für deine Selbsteinschätzung. Zusätzliche Übungsaufgaben findest du im Internet unter www 042-1.
(www.cornelsen.de/mathewerkstatt, Buchkennung: MWS040 235, Mediencode: 042-1)

Freizeit von Mädchen und Jungen – Anteile vergleichen und zusammenfassen

In diesem Kapitel ...

▶ vergleichst du Ergebnisse von Wettbewerben.

▶ beschreibst du Anteile auf verschiedene Weisen.

▶ fasst du Anteile zusammen und addierst sie.

Freizeit von Mädchen und Jungen – Anteile vergleichen und zusammenfassen

Erkunden A — Wie kann ich Ergebnisse fair vergleichen?

1 Wer hat besser geworfen: Jungen oder Mädchen?

Bei einem Schulfest gab es ein paar Wettkämpfe.
Dabei sind Mädchen und Jungen in kleinen Gruppen gegeneinander angetreten.
Das sind die Ergebnisse der Gruppen von Pia und Ole.

	Papier-korb-ball	Ringe werfen	Schuhe in Kreis werfen
Pias Gruppe (4 Mädchen)	XXX	XX	X
Oles Gruppe (10 Jungen)	XXXXX	XXXX	XXXXX

a) Vergleicht die Ergebnisse in den Gruppen von Pia und Ole.
- Welche war die beste Station bei den Mädchen, welche bei den Jungen?
- An welcher Station waren die Mädchen besser als die Jungen?

b) Welche Frage bei a) ist leichter zu beantworten? Begründe deine Antwort.

c)
- Erklärt euch gegenseitig, wie ihr die Ergebnisse verglichen habt.
- Welchen Weg findet ihr fair, welchen unfair? Begründet eure Meinung.

nachgedacht

2 Vergleichen mit Streifen

Till und Ole vergleichen die Treffer beim Papierkorbball aus Aufgabe 1.

> Die Mädchen haben nur dreimal getroffen, die Jungen aber fünfmal.

> Aber wenn man die Streifen gleich lang zeichnet, sieht's schlecht aus für uns Jungen.

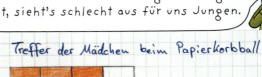

a) Till und Ole haben die Ergebnisse auf verschiedenen Wegen verglichen.
- Wie hat Till verglichen? Wer hat seiner Ansicht nach gewonnen?
- Wie hat Ole verglichen und warum? Wer hat Oles Ansicht nach gewonnen?
- Wer hat fairer verglichen, Till oder Ole? Warum findest du diesen Weg fairer?

▶ Materialblock S. 34
Arbeitsmaterial
Streifen für Anteile

b) Überprüfe auch für die anderen beiden Wettkämpfe aus Aufgabe 1, ob die Jungen oder die Mädchen besser waren. Zeichne dazu alle Ergebnisse aus der Tabelle in Aufgabe 1 ebenso wie Ole.

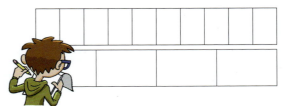

Erkunden

3 Verschiedene Vergleichswege

In der Klasse von Merve, Pia, Ole und Till wurden verschiedene Wege gefunden, um die Ergebnisse beim Papierkorbball aus Aufgabe 1 zu vergleichen. Fünf Vergleichswege wurden an die Tafel gehängt:

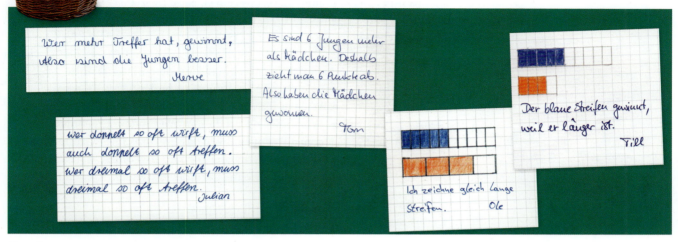

Hinweis
Du kannst die Streifen aus dem Materialblock verwenden.

▶ Materialblock S. 34
Arbeitsmaterial
Streifen für Anteile

a) Wie würden diese fünf bei folgenden Ergebnissen entscheiden, wer gewonnen hat?

	Papierkorbball	Ringe werfen
Jungengruppe	10 von 100	9 von 10
Mädchengruppe	9 von 10	3 von 4

← nachgedacht

b) Schreibe für jeden der fünf Wege auf, ob du ihn fair oder unfair findest. Begründe deine Entscheidungen. Nutze die Streifen aus dem Materialblock zur Kontrolle.

4 Ergebnisse vergleichen mit Anzahlen oder mit Anteilen

Beim Schulfest (Aufgabe 1) gab es noch weitere Gruppen.

Hinweis
Mit Hilfe der Aufgabe 2 auf Seite 53 kannst du dein Wissen über Brüche wiederholen.

a) Beim „Papierkorbball" hat in Pauls Jungengruppe die Hälfte getroffen, in Lisas Mädchengruppe hat ein Drittel getroffen. Wer war besser?

b) Zeichne wie Ole Streifen für die Ergebnisse in Pauls und Lisas Gruppe. Schreibe zu jedem Streifen den passenden Bruch. Welche der vier Gruppen war am besten? Bringe sie in eine Reihenfolge.

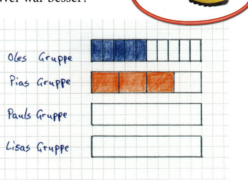

c) Schreibe auch die Ergebnisse zum Papierkorbball und zum Ringe werfen aus Aufgabe 1 als Brüche. Wer hat jeweils gewonnen?

← nachgedacht

d) ■ Ole findet es fairer, die Ergebnisse als Anteile zu vergleichen, warum?
■ Warum lässt sich Toms Weg aus Aufgabe 3 nicht mit Anteilen beschreiben?

Freizeit von Mädchen und Jungen – Anteile vergleichen und zusammenfassen

Erkunden B — Wie kann ich Anteile darstellen und vergleichen?

5 Welche Gruppen waren gleich gut?

▶ Materialblock S. 35
Arbeitsmaterial
Streifentafel

Pias Gruppe hält mit drei Treffern bei vier Würfen den Rekord im Papierkorbball. Pia überlegt, wie gleich gute Ergebnisse in anderen Gruppen aussehen könnten.

In der nächsten Gruppe sind 8 Kinder. Wie oft müssen die treffen, um so gut zu sein wie wir?

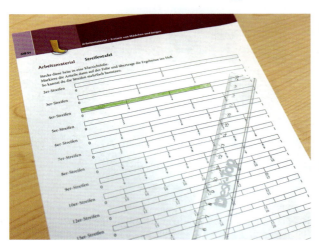

a) Pia nutzt die Streifentafel aus dem Materialblock, um gleich gute Ergebnisse zu finden.
- Wie hat Pia dort ihr Gruppenergebnis eingetragen?
- Wie findet sie auf diesem Weg andere Ergebnisse, die genau so gut sind wie das Ergebnis ihrer Gruppe?
- Welche anderen gleich guten Ergebnisse wären noch möglich? Zeichne dazu die passenden Streifen ins Heft.

b) Nutze auch du die Streifentafel aus dem Materialblock. Finde dort vier andere Ergebnisse, die gleich gut wie $\frac{3}{4}$ sind.

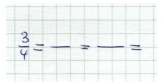

c) Beim „Schuhe werfen" hält Oles Gruppe den Rekord mit 6 von 10 Treffern.
- Wie oft muss eine doppelt so große Gruppe treffen, um gleich gut zu sein?
- Wie oft muss eine dreimal so große Gruppe treffen, um gleich gut zu sein?
- Wie oft muss eine halb so große Gruppe treffen, um gleich gut zu sein?

← nachgedacht

d) Warum sind die Ergebnisse in den Aufgaben a) und c) jeweils gleich gut? Erkläre an der Streifentafel und mit der Situation „Treffer beim Papierkorbball".

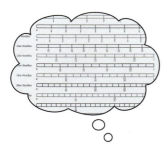

6 Die Streifentafel im Kopf

Man kann Brüche, die genau so groß sind wie ein Ausgangsbruch, auch finden, wenn man sich die Streifentafel nur im Kopf vorstellt.

a) Stelle dir $\frac{2}{3}$ markiert im 3er-Streifen vor. Gehe im Kopf zum feineren 6er-Streifen.
Wie viele Stücke musst du im 6er-Streifen markieren, damit der Anteil gleich groß ist?
Wie viele Sechstel sind also genauso groß ist wie $\frac{2}{3}$?

b) Stelle dir auch für diese Brüche die gleich großen Brüche im Kopf vor.
(1) Wie viele Sechstel sind genauso groß wie $\frac{1}{2}$?
(2) Wie viele Zwölftel sind genauso groß wie $\frac{3}{4}$?

c) Wie viele Fünfundzwanzigstel sind $\frac{3}{5}$?
Erkläre, wie du das Ergebnis finden kannst, auch wenn es nicht mehr vorstellbar ist.

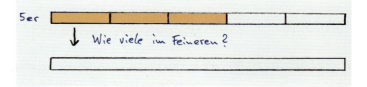

Erkunden

7 Die Größe von Brüchen ungefähr angeben

Wenn man Ergebnisse von großen Gruppen auszählt, bekommt man oft große Zähler und Nenner. Dann kann man sich schlecht vorstellen, wie groß die Anteile sind.

a)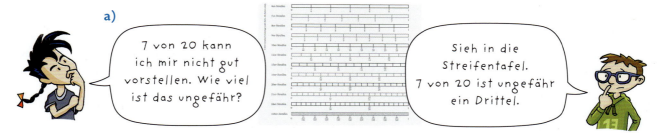

7 von 20 kann ich mir nicht gut vorstellen. Wie viel ist das ungefähr?

Sieh in die Streifentafel. 7 von 20 ist ungefähr ein Drittel.

Beschreibe mit eigenen Worten, was Ole meint.

▶ Materialblock S. 35
Arbeitsmaterial
Streifentafel

b) Suche für folgende Gruppenergebnisse im Kopf einfache Brüche (wie $\frac{1}{3}, \frac{3}{4}, \frac{8}{10}, \ldots$), die ungefähr genau so groß sind.
Überprüfe deine Ergebnisse mit Hilfe der Streifentafel.

(1) $\frac{5}{16}$ (2) $\frac{14}{20}$ (3) $\frac{19}{100}$ (4) $\frac{5}{29}$

8 Anteile mit verschiedenen Nennern

a) Beim „Ringe werfen" haben in Annas Gruppe 5 von 6 Kindern getroffen und in der Gruppe von Felix 6 von 8. Welche Gruppe war besser?

b) Überlege und begründe für jede der folgenden Teilaufgaben, welcher Bruch größer ist.

(1) $\frac{1}{2}$; $\frac{2}{3}$ (2) $\frac{3}{6}$; $\frac{4}{6}$ (3) $\frac{4}{5}$; $\frac{3}{4}$

(4) $\frac{16}{20}$; $\frac{15}{20}$ (5) $\frac{3}{4}$; $\frac{7}{9}$ (6) $\frac{27}{36}$; $\frac{28}{36}$

Welche Brüche lassen sich leicht vergleichen, bei welchen fällt es dir schwer?

c)

Es wäre toll, wenn alle Brüche den gleichen Nenner hätten, dann könnte man sie gut vergleichen.

Aber wir können doch zu einzelnen Brüchen auch gleich große Brüche mit anderen Nennern finden. Vielleicht hilft uns das weiter.

- Was meint Till mit den gleichen Nennern?
- Wie kann Pias Idee dabei helfen, Brüche leichter zu vergleichen?

Tipp
Du kannst die Streifentafel nutzen.
▶ Materialblock S. 35
Arbeitsmaterial
Streifentafel

d) Finde für die Brüche in den folgenden Vergleichsaufgaben gleich große Brüche, die du leichter vergleichen kannst:

(1) $\frac{3}{6}$? $\frac{8}{12}$ (2) $\frac{4}{5}$? $\frac{12}{20}$ (3) $\frac{1}{2}$? $\frac{2}{5}$ (4) $\frac{3}{4}$? $\frac{5}{6}$

nachgedacht

e) Vergleicht eure Ideen: Wie findet man für zwei Brüche heraus, welcher größer ist?

Freizeit von Mädchen und Jungen – Anteile vergleichen und zusammenfassen

9 Hobbys von Mädchen und Jungen

Auch dieser Zeitungsartikel beschäftigt sich mit einem Vergleich zwischen Jungen und Mädchen. Hier geht es allerdings nicht um sportliche Wettkämpfe, sondern um Hobbys.
Ole und Pia haben den Artikel gelesen und nun selbst kurze Artikel für die Schülerzeitung geschrieben. Ole hat für die „Jungen-Seite" geschrieben und Pia für die „Mädchen-Seite":

> **Mädchen und Jungen im Vergleich**
> Bei einer großen Umfrage wurden Jungen und Mädchen nach ihren Hobbys befragt, die Unterschiede waren recht deutlich: 57 % aller Mädchen und $\frac{7}{10}$ aller Jungen treiben gern Sport. Dafür lesen aber die Mädchen lieber: 23 % der Mädchen vertiefen sich gern in Bücher, wogegen nur $\frac{18}{100}$ der Jungen gern lesen.

Hallo Mädels!
Ich bin Pia.
Ich treibe gern Sport (wie 57 % aller Mädchen) und treffe mich gern mit meinen Freundinnen (wie 79 % von uns).
Mit 23 % der Mädchen bin ich einer Meinung, dass Lesen ein tolles Hobby ist.
Eure Pia

Hallo Jungs!
Ich bin Ole und bin gern mit Freunden zusammen wie $\frac{4}{5}$ aller Jungen, aber am liebsten lese ich (wie $\frac{18}{100}$ von uns).
$\frac{7}{10}$ der Jungen treiben gerne Sport – ich nicht.
Euer Ole

* **Neues Wort**
Prozent ist eine andere Bezeichnung für Hundertstel,
z. B. 68 % = $\frac{68}{100}$.

a) Pia verwendet in ihrem Artikel das Zeichen „%", gesprochen wird das „Prozent"*. Ist dir dieses Wort schon einmal begegnet? Gib einige Beispiele an.

b) Lies die beiden Artikel von Pia und Ole. Schreibe alle Informationen zu Hobbys von Mädchen und Jungen übersichtlich heraus.

Mädchen	Jungen
Sport $\frac{57}{100}$	

c) Welches Hobby ist am beliebtesten bei Mädchen und welches bei den Jungen? Erstelle zwei Ranglisten:

Beliebt bei den Mädchen	Beliebt bei den Jungen
1.	1.
2.	2.
3.	3.

d) Ist das Hobby „Lesen" bei den Jungen oder bei den Mädchen beliebter? Vergleiche Jungen und Mädchen auch bei den anderen Hobbys.
Tipp: Nutze die Streifentafel.

nachgedacht

e) Für die Vergleiche in c) und d) musstest du Brüche mit dem Nenner 100 (Prozentzahlen) und Brüche mit anderen Nennern vergleichen.
- Welche Vergleiche fandest du schwierig, welche fandest du leicht? Begründe.
- Warum stehen wohl in der Zeitung so oft Prozentzahlen?

Erkunden C — Wie kann ich Anteile zusammenfassen?

10 Freizeitanteile

Till und Ole haben in der Zeitung diesen kleinen Artikel über die Freizeit von Schulkindern gefunden.
Sie wollen prüfen, ob ihr Anteil an Freizeit auch so gering ist.
Dazu tragen sie ihre Termine in einen 24er-Streifen ein.

> **Zu wenig Freizeit?**
> Spontan etwas unternehmen?
> Das geht bei vielen Kindern oft nicht, denn 90 % des Tages sind schon mit Terminen verplant.

Tagesstreifen von Ole

Tagesstreifen von Till

Farben:
Schule ▮ (orange)
Feste Termine (z. B. Sportverein) ▮ (grün)
Freizeit ▮ (gelb)
Essen, Waschen, Anziehen ▮ (blau)
Schlafen ▮ (schwarz)

a) Welche Anteile des Tages entfallen bei Ole und bei Till auf „Schule"?
Welche Anteile des Tages entfallen bei Ole und bei Till auf „feste Termine"?
Lies weitere Anteile aus den Bildern ab.

b) Fasse für Ole zusammen:
 - die Anteile des Tages für „Schule und feste Termine"
 - die Anteile des Tages für „Schlafen und für Essen, Waschen und Anziehen"
Welcher Anteil des Tages bleibt Ole für Freizeit?

c) Ole und Till haben verschiedene Anteile zusammengefasst und als Additionen von Brüchen geschrieben. Welche Rechnung passt zu wem?

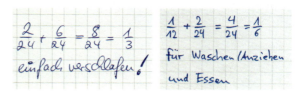

$\frac{2}{24} + \frac{6}{24} = \frac{8}{24} = \frac{1}{3}$ einfach verschlafen!

$\frac{1}{12} + \frac{2}{24} = \frac{4}{24} = \frac{1}{6}$ für Waschen/Anziehen und Essen

11 Anteile zusammenfassen mit Hilfe der Streifentafel

▶ Materialblock S. 36
Arbeitsmaterial
Anteile mit Hilfe von Streifen addieren

a) Fasse folgende Zeitanteile wie in Aufgabe 10 durch Addition zusammen. Nutze dafür wieder die 24er-Streifen. Erkläre deinen Weg.

(1) $\frac{8}{24} + \frac{6}{24}$ (2) $\frac{1}{3} + \frac{1}{6}$ (3) $\frac{3}{24} + \frac{1}{6}$ (4) $\frac{3}{4} + \frac{1}{8}$

b) Hätte man beim Lösen der Aufgaben bei a) auch andere Streifen nehmen können? Beschreibe für jede Teilaufgabe, wie man einen günstigen Streifen findet.

▶ Materialblock S. 35
Arbeitsmaterial
Streifentafel

c) Finde passende Streifen und ermittle die Ergebnisse der folgenden Aufgaben:

(1) $\frac{8}{15} + \frac{4}{15}$ (2) $\frac{3}{8} + \frac{1}{2}$ (3) $\frac{1}{3} + \frac{1}{4}$

(4) $\frac{4}{15} + \frac{1}{5}$ (5) $\frac{3}{4} + \frac{1}{5}$ (6) $\frac{3}{7} + \frac{1}{3}$

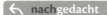 nachgedacht

d) - Wann ist es leicht Anteile zusammenzufassen?
 - Beschreibe, wie du sonst nach einem passenden Streifen suchst.
 - Versuche, ohne Streifen Anteile zusammenzufassen.

Ordnen A

Wie kann man Ergebnisse fair vergleichen?

* *Neues Wort*
Die **Häufigkeit** beschreibt, wie oft oder wie häufig etwas passiert ist.

1 Häufigkeiten vergleichen als Anzahlen oder als Anteile

Merve und Ole wollen fair vergleichen, wie häufig die Mädchen und Jungen beim Sportfest getroffen haben. Sie beschreiben diese *Häufigkeiten** verschieden:

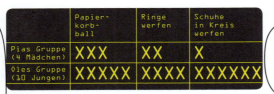

„Ich schaue auf die Anzahl der Treffer. 4 ist mehr als 2, also haben die Jungen gewonnen."

„Das reicht nicht. Man muss auch berücksichtigen, wie oft geworfen wurde. Zum Vergleichen benötigt man Anteile."

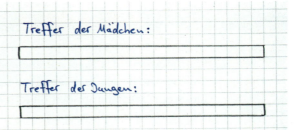

a) Merve und Ole haben angefangen, die Häufigkeiten beim Ringe werfen zu zeichnen.
Übertrage beide Zeichnungen in dein Heft und vervollständige sie.
Beschreibe, wie Merve und Ole die Häufigkeiten vergleichen und zu welchem Ergebnis sie kommen.

b) ▪ Warum findet es Ole fairer, Häufigkeiten als Anteile zu vergleichen?
▪ Wann würde es ausreichen, Häufigkeiten als Anzahlen zu vergleichen?

* *Neue Wörter*
relativ bedeutet „in Beziehung zu",
absolut bedeutet „losgelöst".

c) Ole betrachtet die Häufigkeiten *relativ** zur Gesamtzahl.
Merve betrachtet *absolute** Häufigkeiten.
Erkläre, was damit gemeint sein könnte.

d) Sortiere die folgenden Textbausteine, sodass sie zu „relativ" oder zu „absolut" passen.
Bilde dann aus den Textbausteinen je zwei passende Sätze und schreibe sie ins Heft.

- Absolute Häufigkeit
- Relative Häufigkeit
- gibt man als Anzahl an.
- gibt man als Anteil an.
- Wenn man nur auf die Treffer schaut,
- Wenn man auch berücksichtigt, wie oft geworfen wurde,
- dann schaut man nicht auf die Gesamtzahl.
- dann gibt man die Treffer in Beziehung zur Gesamtzahl an.

▶ Materialblock S. 27
Wissensspeicher
Häufigkeiten beschreiben

e) Vergleicht eure Lösungen aus a) und d) miteinander.
Übertragt sie dann in den Wissensspeicher.

Ordnen B — Wie kann man Anteile darstellen und vergleichen?

wiederholen

Wissensspeicher aus vorigen Schuljahren: *Brüche 1, 2*

2 Anteile vergleichen mit Zahlen, Situationen und Bildern

Anteile lassen sich unterschiedlich darstellen und vergleichen: mit Zahlen, Bildern oder in Situationen.

a) Zeichne zum Bruch $\frac{4}{5}$ ein passendes Bild, z. B. einen Streifen.
Welche Situation würde zum Bruch $\frac{4}{5}$ passen?

b) Die folgenden Karten zeigen jeweils zwei Anteile in verschiedenen Darstellungen.
Versuche bei jeder Karte zu entscheiden, welcher Anteil größer ist.

▶ Materialblock S. 37/38
Arbeitsmaterial
Anteile vergleichen

Die Karten findest du auch als Karten im Materialblock.
Schneide die Karten aus und ergänze jeweils das passende Zeichen „<", „>" oder „=".

c) Einige der Karten aus b) stellen die gleiche Aufgabe unterschiedlich dar.
- Lege jeweils Karten zu der gleichen Aufgabe zusammen.
- Ist die gleiche Aufgabe nur unterschiedlich dargestellt, muss der Vergleich dennoch gleich sein. Prüfe, ob das bei dir stimmt.

d) Vergleicht eure Ergebnisse.
Wie habt ihr für die einzelnen Karten herausbekommen, welcher Anteil größer ist?

3 Wege zum Vergleichen von Brüchen

$\frac{2}{3} \square \frac{2}{8}$

$\frac{6}{14} \square \frac{12}{20}$

$\frac{6}{7} \square \frac{4}{7}$

a) Vergleicht die Brüche am Rand.

b) Überlegt euch möglichst viele verschiedene Wege, wie man zwei Brüche vergleichen kann.

c) In einer anderen Klasse wurden die folgenden 6 Wege gesammelt.
- Überprüft, ob alle 6 Wege zu einem richtigen Ergebnis führen.
- Welcher Weg passt besonders gut zu welcher Aufgabe aus a)?
- Findet eigene Beispiele für die Wege.

Weg 1: Ich zeichne wie Ole gleich lange Streifen und vergleiche die Länge des markierten Teils.

Weg 2: Ich denke mir eine passende Situation zu den Brüchen aus.

Weg 3: Ich vergleiche mit $\frac{1}{2}$, denn man sieht leicht, ob ein Bruch größer oder kleiner als $\frac{1}{2}$ ist.

Weg 4: Bei gleichen Zählern vergleiche ich die Nenner: Je größer der Nenner, desto kleiner der Bruch.

Weg 5: Bei gleichen Nennern vergleiche ich die Zähler: Je größer der Zähler, desto größer der Bruch.

Weg 6: Ich vergleiche die Differenz zwischen Zähler und Nenner.

▶ Materialblock S. 28
Wissensspeicher
Anteile vergleichen

d) Kontrolliert gegenseitig eure Beispiele und Wege aus b) und d).
Übertragt sie dann in den Wissensspeicher.

Freizeit von Mädchen und Jungen – Anteile vergleichen und zusammenfassen

4 Die Streifentafel

▶ Materialblock S. 28
Wissensspeicher
Anteile vergleichen

„Die Streifentafel ist richtig praktisch, da muss ich die Streifen nicht immer wieder neu zeichnen."

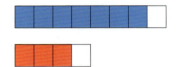

a) Trage in deine Streifentafel (MB 35) den Bruch $\frac{7}{8}$ ein. Schreibe ins Heft, wo du in der Streifentafel Zähler und Nenner des Bruches findest.

b) Finde heraus, ob $\frac{7}{8}$ größer, kleiner oder gleich $\frac{3}{4}$ ist. Beschreibe oder skizziere, wie man mit der Streifentafel Brüche vergleicht.

c) Warum ist das Vergleichen von Brüchen in der Streifentafel einfacher als z. B. bei diesen zwei Streifen?

d) Vergleicht eure Lösungen und übertragt ein Beispiel in den Wissensspeicher.

5 Anteile verfeinern und vergröbern

Merve hat entdeckt, dass man gleich große Brüche finden kann, wenn man die Einteilung der Streifen feiner macht oder Teile zusammenfasst.

※ **Neue Wörter**
Verfeinern heißt, in feinere Stücke schneiden.
Vergröbern heißt, mehrere Stücke zusammenfassen.

a) (1) *Verfeinere*※ wie Merve im Heft den 6er-Streifen zu einem 18er-Streifen. Markiere dort einen Bruch, der genau so groß ist wie $\frac{4}{6}$. Welcher andere, aber gleich große Bruch ist entstanden?
(2) *Vergröbere*※ $\frac{4}{6}$, indem du immer zwei Teile zusammenfasst. Welcher andere, aber gleich große Bruch ist entstanden?

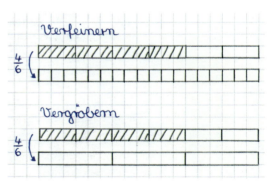

※ **Neues Wort**
Zwei Brüche sind **gleichwertig**, wenn sie denselben Anteil eines Ganzen beschreiben.

b) Wenn die markierten Teile auf zwei Streifen gleich lang sind, dann beschreiben sie den gleichen Anteil.
Dazu sagt man z. B.: „$\frac{2}{3}$ ist *gleichwertig*※ zu $\frac{4}{6}$" und schreibt: $\frac{2}{3} = \frac{4}{6}$.
Schreibe weitere Beispiele von Brüchen auf, die den gleichen Anteil beschreiben.

c) Begründe, warum 2 Treffer von 3 Versuchen und 4 Treffer von 6 Versuchen beim Papierkorbball gleich gute Ergebnisse sind.

▶ Materialblock S. 29
Wissensspeicher
Gleichwertige Brüche finden

d) Vergleicht eure Antworten und übertragt sie in den Wissensspeicher.

Ordnen

6 Brüche erweitern und kürzen

> Ich finde es ganz schön aufwändig, wenn ich immer erst Streifen zeichnen muss, um gleichwertige Brüche zu finden. Geht das nicht auch ohne Zeichnen?

Gleichwertige Brüche kann man auch ohne Bild oder Situation finden.

a) ■ Wandle im Kopf den Bruch $\frac{2}{3}$ um in Sechstel, in Fünfzehntel und in Dreißigstel.
■ Wandle im Kopf den Bruch $\frac{60}{100}$ um in Zehntel, in Fünftel und in Zwanzigstel.
Beschreibe, wie du dabei vorgegangen bist.

Neues Wort
Man **erweitert** einen Bruch, wenn man die Anteile verfeinert.

b) Man kann Brüche so umwandeln, dass die Anteile verfeinert werden. Dann sagt man, man hat den Bruch *erweitert**.
■ Mit welchen Rechnungen wurden hier Zähler und Nenner verändert?
■ Zeichne zu dieser Rechnung ein Bild oder suche sie in der Streifentafel.

$\frac{4}{6} = \frac{12}{18}$

Neues Wort
Man **kürzt** einen Bruch, wenn man die Anteile vergröbert.

c) Man kann Brüche so umwandeln, dass die Anteile vergröbert werden. Dann hat man den Bruch *gekürzt**.
■ Wie viel Drittel sind $\frac{4}{6}$? Notiere die Rechnung im Heft.
■ Zeichne zu dieser Rechnung ein Bild.

$\frac{4}{6} = \frac{\square}{3}$

▶ Materialblock S. 29
Wissensspeicher
Gleichwertige Brüche finden

d) Vergleicht eure Ergebnisse und übertragt sie in den Wissensspeicher.

7 Brüche durch einfachere Brüche schätzen

a) Markiere in der Streifentafel den Bruch $\frac{37}{100}$.
Finde einen einfacheren Bruch, der etwa so groß ist wie $\frac{37}{100}$.

b) Pia, Ole und Till wollen $\frac{26}{91}$ durch einen einfachen Bruch schätzen.
Einen 91er-Streifen gibt es nicht in der Streifentafel. Deshalb suchen sie andere Wege:

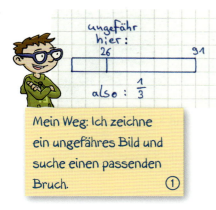

Mein Weg: Ich zeichne ein ungefähres Bild und suche einen passenden Bruch. ①

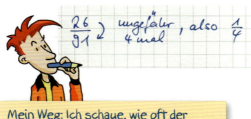

Mein Weg: Ich schaue, wie oft der Zähler ungefähr in den Nenner passt, dann nehme ich $\frac{1}{2}$, $\frac{1}{3}$, und so weiter als Schätzung. ②

Mein Weg: Ich runde auf Zehnerzahlen und überlege mir, dass z. B. $\frac{50}{70}$ genau so groß wie $\frac{5}{7}$ sein muss. ③

Hinweis
Manchmal passt einer der drei Wege nicht.

Schätze die folgenden Brüche durch einfachere Brüche. Probiere jedesmal alle Wege.

(1) $\frac{21}{61}$ (2) $\frac{42}{61}$ (3) $\frac{19}{81}$ (4) $\frac{330}{410}$ (5) $\frac{2103}{3267}$ (6) $\frac{410\,320}{529\,871}$

▶ Materialblock S. 30
Wissensspeicher
Brüche schätzen

c) Vergleicht eure Lösungen und übertragt für jeden Weg ein Beispiel in den Wissensspeicher.

Freizeit von Mädchen und Jungen – Anteile vergleichen und zusammenfassen

8 Den gemeinsamen Nenner finden

Till, Ole und Merve wollen die Brüche $\frac{3}{8}$ und $\frac{1}{6}$ vergleichen.
Um besser vergleichen zu können, suchen sie einen gemeinsamen Nenner.
Dabei gehen sie auf verschiedenen Wegen vor.

Ole: „Ich suche in der Streifentafel einen Streifen, der für Sechstel und Achtel passt. Der 24er Streifen passt für beide."

Merve: „Ich bilde einfach das Produkt aus 6 und 8, denn das ist durch 6 und durch 8 teilbar."

Till: „In den neuen Nenner muss die 8 passen und die 6. Ich schreibe mir also die 8er-Reihe und die 6er-Reihe auf. Dann suche ich eine Zahl, die in beiden Reihen ist."

a) Probiere die Wege von Till, Ole und Merve aus, um herauszufinden, welcher der beiden Brüche jeweils größer ist.

(1) $\frac{3}{8}$ oder $\frac{1}{6}$ (2) $\frac{2}{3}$ oder $\frac{3}{4}$ (3) $\frac{1}{3}$ oder $\frac{2}{9}$ (4) $\frac{5}{6}$ oder $\frac{2}{9}$?

▶ Materialblock S. 31
Wissensspeicher
Einen gemeinsamen Nenner finden

b) Vergleicht die drei Wege und die Ergebnisse: Was ist gleich? Was ist unterschiedlich? Welcher Weg passt gut zu welcher Aufgabe bei a)?

c) Übertragt jeweils ein Beispiel für jeden Weg in den Wissensspeicher.

9 Kleinstes gemeinsames Vielfaches nutzen

Pia denkt über einen vierten Weg nach, wie man zu den Brüchen $\frac{3}{8}$ und $\frac{1}{6}$ einen gemeinsamen Nenner finden kann.

Pia: „Der neue Nenner soll ein Vielfaches von 8 und 6 sein. Aber das Produkt ist zu groß. Wie finde ich dann eigentlich das kleinste Vielfache von beiden Nennern?"

a) Warum meint Pia, dass der neue Nenner ein Vielfaches von 6 und 8 sein muss?

b) Schlage Pia einen Weg vor, wie sie das kleinste Vielfache von 6 und 8 findet. Wie lautet dann der kleinste gemeinsame Nenner für $\frac{3}{8}$ und $\frac{1}{6}$?

↻ **wieder**holen
Wissensspeicher
Zahlen 4 (MB 17)

c) Erkläre, warum das kleinste gemeinsame Vielfache immer ein guter gemeinsamer Nenner ist. Beschäftige dich dazu nochmal mit Aufgabe 7 auf Seite 35.

d) Nutze den Weg auch, um die Brüche $\frac{2}{6}$ und $\frac{4}{9}$ zu vergleichen.

▶ Materialblock S. 28
Wissensspeicher
Anteile vergleichen

e) Vergleicht euren Weg und die Rechnungen zum kleinsten gemeinsamen Vielfachen. Ergänzt diesen Weg zum Vergleichen im Wissensspeicher.

Ordnen

10 Prozente – Brüche mit dem Nenner 100

* **Neues Wort**
Prozentzahlen sind eine andere Schreibweise für Brüche mit dem Nenner 100.

Pia und Ole haben in einer Zeitung Umfrageergebnisse über Hobbys von Jungen und Mädchen gefunden.
Dabei wurden die einzelnen Anteile mit *Prozentzahlen** angegeben.

Die beliebtesten Hobbys bei Mädchen und Jungen:
Sport: 57 % aller Mädchen und 70 % aller Jungen
Freunde: 79 % aller Mädchen und 80 % aller Jungen
Lesen: 23 % aller Mädchen und 18 % aller Jungen

a)

57 Pro-Cent, das heißt 57 pro 100, das kann ich mir merken!

$\frac{57}{100} \rightarrow 57/100 \rightarrow 57\%$

Prozent steht ja für Hundertstel. Deshalb stelle ich mir beim Prozentzeichen vor, wie es aus einem Bruch mit Hundertsteln entstand.

b) ■ Erkläre, was Merve und Till meinen.
   ■ Woher kennst du Cent?
   ■ Schreibe die Prozentzahlen aus dem Artikel oben als Brüche.

▶ Materialblock S. 32
  Wissensspeicher
  Prozente

c) Zu allen Brüchen gehören Prozentzahlen und umgekehrt.
   Das kann man sich mit Hilfe eines Prozentstreifens gut vorstellen.

   ■ Schreibe im Wissensspeicher an jeden Strich, welche Prozentzahl dazu gehört.

Ich merke mir das mit Bild.

[Prozentstreifen von 0% bis 100% mit Markierung 50% und ½]

■ Markiere die folgenden Brüche am Prozentstreifen.

(1) $\frac{1}{2}$ (2) $\frac{2}{2}$ (3) $\frac{1}{4}$ (4) $\frac{3}{4}$ (5) $\frac{1}{5}$ (6) $\frac{1}{10}$ (7) $\frac{1}{100}$

■ Vergleicht eure Ergebnisse und verbessert euren Prozentstreifen, wenn nötig.
  Diese Prozentzahlen und Brüche kommen im Alltag oft vor.
  Merke sie dir gut.

d) Für etwas schwierigere Brüche findet man die Prozentzahl durch Erweitern und Kürzen.
   Erkläre und vervollständige das Beispiel rechts.

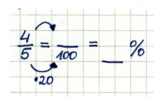

e) Finde wie in d) die Prozentzahl zu folgenden Brüchen:

(1) $\frac{3}{5}$ (2) $\frac{16}{200}$ (3) $\frac{7}{10}$ (4) $\frac{45}{500}$

f) Vergleicht eure Ergebnisse aus c), d) und e) und übertragt sie in den Wissensspeicher.

Ordnen C

Wie kann man Anteile zusammenfassen?

11 Anteile zusammenfassen – in vielen Darstellungen

Ole und Till haben in Aufgabe 10 auf Seite 51 verschiedene Anteile ihres Tagesablaufes in Tagesstreifen dargestellt und zusammengefasst.
Man kann Anteile auch in Bildern, in Situationen und mit Zahlen zusammenfassen.

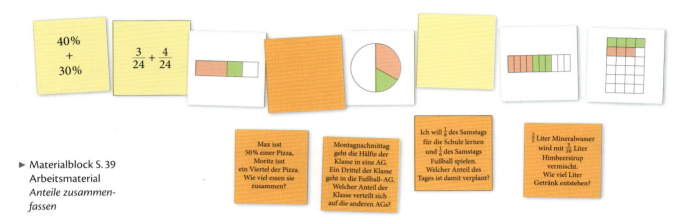

▶ Materialblock S. 39
Arbeitsmaterial
Anteile zusammen-fassen

Hinweis
Zu einer Aufgabe können bis zu vier Karten gehören.

a) Das Zusammenfassen von Anteilen ist auf den Karten unterschiedlich dargestellt.
  ▪ Schneide die Karten aus dem Materialblock aus.
  ▪ Lege die Karten zusammen, die zur gleichen Aufgabe gehören.
  ▪ Kontrolliert gegenseitig, wie ihr sortiert habt.

b) Bestimmt bei den zusammengehörigen Karten das Ergebnis.
Welche Darstellung ist euch dabei am liebsten? Begründet eure Entscheidung.
Ergänzt die noch freien Felder durch eine passende Darstellung.

▶ Materialblock S. 33
Wissensspeicher
Brüche addieren

c) Vergleicht eure Zuordnungen und Ergänzungen. Übertragt sie in den Wissensspeicher.

12 Anteile wegnehmen – in vielen Darstellungen

a) Ole hat zu einem Bild aus Aufgabe 11 auch eine Subtraktion gefunden.

Erkläre, wie die Aufgaben zu dem Bild passen.
Finde auch zu den anderen Bildern Subtraktionsaufgaben.

b) Finde auch Situationen zu den Subtraktionsaufgaben.
Du kannst entweder die Situationen aus Aufgabe 11 abwandeln oder neue erfinden.

▶ Materialblock S. 33
Wissensspeicher
Brüche subtrahieren

c) Vergleicht eure Ergebnisse und übertragt sie in den Wissensspeicher.

13 Brüche addieren

Pia und Ole gehen verschiedene Wege, wenn sie Brüche addieren.

a) Pia hat sich einzelne Schritte zur Aufgabe $\frac{1}{3} + \frac{1}{4}$ auf kleine Karteikarten geschrieben und Ole hat in der Streifentafel eingezeichnet, wie er vorgeht.

  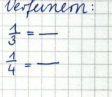

Bringe beide Wege in die richtige Reihenfolge.

b) Erläutere, wie Oles Streifenbilder zu den Karten von Pia passen.

▶ Materialblock S. 33
Wissensspeicher
Brüche addieren

c) Vergleicht eure Ergebnisse und übertragt Pias Karteikarten in der richtigen Reihenfolge in den Wissensspeicher.

14 Brüche subtrahieren

Auch beim Subtrahieren kann man mit und ohne Streifenbilder arbeiten.

a) Welche Schritte würde Pia zur Aufgabe $\frac{2}{3} - \frac{1}{4}$ auf die Karteikarten schreiben? Schreibe die Namen und Rechnungen der einzelnen Schritte ins Heft.

b) Vergleiche Pias Wege beim Addieren und beim Subtrahieren. Was ist gleich, was ist anders?

c) Ole ist beim Zeichnen der Subtraktionsaufgabe schon nach zwei Schritten fertig. Erkläre, warum er kein drittes Bild benötigt und wie er die Lösung abliest.

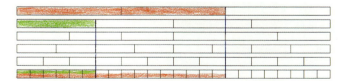

d) Vergleiche Oles Wege beim Addieren und beim Subtrahieren. Was ist gleich, was ist anders?

▶ Materialblock S. 33
Wissensspeicher
Brüche subtrahieren

e) Vergleicht eure Ergebnisse und übertragt Oles Bilder und Pias Karteikarten in der richtigen Reihenfolge und mit Lösung in den Wissensspeicher.

Freizeit von Mädchen und Jungen – Anteile vergleichen und zusammenfassen

Vertiefen 1 Ergebnisse als Anzahlen und als Anteile angeben

1 Welche Gruppe hat am besten geworfen?

a) Beim „Schuhe werfen" gab es in den Gruppen von Anja und Tim folgende Ergebnisse.

Anja	×
Anne	
Emily	×
Evi	×

Tim	×
Tom	×
José	
Onno	×
Erik	

- Wie oft wurde jeweils geworfen?
- Wie oft wurde getroffen?
- Wer hat gewonnen?

b) Merve, Ole, Pia und Till haben ihre Gruppenergebnisse mit Worten beschrieben. Welche Gruppe hatte das beste Ergebnis? Begründe deine Antwort.

„Jeder Vierte hat getroffen."

„Die Hälfte hat getroffen."

„Drei von fünf haben getroffen."

„Wir hatten einen Treffer bei sechs Würfen."

2 Mehrere Versuche einzelner Kinder

a) Die vier Freunde spielen nun ohne Gruppen allein weiter „Schuhe werfen".
- Wie oft hat jeder geworfen?
- Wie oft hat jeder getroffen?
- Wer hat gewonnen?

Erläutere deine Antwort.

b) Auch Morten, Hannes und Kati versuchen, einen Schuh in den Kreis zu werfen.
- Wie oft hat jeder geworfen?
- Wie oft hat jeder getroffen?
- Wer hat gewonnen?

Überprüfe deine Lösung mit gleichlangen Streifen.

c) Maik und Lilly sind auch gegeneinander angetreten. Maik hat die Ergebnisse als Streifen gezeichnet.
- Zu welchem Vergleichsergebnis kommt Maik?
- Warum findet Lilly das ungerecht?

„Das ist ungerecht!"

Vertiefen

3 Wer bekommt am meisten Pizza?

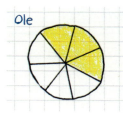
Ole

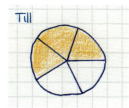
Till

a) Gib zu den Pizzateilen von Ole und Till die passenden Brüche an.
Skizziere die Pizzateile von Clara ($\frac{3}{4}$), Maik ($\frac{5}{8}$) und Merve ($\frac{2}{3}$).

b) Wer hat die meiste Pizza bekommen?
Wenn du unsicher bist, benutze gleichlange Streifen.

c) Erkläre an einem Beispiel, warum beim Verteilen einer Pizza der Anteil vom Ganzen wichtiger ist als die Anzahl der Stücke.

d) Gib verschiedene Pizzaanteile an, bei denen jemand …
- weniger bekommt als Ole.
- mehr bekommt als Ole.

Gib verschiedene Pizzaanteile an, bei denen jemand …
- mehr bekommt als Till.
- mehr als ein Viertel aber weniger als Ole bekommt.

4 Schokoladen teilen

Julian, Laura, Tim

Tim, Laura und Julian haben verschieden große Schokoladentafeln.
Tim teilt sich seine Schokolade zu gleichen Teilen mit einem Freund, Laura teilt gerecht mit zwei anderen Kindern und Julian darf sein kleines Stück alleine essen.

a) (1) Welchen Anteil der eigenen Schokoladentafel behalten Tim, Laura und Julian?
(2) Wer behält den größten Anteil an seiner Schokolade?
(3) Wer muss am wenigsten Schokolade abgeben?
(4) Wer behält am meisten Schokolade?

b)
- Welche der vier Fragen aus a) hältst du für die wichtigste?
- Bei welchen Fragen hast du nur auf die Stückchen-Anzahlen geschaut?
- Bei welchen Fragen hast du Anteile von Schokoladentafeln untersucht?

Training

① „Fünf Kinder haben beim Papierkorbball getroffen."

② „Der Stock hat nur noch $\frac{2}{3}$ seiner ursprünglichen Länge."

③ „Der Stock ist 30 cm lang."

④ „Jedes vierte Kind hat beim Papierkorbball getroffen."

5 Relativ oder absolut

a) In welchem Beispiel geht es um …
- absolute Häufigkeiten?
- relative Häufigkeiten?

Erkläre genau, woran du das erkennst.

b) Finde selbst noch je ein einfaches und ein schwieriges Beispiel für relative Häufigkeiten und für absolute Häufigkeiten.

c) Bei den absoluten Häufigkeiten schaut man nicht auf die Gesamtzahl der Versuche.
Gibt es bei den relativen Häufigkeiten auch etwas, das man nicht sieht?
Schau dir dazu die Beispiele aus a) nochmals an.

Freizeit von Mädchen und Jungen – Anteile vergleichen und zusammenfassen

Vertiefen 2   **Anteile vergleichen**

6 Bruchstreifen in der Computeranzeige

a) Auch am Computer werden häufig Bruchstreifen benutzt.
  - Erkläre, was der Streifen anzeigt.
  - Übertrage den Streifen in dein Heft. Welcher Anteil der Datei ist bereits kopiert?

b)
  - Zeichne zwei Streifen, die zeigen, dass von einer Datei bereits $\frac{1}{4}$ bzw. $\frac{3}{4}$ kopiert sind.
  - Erkläre, wie man an den beiden Streifen sieht, welcher Anteil größer ist.

c) Zeichne mehrere solche Streifen, bei denen der dargestellte Anteil immer größer wird.

▶ Materialblock S. 35
Arbeitsmaterial
Streifentafel

7 Die Streifentafel

a) Untersuche in der Streifentafel das erste Stück in jedem Streifen: $\frac{1}{2}, \frac{1}{3}, \frac{1}{4}, \ldots$
Wie verändern sich die Stücke von oben nach unten? Warum ist das so?

b) Markiere in der Streifentafel 1 von 4, 2 von 5, 3 von 6 und 4 von 7.
Welcher Teil ist am längsten?

c) „1 von 3 ist doch mehr als 4 von 6, denn Drittel sind mehr als Sechstel."

„$\frac{1}{3}$ ist das Gleiche wie $\frac{4}{6}$, denn der Unterschied ist immer 2."

Begründe, warum die beiden Aussagen von Merve und Till falsch sind.

🛠 **Training**

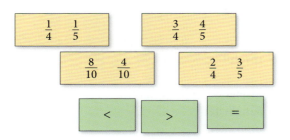

8 Kleiner, größer oder gleich?

a) Übertrage die Aufgaben in dein Heft und setze die passenden Zeichen ein: <, > oder =.

b) Finde zu jeder Vergleichsaufgabe eine passende Situation wie in Aufgabe 2 auf Seite 53.

c) Zeichne die Anteile in die Streifentafel und überprüfe noch einmal an den Bildern.

🛠 **Training**

9 Sortieren

a) Sortiere die Brüche in jeder Gruppe. Welchen Weg hast du für welche Aufgabe genutzt?

$\frac{2}{3} \quad \frac{2}{7} \quad \frac{2}{2} \quad \frac{2}{11}$ $\frac{5}{6} \quad \frac{2}{3} \quad \frac{1}{2} \quad \frac{3}{4}$ $\frac{2}{3} \quad \frac{3}{8} \quad \frac{1}{4} \quad \frac{5}{6}$ $\frac{23}{100} \quad \frac{47}{100} \quad \frac{56}{100} \quad \frac{99}{100}$

↩ **nach**gedacht

b) Vergleicht eure Wege. Sucht für jede Gruppe einen weiteren Weg.

c) Denke dir selbst Gruppen von Brüchen aus und lasse sie von anderen sortieren.

Vertiefen 3   **Gleich große Anteile finden**

10 Brüche verfeinern durch Falten

a) Mit einem Blatt Papier kannst du Brüche falten:

DIN-A4-Blatt in der Mitte falten.

Aufklappen und einen Teil färben. Welcher Anteil ist gefärbt?

Zuklappen, dann noch einmal in der Mitte falten.

Aufklappen. Welcher Anteil ist in der neuen Einteilung gefärbt?

Und so weiter …
Wieder zuklappen, falten, und neuen Bruch ablesen.

b) Schreibe für jeden einzelnen Schritt aus a) den passenden Bruch auf.
Was haben diese Brüche gemeinsam? Begründe deine Antwort.

c) Falte ein neues Blatt zweimal, sodass du $\frac{1}{4}$ einfärben kannst.
- Stell dir erst einmal nur vor, wie du das Blatt noch einmal falten würdest. Welcher Anteil wäre dann in der neuen Einteilung gefärbt?
- Überprüfe durch Falten.
- Überlege wieder für den nächsten Faltschritt und überprüfe dann durch Falten.

Training

11 Alle gleich gut – alle gleich viel

a) Beim Pizzaessen sollen alle gleich viel Pizza bekommen.
Schreibe die drei folgenden Sätze ins Heft und ergänze die passenden Zahlen.

> Elise bekommt zwei Stücke von der Salamipizza, die in sechs Teile geschnitten ist.

> Die Thunfischpizza ist in doppelt so viele Stücke geschnitten. Anna bekommt ▪ Stücke.

> Carina bekommt 6 Stücke von der Pilzpizza. Insgesamt hat diese Pizza ▪ Stücke.

b) Drei Teams haben Papierkorbball gespielt, alle Gruppen waren gleich gut.
Ergänze die fehlenden Zahlen im Heft und gib die Anteile als Brüche an.

> Sverres Team: Bei 2 von 5 Würfen getroffen.

> Khaleds Team: Bei ▪ von 15 Würfen getroffen.

> Renés Team: 10-mal getroffen bei ▪ Versuchen.

c) Denke dir eine eigene Situation zu $\frac{5}{7} = \frac{15}{21}$ aus.

d) *Bei doppelt so vielen Versuchen brauchst du auch doppelt so viele Treffer, damit es gleich gut ist.*

Benutze Pias Idee, um die Lösungen aus a) bis c) zu erklären.

Vertiefen 4   Brüche erweitern und kürzen

🔧 Training

12 Bruchbilder

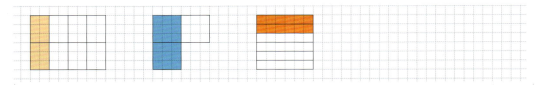

a) Übertrage die drei Bilder in dein Heft.
Notiere zu jedem Bild möglichst viele gleichwertige Brüche.
Du kannst dazu weitere Linien einzeichnen.

b) *Das erste Bild kann doch nicht $\frac{1}{4}$ sein. Bei $\frac{1}{4}$ ist doch eins von vier Feldern angemalt. Aber es sind acht Felder.*

Schreibe einen Kommentar zu Oles Meinung.

c) Denkt euch selbst Brüche aus und zeichnet eigene Bilder dazu auf einen Zettel.
Schreibt die passenden Brüche auf die Rückseite.
Tauscht die Bilder aus und lasst eure Partner gleichwertige Brüche suchen.

🔧 Training

13 Pfeilbilder zum Erweitern und Kürzen

a) Ergänze die Rechnungen im Heft.

(1)
(2)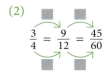
(3)
(4)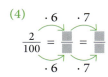
(5)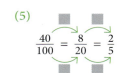
(6)

b) Zeichne zu (1) ein Streifenbild und erzähle zu (3) eine passende Situation.

c) *Die zweite Gruppe hat 12 Treffer mehr, also muss sie auch 12 Würfe mehr haben.*

Merve hat eine Situation zu (3) beschrieben. Passt das so? Begründe deine Antwort.

d) Zeichne Pfeilbilder zu Aufgabe 11 auf Seite 63.

💡 Problemlösen

14 Viele Möglichkeiten

a) Welche Zahlen können in den Kästchen stehen?
Schreibe verschiedene Lösungen auf. Suche möglichst viele Lösungen.

(1) $\frac{4}{\square} = \frac{20}{\square}$ (2) $\frac{\square}{3} = \frac{20}{\square}$ (3) $\frac{\square}{36} = \frac{45}{\square}$

b) Denkt euch eigene Aufgaben aus und stellt sie euch gegenseitig.

Vertiefen

15 Kürzen, aber wodurch?

Till und Pia suchen Zahlen, durch die man einen Bruch kürzen kann.

Ich suche eine Zahl, in deren Vielfachenreihe Zähler und Nenner vorkommen.

Ich überlege, ob es eine Zahl gibt, durch die man Zähler und Nenner teilen kann.

a) Kürze die folgenden Brüche wie Till, wie Pia oder auf einem ganz anderen Weg:

(1) $\frac{28}{70}$ (2) $\frac{42}{63}$ (3) $\frac{42}{126}$

b) Tauscht euch aus: Wie habt ihr gekürzt? Wann ist welcher Weg am besten? Schreibt zu jedem Weg ein weiteres Beispiel auf, das man so gut lösen kann.

⚙ Training

16 Erwürfelte Aufgaben zum Kürzen und Erweitern

Erweiterungsaufgabe:

$$\frac{6}{4} \overset{\cdot\,5}{\underset{\cdot\,5}{=}} \frac{\blacksquare}{\blacksquare}$$

Zugehörige Kürzaufgabe:

$$\frac{6}{4} \overset{\cdot\,5}{\underset{\cdot\,5}{=}} \frac{30}{20} \rightarrow \text{Kürze } \frac{30}{20}$$

a) Würfle dreimal und baue mit den Zahlen eine Erweiterungsaufgabe wie im Beispiel. Schreibe das vollständige Pfeilbild auf.

Arbeite zuerst mit der Anleitung links. Dann baue schwerere Aufgaben, indem du fünfmal würfelst und zweistellige Zahlen in den ersten Bruch schreibst.

b) Erstelle aus den gewürfelten Pfeilbildern Aufgaben zum Erweitern und Kürzen. Tauscht die Aufgaben untereinander aus.

Arbeite zuerst mit der Anleitung links. Danach kannst du versuchen, auch mit einer zweistelligen Zahl zu erweitern.

c) Warum sind die Ausgangsbrüche und die erweiterten Brüche eigentlich gleichwertig? Wähle ein Beispiel aus a) und begründe an einem Bild oder mit einer Situation.

⚙ Training

17 Kürzen

a) Kürze die Brüche soweit wie möglich:

(1) $\frac{20}{40}$ (2) $\frac{320}{480}$ (1) $\frac{66}{99}$ (2) $\frac{44}{110}$

(3) $\frac{300}{600}$ (4) $\frac{756}{1512}$ (3) $\frac{309}{412}$ (4) $\frac{525}{2625}$

b) Erfinde selbst Brüche mit großen Zahlen und kürze sie.

c) Was bedeutet „Kürzen" im Alltag? Was bedeutet „Kürzen" in der Mathematik? Vergleiche auch „Erweitern" im Alltag und in der Mathematik.

Oje, mein Taschengeld wurde gekürzt.

Vertiefen 5   Brüche schätzen

18 Anteile abschätzen und mit Streifen vergleichen

a) Welche der Anteile sind …

(1) kleiner als $\frac{1}{4}$?

(2) zwischen $\frac{1}{3}$ und $\frac{1}{2}$?

(3) zwischen $\frac{3}{4}$ und 1?

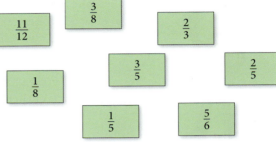

b) Kontrolliere deine Ergebnisse:
Zeichne dazu einen 12 cm-Streifen in dein Heft und trage $\frac{1}{4}, \frac{1}{3}, \frac{1}{2}, \frac{3}{4}$, 1 und die Anteile auf den Kärtchen ungefähr in den Streifen ein.

Training

▶ Materialblock S. 35
Arbeitsmaterial
Streifentafel

19 Schätzen mit der Streifentafel

a) Schätze die folgenden Anteile durch einfache Brüche wie $\frac{3}{4}, \frac{1}{5}$ usw.
Wenn das möglich ist, kontrolliere mit der Streifentafel.

(1) $\frac{13}{24}$ (2) $\frac{5}{16}$ ⋮   (1) $\frac{17}{24}$ (2) $\frac{304}{499}$

(3) $\frac{31}{100}$ (4) $\frac{31}{71}$ ⋮   (3) $\frac{3}{16}$ (4) $\frac{77}{100}$

b) Die folgenden Brüche sind Ergebnisse von Schätzungen.
Welche Brüche könnten hier geschätzt worden sein?
Gib zu jedem Bruch zwei mögliche komplizierte Brüche an.

(1) $\frac{1}{2}$ (2) $\frac{3}{4}$ ⋮   (1) $\frac{1}{7}$ (2) $\frac{3}{5}$

Training

20 Womit spielen Jungen und Mädchen in ihrer Freizeit?

Umfrage-Ergebnisse zeigen, wie viele Jungen und Mädchen bestimmte Spiele mögen.

a) Schätze die Anteile durch einfache Brüche.

b) Schätze mit Hilfe der Streifentafel, wie viele Hundertstel die einzelnen Brüche jeweils darstellen.

c) Suche nach dem größten Unterschied zwischen den Ergebnissen bei Jungen und Mädchen.

d) Welcher Vergleich überrascht dich am meisten?

Spiele	Jungen	Mädchen
Computer	$\frac{16}{51}$	$\frac{22}{100}$
Spielkästen (Playmobil, Lego)	$\frac{7}{27}$	$\frac{9}{88}$
Puzzeln	$\frac{13}{123}$	$\frac{32}{155}$
Puppen	$\frac{5}{154}$	$\frac{75}{305}$
Sammelkarten	$\frac{38}{190}$	$\frac{3}{47}$

Vertiefen 6 — Einen gemeinsamen Nenner suchen

21 Gleiche Nenner gesucht

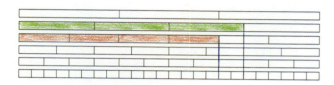

a) Ole möchte die Brüche $\frac{4}{6}$ und $\frac{3}{4}$ vergleichen.
Dazu sucht er in der Streifentafel für $\frac{4}{6}$ und für $\frac{3}{4}$ gleichwertige Brüche, die den gleichen Nenner haben.
Erkläre an dem Bild, wie er auf Zwölftel kommt.
Ist nun $\frac{4}{6}$ größer oder kleiner als $\frac{3}{4}$?

▶ Materialblock S. 35
Arbeitsmaterial
Streifentafel

b) Finde jeweils gleichwertige Brüche mit gleichem Nenner und vergleiche die Brüche.

(1) $\frac{3}{4}$ ■ $\frac{7}{8}$ (2) $\frac{3}{6}$ ■ $\frac{3}{12}$ (3) $\frac{7}{20}$ ■ $\frac{3}{100}$

(4) $\frac{1}{2}$ ■ $\frac{2}{3}$ (5) $\frac{1}{4}$ ■ $\frac{2}{5}$ (6) $\frac{70}{100}$ ■ $\frac{3}{5}$

↶ nachgedacht

c) Für welche Aufgaben aus b) hast du leicht einen gemeinsamen Nenner gefunden?
Bei welcher Aufgabe musstest du länger suchen? Woran liegt das?

d) Finde für jede der Aufgaben aus b) auch einen zweiten Weg zum Vergleich.

22 Gemeinsam, aber klein

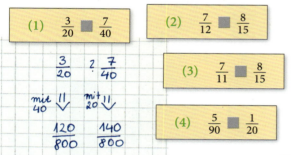

a) 40 gehört zur 20er-Reihe.
Wie hilft das, um bei (1) einen kleineren gemeinsamen Nenner als 800 zu finden?

b) Suche einen möglichst kleinen gemeinsamen Nenner für (2), (3) und (4).
Probiere dazu diese Verfahren aus:
- die Nenner multiplizieren
- die Vielfachenreihen der Nenner aufschreiben

c) Beschreibe an eigenen Beispielen, wie du möglichst kleine gemeinsame Nenner findest.

Ich nehme das Produkt der Nenner, das ist ganz einfach, aber meine Zahlen werden manchmal so groß.

⚙ Training

23 Wer findet den letzten Bruch dazwischen?

Arbeitet zu zweit: Eine Person nennt einen Bruch kleiner als 1 und trägt ihn auf einem Streifen ein (im Beispiel: $\frac{2}{9}$).

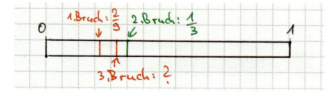

Die andere Person nennt einen Bruch zwischen dem ersten Bruch und 1 (hier: $\frac{1}{3}$) und zeichnet ihn ein.
Die erste Person sucht nun einen neuen Bruch zwischen den beiden eingezeichneten Brüchen.
So geht es abwechselnd weiter.

Wer an der Reihe ist, trägt einen Bruch zwischen den beiden vorherigen ein.
Wer keinen Bruch mehr findet, hat verloren.

Freizeit von Mädchen und Jungen – Anteile vergleichen und zusammenfassen

Vertiefen 7 — Anteile als Brüche und als Prozentzahlen darstellen

24 Prozentzahlen und Bilder

a) Welche Prozentzahl passt zu welchem Bild?

25 %   30 %   50 %   75 %   80 %   40 %   5 %

b) Einige Prozentzahlen und Bilder sind bei a) übrig geblieben. Zeichne zu jeder übrig gebliebenen Prozentzahl ein Bild und beschrifte die übrig gebliebenen Bilder mit Prozentzahlen.

25 Was machen wir am Wandertag?

a) Die Klasse 5a hat über den Wandertag abgestimmt.
Schätze, welcher Anteil der Schüler zu welchem Ziel möchte.
Gib die Anteile als Prozentzahl an.

b) In der Parallelklasse gab es zum gleichen Thema die Ergebnisse rechts.
- Welcher Anteil dieser Klasse möchte was zum Wandertag machen? Gib die Anteile als Bruch und als Prozentzahl an.
- Zeichne ein Streifendiagramm wie in a).

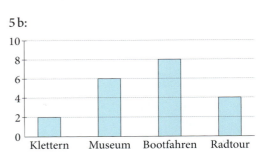

26 Downloadanzeigen

a) Welcher Anteil des Films ist bereits vom Online-Videorekorder heruntergeladen?
Prüfe, ob die angegebene Prozentzahl stimmt.
Hinweis: 1200 MB = 1,2 GB.

b) Wie lange etwa dauert der gesamte Download?

27 Mehrere Lösungen *(Training)*

Welche Zahlen können hier stehen? Schreibe verschiedene Lösungen auf.

(1) $\frac{\blacksquare}{\blacksquare} = 10\,\%$ (2) $\frac{\blacksquare}{5} = \blacksquare\,\%$ (1) $\frac{\blacksquare}{\blacksquare} = 16\,\%$ (2) $\frac{\blacksquare}{5} = \blacksquare\,\%$

(3) $\frac{\blacksquare}{\blacksquare} = 25\,\%$ (4) $\frac{\blacksquare}{10} = \blacksquare\,\%$ (3) $\frac{1}{\blacksquare} = \blacksquare\,\%$ (4) $\frac{3}{\blacksquare} = \blacksquare\,\%$

Vertiefen

weitergedacht

28 Prozentzahlen, die sich nicht kürzen lassen

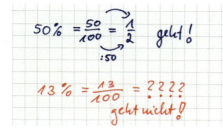

Till hat eine Prozentzahl entdeckt, die er nur als Hundertstel schreiben, aber nicht weiter kürzen kann.

Finde möglichst viele Prozentzahlen von 1 % bis 100 %, die sich nicht kürzen lassen.

wiederholen

Wissensspeicher aus vorigen Schuljahren: *Dezimalzahlen 1*

29 Dezimalzahlen und Brüche

a) Erinnere dich, wie man eine Dezimalzahl als Bruch schreiben kann. Wie viele Zehntel und wie viele Hundertstel haben z. B. 0,4 und 0,43?

b) Zeichne den Streifen ab und ergänze an den Strichen die Dezimalzahlen und Brüche.

Training

▶ Materialblock S. 40 Arbeitsmaterial *Prozentstreifen*

30 Prozente und Dezimalzahlen

Anteile kann man als Brüche, Prozentzahlen und Dezimalzahlen schreiben.

a) Zeichne den Streifen ab und ergänze an den Strichen die fehlenden Prozent- und Dezimalzahlen. Du kannst auch die Streifen aus dem Materialblock verwenden.

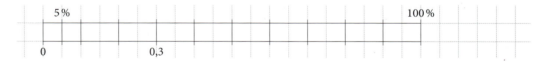

b) Erkläre, wie man 31 % in eine Dezimalzahl und 0,7 in eine Prozentzahl umwandelt.

c) Zeichnet selbst einen neuen Streifen (20 Kästchen lang) und tragt einige Prozentzahlen und Dezimalzahlen ein.
Tauscht eure Streifen aus und ergänzt die fehlenden Zahlen.

31 Zahlen in verschiedenen Darstellungen

a) Übertrage die Tabelle ins Heft. Ergänze die fehlenden Zahlen.

b) Kontrolliere deine Zahlen mit den Streifen aus Aufgabe 29 oder 30.

Dezimalzahl	Prozentzahl	Bruch
0,50 = 0,5	50 %	$\frac{50}{100} = \frac{1}{2}$
0,05		
		$\frac{3}{4}$
	44 %	
1,8		
		$\frac{2}{5}$
		$\frac{3}{25}$

Freizeit von Mädchen und Jungen – Anteile vergleichen und zusammenfassen

32 Stille Post

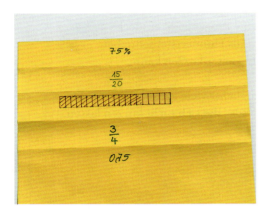

Arbeitet in Gruppen mit 4 bis 6 Personen.
- Jeder denkt sich einen Anteil aus und schreibt ihn oben auf einen Zettel. Der Zettel wird dann zum linken Nachbarn weitergegeben.
- Der nächste schreibt den gleichen Anteil in einer anderen Schreibweise darunter oder zeichnet ein Bild dazu.
- Dann wird die vorhergehende Darstellung nach hinten weggeknickt, sodass nur noch die eigene Darstellung zu sehen ist.
- Der Zettel wird dann wieder zum linken Nachbarn weitergegeben.
- Das wird so oft wiederholt, bis der Zettel voll ist.

Überprüft am Ende, ob der erste Anteil mit dem letzten übereinstimmt.

33 Apfelschorle in Anteilen

a) Pia hat Apfelschorle gemischt mit 60 % Apfelsaft und 40 % Wasser.
Ole hat für einen Liter Schorle $\frac{5}{8}\,\ell$ Apfelsaft genommen und mit Wasser aufgefüllt.
Hat die Schorle von Pia oder die Schorle von Ole den höheren Apfelsaftanteil?

b) Gib den Anteil der folgenden Apfelsaft-Mengen in einem Liter Schorle in Prozent an.

(1) $\frac{1}{4}\,\ell$ (2) $\frac{1}{2}\,\ell$ (3) $\frac{2}{5}\,\ell$ (4) $0{,}2\,\ell$

c) Wie groß ist der Apfelsaftanteil in b) für einen halben Liter Schorle?

34 Mädchenanteil im Fach Technik

An vielen Schulen kann man in der sechsten Klasse das Fach Technik wählen.
Leider wählen oft weniger als 20 % der Mädchen dieses Fach.
In welcher der folgenden Schulen ist der Anteil der Mädchen im Fach Technik größer als 20 %?

Schule	Adam Ries	Am Berg	Sophie Scholl	Lingua
Mädchen, die Technik gewählt haben	31	7	21	12
Mädchen insgesamt	120	33	96	63

35 Ausverkauf

Welches Angebot ist jeweils günstiger? Begründe deine Antwort.

Vertiefen 8 — Anteile mit Bildern addieren und subtrahieren

36 Eigene Zeiteinteilung

▶ Materialblock S. 41
Arbeitsmaterial
Tagesstreifen

a) Untersuche deine eigene Zeiteinteilung.
  ▪ Erstelle dazu zwei Tagesstreifen für deinen typischen Montag und Samstag.
  ▪ Welchen Anteil des Tages hat bei dir jeder einzelne Bereich, wie z. B. Schule?

b) Addiere die verschiedenen Pflicht-Anteile.
Welcher Anteil des Tages bleibt als Freizeit übrig?

c) Denke dir zu deinen Tagen Additions- oder Subtraktionsaufgaben mit Brüchen aus.

37 Ergebnisse abschätzen

Mit der Streifentafel kannst du Summen und Differenzen von Anteilen ungefähr abschätzen:
▪ Hänge dazu die Länge des zweiten Anteils wie im Bild an den ersten Anteil an.
▪ Welcher Anteil in der Streifentafel hat ungefähr die Länge der beiden Anteile zusammen?

(1) $\frac{1}{2} + \frac{1}{3}$ (2) $\frac{3}{8} + \frac{5}{16}$ (1) $\frac{17}{20} - \frac{3}{10}$ (2) $\frac{1}{3} + \frac{1}{4} - \frac{1}{2}$

(3) $\frac{1}{2} - \frac{1}{3}$ (4) $\frac{7}{8} - \frac{7}{16}$ (3) $\frac{4}{15} + \frac{2}{7}$ (4) $\frac{2}{3} - \frac{1}{7}$

38 Kuchenreste zusammenschieben

Zu Merves Party gab es zwei gleich große Bleche Aprikosen- und Pflaumenkuchen. Es wurden $\frac{2}{3}$ des Aprikosenkuchens und $\frac{3}{4}$ des Pflaumenkuchens aufgegessen.

a) Zeichne in dein Heft zwei 4 × 6-Rechtecke für die Kuchen.
Zeichne in die Rechtecke jeweils einen der Kuchenreste ein.

b) Die Reste werden auf ein Blech zusammengeschoben.
Welcher Anteil eines Blechs ist jetzt noch mit Kuchen gefüllt?

c) Schreibe zur Situation in b) eine Additionsaufgabe mit Brüchen auf.
Löse die Aufgabe auf zwei verschiedenen Wegen.

d) Wie groß wäre der Rest, wenn $\frac{2}{3}$ des einen und $\frac{3}{4}$ des anderen Kuchens übrig geblieben wären?
Tipp: Du brauchst zwei Bleche.

Freizeit von Mädchen und Jungen – Anteile vergleichen und zusammenfassen

Training

39 Anteile zusammenfassen

a) Addiere jeweils die beiden dargestellten Anteile.
Nutze die feinere Einteilung, um die Ergebnisse zu bestimmen.

(1) 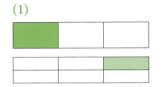   (2) 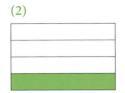 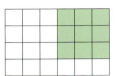   (3)

b) Zeichne eigene Bilder mit zwei Farben.
Dein Nachbar soll die Additionsaufgaben ablesen und rechnen.
Kontrolliert eure Ergebnisse an der Streifentafel.

c) Finde zu den Bildern aus a) auch Subtraktionsaufgaben und löse sie.

40 Seltsame Ergebnisse beim Addieren

a) Ole rechnet und zeichnet dazu:

Dann schiebt Ole die Rechtecke zu einem Bild zusammen.

- Erkläre, warum dieses Ergebnis falsch ist.
- Wie hätte Ole richtig zeichnen müssen?

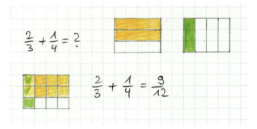

b)
- Merve ist sich sicher: $\frac{1}{2} + \frac{1}{4} = \frac{3}{4}$
Stimmt das auch hier, erhält Merve so $\frac{3}{4}$ von einer Schokolade?
- Worauf muss man beim Addieren von Brüchen achten?

41 Trinken ist wichtig

a) 10- bis 14-Jährige sollten pro Tag ca. $1\frac{1}{5}$ Liter trinken.
- Veranschauliche dir 1 Liter durch einen Streifen aus 30 Kästchen.
- Wie viele Kästchen sind dann $1\frac{1}{5}$ Liter?

Gut zu wissen
$1\frac{1}{5}$ Liter heißt
1 Liter und $\frac{1}{5}$ Liter.

b) Färbe in deinem Streifen die Brüche aus Tills Trinkliste.
- Wie viel hat Till bis 13 Uhr schon getrunken?
- Wie viel fehlt ihm noch bis $1\frac{1}{5}$ Liter?

c) Schreibe mögliche Trink-Tageslisten auf, mit denen man genau auf $1\frac{1}{5}$ Liter kommt.

d) Schreibe an jedem Tag dieser Woche genau auf, wie viel du trinkst.
Rechne am Ende jedes Tages zusammen: Kommst du auf $1\frac{1}{5}$ Liter?

Tills Trinkliste für Mittwoch

7.00: Tasse Milch	$\frac{1}{5}$ Liter
10.00: Kakaoflasche	$\frac{1}{3}$ Liter
11.00: gr. Glas Wasser	$\frac{2}{5}$ Liter
13.00: kl. Glas Saft	$\frac{1}{10}$ Liter

Vertiefen 9 — **Brüche ohne Bilder addieren und subtrahieren**

Training

42 Größte und kleinste Summen und Differenzen finden

a) Berechne die Summen und Differenzen. Gib die Ergebnisse als gekürzte Brüche an.

(1) $\frac{1}{2} + \frac{1}{3}$
$\frac{1}{4} + \frac{1}{2}$
$\frac{1}{2} - \frac{1}{5}$

(2) $\frac{4}{9} + \frac{1}{3}$
$\frac{4}{9} - \frac{1}{3}$
$\frac{4}{9} - \frac{1}{4}$

(1) $\frac{1}{7} + \frac{1}{5}$
$\frac{1}{6} + \frac{1}{4}$
$\frac{1}{5} + \frac{1}{3}$

(2) $1 + \frac{1}{9} - \frac{1}{3}$
$1 + \frac{1}{8} - \frac{1}{4}$
$1 + \frac{1}{7} - \frac{1}{5}$

b) Vergleiche die Aufgaben aus a) innerhalb eines Päckchens.
Wie könnte man auch ohne Rechnen erkennen, welches Ergebnis am größten ist?

c) Denke dir vier eigene Additions- und Subtraktionsaufgaben aus, sodass man ohne Rechnen erkennen kann, welches Ergebnis das größte und welches das kleinste ist.
Rechne dann genau: Stimmen die Ergebnisse mit deinen Erwartungen überein?

Training

43 Subtraktionsaufgaben mit Muster

a) Wie geht es bei den Aufgaben weiter?
Setze die Reihen fort und berechne die Ergebnisse.

(1) $\frac{1}{2} - \frac{1}{3}$
$\frac{1}{3} - \frac{1}{4}$
$\frac{1}{4} - \frac{1}{5}$

(2) $\frac{2}{3} - \frac{1}{2}$
$\frac{3}{4} - \frac{2}{3}$
$\frac{4}{5} - \frac{3}{4}$

(1) $\frac{1}{3} - \frac{1}{4}$
$\frac{1}{5} - \frac{1}{6}$
$\frac{1}{7} - \frac{1}{8}$

(2) $\frac{3}{2} - \frac{4}{3}$
$\frac{4}{3} - \frac{5}{4}$
$\frac{5}{4} - \frac{6}{5}$

nachgedacht

b) Schau dir noch einmal an, wie du die Aufgaben gelöst hast.
- Beschreibe deinen Rechenweg mit Worten.
- Begründe, warum dieser Weg hier sinnvoll ist.

44 Fehler in Rechnungen

a) Überprüfe durch Abschätzen der Ergebnisse, welche der folgenden Rechnungen falsch sind. Prüfe dazu insbesondere, ob die Ergebnisse kleiner oder größer als 1 sind.

(1) $\frac{2}{5} + \frac{3}{10} = \frac{7}{10}$

(2) $\frac{1}{3} + \frac{1}{4} = \frac{1}{7}$

(3) $\frac{2}{3} + \frac{4}{5} = \frac{6}{8}$

(4) $\frac{2}{10} - \frac{1}{5} = \frac{1}{5}$

(5) $\frac{13}{20} - \frac{4}{5} = \frac{1}{10}$

(6) $\frac{100}{100} - \frac{20}{50} = \frac{80}{50}$

b) Verbessere die falschen Rechnungen.

nachgedacht

c) Betrachte die falschen Rechnungen genauer:
Was könnte sich derjenige, der das geschrieben hat, dabei gedacht haben?

d) Suche für einen der falschen Rechenwege ein Zahlenbeispiel, um jemanden zu überzeugen, dass der Rechenweg nicht stimmen kann.

Freizeit von Mädchen und Jungen – Anteile vergleichen und zusammenfassen

Training

Hinweis
Im oberen Stein steht immer die Summe der beiden Steine darunter.

▶ Materialblock S. 41
Arbeitsmaterial
Zahlenmauern mit Brüchen

45 Zahlenmauern

Übertrage die Zahlenmauern ins Heft und fülle sie aus.
Du kannst auch die Zahlenmauern aus dem Materialblock verwenden.
Suche für Mauer (4) mehrere Lösungen.

(1) 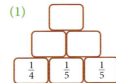   (2) 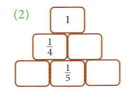   (3) 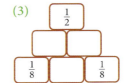   (4)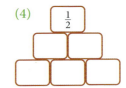

Problemlösen

Hinweis
Es gibt mehrere Lösungen.

46 Aufgaben gesucht

Setze sechs der Zahlen so in die Kästchen, dass die Aufgabe stimmt.

Problemlösen

47 Magische Quadrate

a) In einem „magischen Quadrat" ergibt die Summe der Zeilen, der Spalten und der Diagonalen immer die gleiche „magische Zahl". Hier soll sie $\frac{5}{8}$ sein.
Fülle die leeren Zellen des „magischen Bruch-Quadrats".

b) Versuche, selbst ein magisches Bruch-Quadrat zu finden.

48 Ägyptische Brüche am Horus-Auge

Das Horus-Auge war im alten Ägypten ein Zeichen für das Flüssigkeitsmaß Hekat (1 Hekat = 4,8 Liter). Jeder Teil dieses Auges stellt einen Bruch mit Zähler 1 dar.

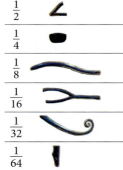

a) Wenn du alle Bruchteile zusammenrechnest, kommst du nicht auf ein Ganzes. Den fehlenden Teil hat Thot, der Gott des Mondes, angeblich verschwinden lassen. Wie groß ist der verschwundene Teil?

b) Till hat einen Bruch mit den Teilen des Horus-Auges beschrieben: ◉ . Finde heraus, welcher Bruch dargestellt ist.

c) Versuche verschiedene Brüche mit dem Horus-Auge darzustellen, z. B. $\frac{1}{2} + \frac{1}{6} = \frac{2}{3}$.
Du kannst dabei auch andere Brüche mit dem Zähler 1 verwenden, z. B. $\frac{1}{3}, \frac{1}{5}, \frac{1}{10}$.

Problemlösen

49 Lückenfüller

Was könnte in den Lücken stehen?
Suche für jede Gleichung mindestens drei Lösungspärchen.

(1) $\frac{5}{6} + \frac{\Box}{4} = \frac{\Box}{12}$ (2) $\frac{\Box}{6} + \frac{\Box}{4} = 1$ (3) $\frac{\Box}{6} - \frac{\Box}{4} = 1$

Vertiefen

50 Selbst Aufgaben erstellen

a) Denke dir eine leichte, eine mittlere und eine schwere Additions- oder Subtraktionsaufgabe mit Brüchen aus. Schreibe jede Aufgabe auf eine Karteikarte.
Zeichne ein Bild oder schreibe eine Geschichte dazu auf die Rückseite.
Tauscht die Karten untereinander aus und kontrolliert die Ergebnisse und Bilder.

b) Sucht euch nun einen anderen Arbeitspartner.
Tauscht wieder die Karten aus und löst die Aufgaben nur durch Schätzen:
Sind die Ergebnisse größer oder kleiner als 1, größer oder kleiner als $\frac{1}{2}$?

c) Schaut euch eure eigenen Aufgaben noch einmal an.
Wie habt ihr gerechnet? Wie habt ihr den gemeinsamen Nenner bestimmt?

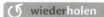
Wissensspeicher
Zahlen 4 (MB 17)

d) Falls ihr bisher nicht das kleinste gemeinsame Vielfache verwendet habt, schreibt noch weitere Aufgaben auf, mit denen ihr das üben könnt.

51 Versteckter Zucker

a) Auf der Zutatenliste für einen Kinderriegel zum Naschen steht:
Vollmilch (40 %), pflanzliche Öle, Zucker, Weizenmehl, Honig (5 %), Kakao
Was meinst du:
Warum wird bei Milch und Honig der Anteil angegeben und bei Zucker nicht?

b) Auf Zutatenlisten müssen die Zutaten nach ihren Anteilen geordnet aufgelistet werden.
- Wie viel Zucker könnte also ungefähr in dem Kinderriegel bei a) enthalten sein? Gib mögliche Anteile als Brüche an.
- Überlege auch mögliche Anteile als Brüche für die restlichen Zutaten.
- Überprüfe deine Zahlen. Alle Anteile zusammen müssen ein Ganzes ergeben.

c) Schaue dir Zutatenlisten von anderen Produkten an und schätze die unbekannten Anteile. Überprüfe jedesmal, ob die Summe auch ein Ganzes ergibt.

52 Download mehrerer Dateien

Tipp
Rechne bei a) mit 12 MB von 1200 MB = 1,2 GB.

a) Zwei Filme wurden gleichzeitig von einem Online-Videorekorder heruntergeladen. Welcher Anteil jedes Films wurde bereits heruntergeladen?

b) Von welchem Film wurde mehr heruntergeladen? Woran erkennst du das?

c) Ganz oben sieht man, dass der Computer von beiden Filmen zusammen etwa 1 % heruntergeladen hat.

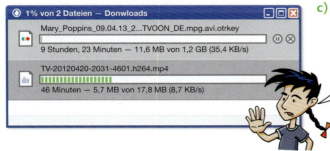

Das kann doch nicht sein. Allein unten sind es doch schon über 25 %. Wenn es oben etwa 1 % sind, dann sind doch im Durchschnitt von beiden Filmen 13 % heruntergeladen worden.

Findest du Merves Denkfehler?

Vertiefen 10

Brüche im Alltag

Training

53 Eine Radtour planen

a) Auf der Karte seht ihr die geplante Strecke, die Ole mit seinen Freunden auf dem Fahrrad zurücklegen will. Einzelne Fahrzeiten für den Hinweg von Breisach nach Bantzenheim, wo sie übernachten, hat er schon auf der Karte notiert.
Wie lange brauchen sie wohl für diese Strecke?

b) Der gesamte Rundweg soll 13 h dauern. Wie lange braucht man dann von Neuenburg nach Heitersheim?

54 Bowlen-Rezepte

a) $\frac{3}{8}$ der Halloween-Bowle bestehen aus Apfelsaft, 25 % sind schwarzer Johannisbeersaft, der Rest ist Mineralwasser.
Welcher Anteil der Bowle besteht aus Mineralwasser?

b) Es sollen 8 Liter Halloween-Bowle hergestellt werden.
Wie viel Saft und Wasser muss man vorher einkaufen?

c) In welchem der folgenden Rezepte ist der Anteil von Mineralwasser größer als 40 %?
Überschlage erst, bevor du exakt rechnest.

Pfirsichbowle

$\frac{1}{8}$ Pfirsiche aus der Dose

$\frac{1}{4}$ Maracujasaft

$\frac{1}{16}$ Zitronensaft

$\frac{1}{16}$ Orangensaft

Rest Mineralwasser

Trauben-Zucker-Bowle

Für 1,25 Liter benötigt man

$\frac{1}{5}$ Liter roten Traubensaft und

$\frac{1}{20}$ Liter Zuckersirup,

der Rest ist Mineralwasser.

55 Brüche bei Längenangaben

$\frac{1}{2}$ m $\frac{3}{8}$ m $\frac{1}{3}$ m $\frac{4}{5}$ m

Hinweis
Skizziere die Längen ungefähr so lang wie hier im Buch.

a) Wie lang sind je zwei (drei, alle vier) der Längen, wenn man sie hintereinander hängt?

b) ▪ Skizziere passende Bilder mit Längen zu deinen Rechnungen.
▪ Markiere jeweils auch die 1. Was bedeutet die 1 hier?

Vertiefen

56 Den Tag planen – gegen die Freizeitdiebe

▶ Materialblock S. 42
Arbeitsmaterial
Wochenplan

a) Hast du das Gefühl, zu wenig Freizeit zu haben?
Fehlt dir oft die Zeit, um alle Termine und Aufgaben zu schaffen?
Wie viel Zeit bleibt dir wirklich?
Schätze dazu die Anteile für Schule, Schlafen und Freizeit in deinem Tagesablauf.

b) Um einen Überblick zu bekommen, kann man Wochenpläne aufstellen.
Dann weiß man genau, was man alles tun muss und tun will.

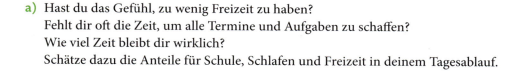

	Schule
	Feste Termine/Pflichten
	Freizeittermine
	Essen
	Schlafen

Hier siehst du meinen Wochenplan. Ich habe unterschiedliche Farben genommen, um Termine für die Schule zu unterscheiden von festen Terminen und Pflichten sowie Freizeitterminen. Für Schlafen, Waschen, Anziehen und Essen muss man natürlich auch noch Zeit einplanen.

Erstelle wie Till einen Plan für die ganze Woche. Nutze auch verschiedene Farben.

Zeit	Montag	Dienstag	Mittwoch	Donnerstag	Freitag	Samstag	Sonntag
0:00 bis 6:00	Schlafen	Schlafen	Schlafen	Schlafen	Schlafen	Schlafen	Schlafen
6:00–7:00	aufstehen, duschen/waschen, anziehen, frühstücken zur Schule fahren					Schlafen	Schlafen
7:00–8:00							
8:00–9:00	Unterricht	Unterricht		Unterricht	Unterricht	Hund ausführen	
9:00–10:00						Frühstücken	Frühstücken
10:00–11:00			Unterricht				Zimmer aufräumen
11:00–12:00							Hund ausführen
12:00–13:00							Fernsehen
13:00–14:00						Mittagessen	Mittagessen
14:00–15:00	Mittagessen	Mittagessen	Mittagessen	Mittagessen	Mittagessen		Vokabeln
15:00–16:00		Chor-AG				Fußballverein (Spiele)	Schwimmen mit Ole
16:00–17:00	Zahnarzt		Hund ausführen	Fußballverein (Training)	Roboter-AG		
17:00–18:00	Hausaufgaben		Hausaufgaben/ Üben		Abendessen		
18:00–19:00	Skateboard mit Hannes	Fernsehen		Hausaufgaben	Kino	Abendessen	Abendessen
19:00–20:00		Hausaufgaben	Abendessen				
20:00–21:00	Abendessen	Abendessen		Abendessen			
21:00–24:00	Schlafen	Schlafen	Schlafen	Schlafen	Schlafen	Schlafen	Schlafen

c) Blicke am Ende der Woche zurück:
- Hat dir der Wochenplan geholfen, mit deinen Terminen zurechtzukommen?
- Welche Aktivitäten haben länger gedauert als geplant, was ging schneller?
- Wie hoch war der tatsächliche Anteil an Freizeit?
Rechne hier genau und vergleiche mit der Schätzung am Anfang der Woche.

Checkliste

Freizeit von Mädchen und Jungen – Anteile vergleichen und zusammenfassen

Ich kann ... Ich kenne ...	Hier kann ich üben ...
Ich kann entscheiden, wann ich Häufigkeiten besser mit Anzahlen und wann mit Anteilen vergleiche. 11 von 20 befragten Jungen und 12 von 24 befragten Mädchen lesen gerne Comics. Wer liest lieber Comics: die Mädchen oder die Jungen? Vergleiche einmal mit den Anteilen und einmal mit den Anzahlen.	S. 60 Nr. 1, 2 S. 61 Nr. 3–5
Ich kann verschiedene Wege nutzen, um Anteile zu vergleichen. Erkläre auf zwei Wegen (z. B. in der Streifentafel), warum $\frac{3}{5}$ größer als $\frac{2}{4}$ ist. Suche für die Brüche gleiche Nenner und erkläre, welcher Anteil größer ist.	S. 62 Nr. 6–9 S. 67 Nr. 21–23
Ich kann mit Bildern oder Situationen zu einem Bruch gleichwertige Brüche finden. Wie viel Fünftel sind $\frac{6}{15}$? ■ Finde den passenden Bruch in der Streifentafel. ■ Begründe dein Ergebnis durch eine passende Situation.	S. 63 Nr. 10, 11 S. 64 Nr. 12
Ich kann durch Erweitern und Kürzen zu einem Bruch gleichwertige Brüche finden. Finde jeweils den passenden Bruch durch Rechnen: (1) $\frac{6}{15} = \frac{\square}{5}$ (2) $\frac{17}{40} = \frac{\square}{120}$	S. 64 Nr. 13, 14 S. 65 Nr. 15–17
Ich kann schwierige Brüche durch einfache Brüche schätzen. Finde für den Bruch $\frac{45}{80}$ einen einfachen Bruch, der etwa genau so groß ist.	S. 66 Nr. 18–20
Ich kann einen Anteil als Bruch und als Prozentzahl darstellen. ■ Wie viel Prozent sind $\frac{3}{5}$? ■ Wie kann 35 % als Bruch dargestellt werden?	S. 68 Nr. 24–27 S. 69 Nr. 28–31 S. 70 Nr. 32–35
Ich kann Brüche mit Hilfe eines Bildes addieren und subtrahieren. Beschreibe, wie du $\frac{3}{5} + \frac{2}{3}$ und $\frac{2}{3} - \frac{1}{4}$ mit der Streifentafel löst.	S. 71 Nr. 36, 38 S. 72 Nr. 39–40
Ich kann Situationen, in denen Anteile zusammengefasst werden, durch Aufgaben beschreiben und umgekehrt. ■ $\frac{3}{8}$ ℓ Kirschsaft wird mit $\frac{1}{2}$ ℓ Bananensaft gemischt. Passt der gemischte Saft in einen Ein-Liter-Krug? ■ Finde eine Situation, die zu $\frac{1}{4} - \frac{1}{8}$ passt.	S. 71 Nr. 37, 38 S. 72 Nr. 39–41 S. 75 Nr. 50–52 S. 76 Nr. 53–55 S. 77 Nr. 56
Ich kann Brüche durch Rechnen (ohne Bild) addieren und subtrahieren. Beschreibe, wie du $\frac{1}{5} + \frac{2}{3}$ und $\frac{2}{3} - \frac{1}{10}$ durch Rechnen löst.	S. 73 Nr. 42–44 S. 74 Nr. 45–49

▶ *Hinweis:* Im Materialblock auf Seite 43 findest du diese Checkliste für deine Selbsteinschätzung. Zusätzliche Übungsaufgaben findest du im Internet unter 078-1. (www.cornelsen.de/mathewerkstatt, Buchkennung: MWS040 235, Mediencode: 078-1)

Orientierung auf Land und Wasser – Die Lage von Orten beschreiben und finden

In diesem Kapitel …
- ▶ beschreibst du Richtungen mit Zahlen.
- ▶ lernst du, wie man Orte mit Zahlen beschreiben kann.

Orientierung auf Land und Wasser – Die Lage von Orten beschreiben und finden

Erkunden A **Wie kann ich Richtungen und Richtungsänderungen durch Zahlen beschreiben?**

1 **Wie Bienen Orte beschreiben**

321 Bienen

Die Sprache der Bienen
Bienen können sich gegenseitig mitteilen, wo es guten Nektar gibt.
Dazu führen sie einen Schwänzeltanz auf und orientieren sich an der Sonne:
Tanzt die Biene genau auf die Sonne zu, liegt der Futterplatz in Richtung der Sonne. Tanzt die Biene leicht nach rechts, liegt der Futterplatz in dieser Richtung.
Mit der Geschwindigkeit ihres Tanzes geben die Bienen die Entfernung an. Tanzen sie schnell, ist der Futterplatz in der Nähe.
Je langsamer sie tanzen, desto weiter ist der ersehnte Nektar entfernt.

Da Bienen nicht sprechen können, tanzen sie, um sich mitzuteilen, wo es Nektar gibt.

a) Erklärt euch gegenseitig mit Hilfe des Textes „Die Sprache der Bienen", wie die Bienen ihren Futterplatz finden.

▶ Materialblock S. 49
Arbeitsmaterial
Bienenkarten

b) Verständigt euch ähnlich wie die Bienen. Doch statt selbst zu tanzen, nutzt ihr Bienenkarten, auf denen ihr die Richtung und die Entfernung eintragen könnt.
Arbeitet zu zweit. Klärt zu Beginn, wo sich euer Bienenstock befindet und wo die Sonne ist. Wenn ihr die Sonne nicht seht, sucht euch zur Orientierung einen anderen festen Punkt.

1. Die *erste* Biene versteckt einen Gegenstand so im Raum, dass die zweite Biene nicht sehen kann, wo er versteckt wird.
2. Dann kommt die *erste* Biene auf direktem Weg zum Bienenstock zurück und zählt dabei jeden Schritt.
3. Danach trägt die *erste* Biene die Anzahl der Schritte und die Richtung zum versteckten Gegenstand auf der Bienenkarte ein.
4. Anschließend gibt die *erste* Biene ihre Bienenkarte der zweiten Biene.
Die *zweite* Biene sucht mit Hilfe der Bienenkarte den versteckten Gegenstand.

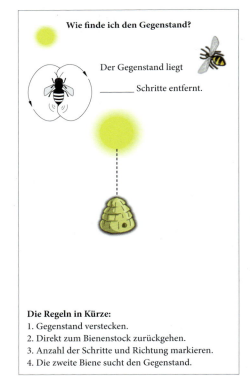

Wie finde ich den Gegenstand?

Der Gegenstand liegt ____ Schritte entfernt.

Die Regeln in Kürze:
1. Gegenstand verstecken.
2. Direkt zum Bienenstock zurückgehen.
3. Anzahl der Schritte und Richtung markieren.
4. Die zweite Biene sucht den Gegenstand.

Konnte die zweite Biene den Gegenstand finden?
Überlegt gemeinsam woran es liegt, wenn sie ihn nicht finden konnte.

Tauscht danach die Rollen.

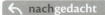

c) Diskutiert gemeinsam:
Was haltet ihr von dem Vorgehen der Bienen?
Was würdet ihr anders machen?

Erkunden

2 Richtungen bestimmen

Hinweis
Informationen und eine Bastelanleitung für einen Kompass findest du unter www 083-1.

Nicht nur Bienen, auch Menschen beschreiben, wie sie Orte finden. Seefahrer zum Beispiel geben Richtungen zu bestimmten Orten mit Hilfe eines Kompasses an.

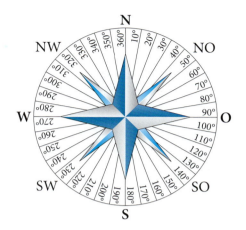

Gut zu wissen
Richtungen gibt man mit einer Zahl und dem Zeichen ° an. Das Zeichen nennt man Grad.

a) Erklärt euch gegenseitig, wie man einen Kompass verwendet und was die Buchstaben bedeuten.
Wenn ihr nicht wisst, wie ein Kompass funktioniert, informiert euch in einem Lexikon oder im Internet.

▶ Materialblock S. 50
Arbeitsmaterial
Kapitän und Steuermann

b) Um den Umgang mit einem Kompass genauer kennenzulernen, spielt zu zweit das Spiel *Kapitän und Steuermann*.

- Nehmt die Karte aus dem Materialblock.
  Tipp: Auf dieser Karte ist Norden oben. Dies ist bei den meisten Karten so.
- Setzt euch für das Spiel Rücken an Rücken:
  Einer ist der Kapitän, der andere ist der Steuermann.

Spielregeln:
1. Der Kapitän wählt einen Zielort und zieht vom Startort Toulon eine Linie zum Zielort. Der Steuermann darf den Zielort nicht sehen.
2. Der Kapitän legt seinen Kompass mit dem Mittelpunkt auf den Startort und richtet ihn nach Norden aus. An der gezeichneten Linie kann er am Rand des Kompasses die Richtung ablesen.
3. Nun sagt der Kapitän dem Steuermann die Richtung an.
4. Der Steuermann trägt mit dem

c)
- Hat der Steuermann immer die richtigen Städte gefunden?
- Was war schwierig beim Finden des Zielortes und was hat gut funktioniert?

d) Bei welchen Städten habt ihr als Kapitän...
- die Richtungsangaben N, NO, O, SO, S, SW, W, NW gewählt?
- auch Zahlen für Richtungsangaben gewählt?
Vergleicht eure Ergebnisse.
Überlegt gemeinsam, welche Vorteile die beiden Schreibweisen haben.

↶ nachgedacht

e) Überlegt gemeinsam, welche besondere Bedeutung die Nordrichtung hat.
Kann man die Bedeutung auch an den Zahlen erkennen?

Orientierung auf Land und Wasser – Die Lage von Orten beschreiben und finden

3 Richtungsänderungen bestimmen

Ein Schiff auf dem Weg nach Alghero muss wegen eines Unwetters seine Richtung ändern und nach Iglesias fahren.
Das Schiff muss sich also etwas drehen.

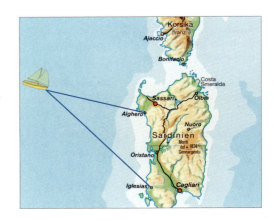

▶ Materialblock S. 51
Arbeitsmaterial
Richtungsänderungen bestimmen

a) Bestimme mit Hilfe des Kompasses die alte und die neue Richtung.
Gib die Richtungen mit Zahlen an.
Um wie viel Grad hat sich das Schiff gedreht?

* *Neues Wort*
Eine **Richtungsänderung** ist die Größe der Drehung zwischen zwei Richtungen.

b) Merve will die *Richtungsänderung** bestimmen ohne zu rechnen.
Dafür nimmt sie eine Winkelscheibe.
Eine Winkelscheibe ist eine Art Kompass ohne Himmelsrichtungen.

▶ Materialblock S. 52
Arbeitsmaterial
Bastelanleitung für eine Winkelscheibe

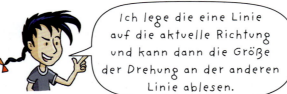

Ich lege die eine Linie auf die aktuelle Richtung und kann dann die Größe der Drehung an der anderen Linie ablesen.

Welche besondere Idee hat Merve, um die Richtungsänderung an der Winkelscheibe abzulesen?
Bestimme die Drehung wie Merve.

c) Wohin fährt das Schiff, wenn der Steuermann es um 40° nach links dreht?
Trage den neuen Kurs in die Karte im Materialblock ein.

▶ Materialblock S. 51
Arbeitsmaterial
Richtungsänderungen angeben

d) Arbeitet nun zu zweit und gebt euch gegenseitig Aufträge zur Richtungsänderung:

1. Nehmt die Seekarte aus dem Materialblock und zeichnet dort ein Schiff und eine Richtung für das Schiff ein.
2. Denkt euch zwei Aufträge aus und schreibt sie unter die Karte, z. B.:
   - Das Schiff soll nach Syrakus fahren. Wie groß ist dann die Drehung zwischen der ursprünglichen Richtung und der neuen Richtung?
   - Das Schiff soll um 45° gedreht werden. Wo fährt es nun hin? Zeichne den neuen Kurs ein.
3. Tauscht eure Aufträge und Karten aus. Beantwortet die Fragen.
4. Überprüft gemeinsam eure Ergebnisse.
   Falls ihr unterschiedliche Ergebnisse habt, überlegt woran das liegt.

↶ nachgedacht

e)

Das kann ganz schön schief gehen, wenn der Kapitän sagt, das Schiff soll sich um 120° drehen und der Steuermann dreht es um 240°.

- Was meint Pia mit ihrer Aussage?
- Was müssen Kapitän und Steuermann verabreden, damit das Schiff nicht in die falsche Richtung fährt?

Erkunden B

Wie kann ich Orte durch Zahlen beschreiben?

Gut zu wissen
1811 begannen die Stadtplaner die Insel Manhattan, New York, mit einem rasterförmigen Straßennetz zu überziehen.

4 In Manhattan orientieren

Nicht nur in der Luft oder auf Wasser muss man sich orientieren. Auch in Städten werden Orte angegeben, vor allem mit Hilfe von Karten. In Manhattan (New York) sind viele Straßen mit Zahlen benannt.

a) Wo befindet sich z. B. die Kreuzung der Seventh Avenue und der West 21st Street?

▶ Materialblock S. 53
Arbeitsmaterial
Stadtplan von Manhattan

b) Arbeitet zu zweit mit dem Stadtplan im Materialblock:
 1. Sucht eine Kreuzung aus und schreibt sie so auf, dass der andere es nicht sieht.
 2. Tauscht anschließend eure Zettel aus und sucht die Kreuzung des anderen.
 3. Überprüft, ob der andere die ausgesuchte Kreuzung gefunden hat.

c) Welche Kreuzungen konntet ihr schnell finden, bei welchen war es schwierig? Was hat die Nummerierung damit zu tun?

d) ▪ Schaut euch den Stadtplan genauer an und sucht die Kreuzung, an der die Stadtplaner vermutlich mit der Nummerierung begonnen haben.
 ▪ Warum gibt es auch Straßen ohne Zahlenangaben?

5 In Bochum orientieren

* *Neues Wort*
*Die quadratische Einteilung für einen Stadtplan nennt man **Quadratgitter**.*

Wenn in Städten die Straßen nicht so ordentlich sortiert sind wie in Manhattan, kann man die Lage von Orten beschreiben, indem man über die Karte ein *Quadratgitter** legt und das Gitter nummeriert.

▶ Materialblock S. 54
Arbeitsmaterial
Stadtpläne von Bochum

a) Nehmt die Stadtpläne ① und ② von Bochum und gebt die Lage der beiden U-Bahnstationen „Rathaus" und „Bergbau-Museum" mit Zahlen an.

Tipp
Die Orte bei a) können auch mit Dezimalzahlen angegeben werden.

b) Vergleicht die beiden Beschriftungsarten. Welche Art findet Ihr besser geeignet, um die Lage von Orten zu beschreiben?

c) Gebt auch die Lage des Hauptbahnhofs und des Bahnhofs West an. Sie liegen jedoch nicht auf der Karte, sondern „weiter links" und „weiter unten". Nehmt hierfür Stadtplan ③ und erweitert die Beschriftung des Quadratgitters so, dass ihr die Lage der beiden Bahnhöfe angeben könnt. Vergleicht eure Beschriftungen.

86 Orientierung auf Land und Wasser – Die Lage von Orten beschreiben und finden

Ordnen A

Wie kann man Richtungen und Richtungsänderungen durch Zahlen beschreiben?

1 Himmelsrichtungen und Zahlen

▶ Materialblock S. 45
Wissensspeicher
Kompass und Winkel

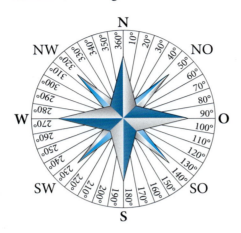

Um Richtungen zu bestimmen, kann man einen Kompass nutzen. Er ist in 360 Teile (Grad) eingeteilt und zeigt die Himmelsrichtungen an.

a) Notiere zu allen Himmelsrichtungen die passenden Zahlen im Materialblock.

Himmels-richtungen	Richtungen mit Zahlen
Norden/N	0°
Nordosten/NO	
…	

b) In Aufgabe 2 d) auf Seite 83 habt ihr überlegt, welche Vorteile die beiden Schreibweisen aus a) haben.
Schreibe auf, wann man besser Zahlen statt Himmelsrichtungen verwenden sollte.

c) Vergleicht eure Ergebnisse und übertragt sie in den Wissensspeicher.

2 Drehungen mit Winkeln beschreiben

* Neues Wort
*Mit **Winkeln** lassen sich Drehungen beschreiben. Winkel werden in Grad angegeben, z. B. 70°.*

a) Die Richtung des Schiffes soll geändert werden von Richtung Calvi in Richtung Nizza.
Bestimme die Richtungsänderung.
Gesucht ist dabei der *Winkel**, um den sich das Schiff drehen muss.
Erkläre wie du vorgegangen bist.

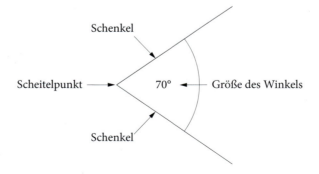

b) Erkläre mit eigenen Worten, was die einzelnen Teile eines Winkels bedeuten.
Nutze dafür die Karte aus a) und die Darstellung des Winkels unten.

Schenkel

Scheitelpunkt → 70° ← Größe des Winkels

Schenkel

▶ Materialblock S. 45
Wissensspeicher
Kompass und Winkel

c) Ergänze im Wissensspeicher die Beschreibung eines Winkels.

3 Winkel sortieren

Erinnere dich
Wenn zwei Geraden senkrecht aufeinander stehen, bilden sie einen rechten Winkel. Dieser Winkel ist 90° groß.

Um einen Überblick über die verschieden großen Winkel zu bekommen, werden sie nach ihrer Form und Größe in verschiedene Winkelarten eingeteilt.

Winkelarten	Winkelgröße
Spitzer Winkel	kleiner als 90°
Rechter Winkel	genau 90°
Stumpfer Winkel	zwischen 90° und 180°
Gestreckter Winkel	genau 180°
Überstumpfer Winkel	zwischen 180° und 360°
Vollwinkel	genau 360°

a) Miss die einzelnen Winkel (1) bis (6) nach und entscheide, welche Namen zu den Winkeln gehören.
Warum passen die Namen gut?

(1)   (2)   (3)   (4)   (5) 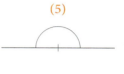 (6)

▶ Materialblock S. 45
Wissensspeicher
Kompass und Winkel

b) Vergleicht eure Ergebnisse und übertragt sie in den Wissensspeicher.

4 Winkel zeichnen und messen mit dem Geodreieck

Winkel lassen sich mit einer Winkelscheibe zeichnen und messen.
Man kann sie aber auch mit einem Geodreieck zeichnen und messen.

▶ Materialblock S. 55
Arbeitsmaterial
Winkel messen und zeichnen mit dem Geodreieck

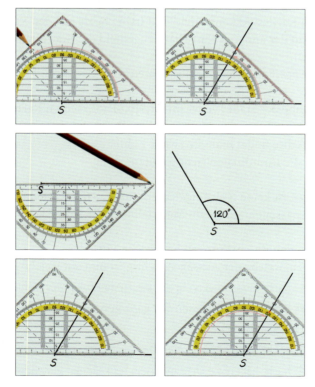

a) Finde für jeden Schritt der Anleitung zum Zeichnen von Winkeln im Materialblock das passende Bild.

b) Vergleicht eure Anleitungen und überprüft sie, indem jeder von euch den gleichen Winkel zeichnet. Legt eure Zeichnungen dann übereinander und prüft, ob sie gleich groß sind.

c) Findet nun für jeden Schritt der Anleitung zum Messen von Winkeln auf dem Materialblock das passende Bild.

d) Vergleicht eure Anleitungen und überprüft sie, indem ihr mehrere Winkel mit Hilfe eurer Anleitung messt.

▶ Materialblock S. 46
Wissensspeicher
Winkel messen und zeichnen mit dem Geodreieck

e) Klebt die Bilder anschließend in den Wissensspeicher.

Orientierung auf Land und Wasser – Die Lage von Orten beschreiben und finden

Ordnen B

Wie kann man Orte mit Zahlen beschreiben?

5 Mit Zahlen Orte beschreiben

Mit Zahlen kann man nicht nur Richtungen angeben wie die Seefahrer, sondern auch die Lage von Orten beschreiben.
Um die Lage von Orten auf Karten anzugeben, kann man Karten mit Quadratgittern einteilen.

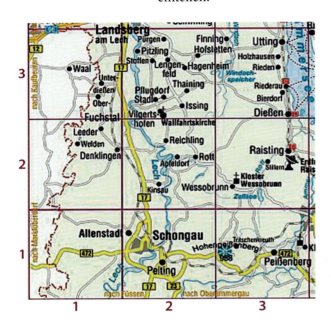 

* Neues Wort
Die Zahlen, mit denen man die Lage eines Orts angibt, nennt man **Koordinaten**.
Koordinaten gibt man in Klammern an, z. B. (2|3).

* Neues Wort
Die Koordinaten werden auf den beiden **Achsen** abgelesen.

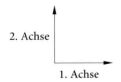

2. Achse

1. Achse

▶ Materialblock S. 47
Wissensspeicher
Koordinaten und
Koordinatensysteme

a) Die Bezeichnung von Karten ist nicht immer gleich.
Auf der einen Karte sind Lengenfeld und Issing beide mit den *Koordinaten** (2|3) angegeben. Auf der anderen Karte hat Lengenfeld die Koordinaten (1,5|2,6) und Issing (1,7|2,2).
Welche Karte passt zu welchen Koordinaten?

b) Passt die Angabe der Stadt Leeder mit (1,9|0,8) zur rechten Karte?
Auf welcher *Achse** findet man die erste Zahl?
Auf welcher Achse findet man die zweite Zahl?
Wie müssten die Koordinaten richtig lauten?

c) Auf den Karten ist keine Null eingetragen, für eine der Karten ist sie aber wichtig.
Trage auf der passenden Karte im Materialblock die Null ein.

d) Welche der beiden Beschriftungen hat welche Vorteile?
Diskutiert dazu, welche der Aussagen richtig ist und auf welche Karte sie zutrifft.

  – In der ■ Karte muss man nicht auf die Reihenfolge der Zahlen achten.
  – In der ■ Karte kann man jeden Ort ganz genau angeben und muss nicht lange in den Quadraten suchen.
  – In der ■ Karte braucht man keine Dezimalzahlen, um die Orte anzugeben.
  – In der ■ Karte haben die Orte in einem Feld alle die gleichen Koordinaten.

e) Vergleicht eure Ergebnisse. Tragt sie in den Wissensspeicher ein.

Ordnen

6 Mit Koordinaten Orte beschreiben

Neues Wort
Das Gitter, in dem man die Koordinaten von Orten ablesen und eintragen kann, nennt man **Koordinatensystem**.

Auch in *Koordinatensystemen** gibt man Punkte mit Zahlen an.

a) Gib die Lage der drei im Koordinatensystem eingezeichneten Punkte mit Zahlen an.

b) Nun umgekehrt: Trage die Punkte (1|3) und (6|3) in ein Koordinatensystem ein. Zeichne dazu ein Koordinatensystem mit 7 cm langen Achsen in dein Heft.

▶ Materialblock S. 47
*Wissensspeicher
Koordinaten und
Koordinatensysteme*

c) Vergleiche die Lage der beiden Punkte (3|1) und (1|3).
Ergänze die Koordinaten der anderen Punkte im Wissensspeicher.

7 Noch mehr Koordinaten

Neues Wort
Die **negativen Zahlen** sind eine Erweiterung der natürlichen Zahlen. Man erkennt sie am Minuszeichen vor der Zahl.

Wie in Aufgabe 5 c) auf Seite 85 ist es manchmal notwendig, auch Punkte links und unterhalb des Nullpunktes (0|0) mit Zahlen zu bezeichnen.
Für die Zahlen links und unterhalb vom Nullpunkt verwendet man *negative Zahlen** −1, −2, …

a)
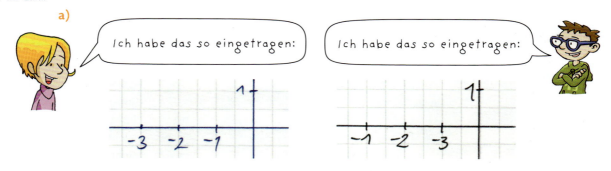

Ole hat die Zahlen anders herum geschrieben als Pia.
Warum funktioniert Oles Idee nicht? Versuche dazu die Zahl −4 einzutragen.

b) Zeichne ein Koordinatensystem in dein Heft und ergänze die Zahlen bis −9 auf den beiden Achsen.

c) ▪ Welcher Punkt liegt weiter links: (−8|2) oder (−5|2)?
Woran erkennt man das?
▪ Sortiere die folgenden Punkte von links nach rechts:
(−5|2), (−4|6), (−8|4), (4|7), (0|−2).
Beschreibe, wie du dabei vorgegangen bist.
▪ Sortiere die gleichen Punkte von oben nach unten.
Was ist hier anders als beim Sortieren von links nach rechts?

▶ Materialblock S. 48
*Wissensspeicher
Koordinaten mit
negativen Zahlen*

d) Tragt die Koordinaten der Punkte im Wissensspeicher ein.

Orientierung auf Land und Wasser – Die Lage von Orten beschreiben und finden

Vertiefen 1 Richtungen mit Winkeln beschreiben

Training **1 Richtungen im Klassenraum**

So wie die Bienen sich gegenseitig mitteilen, wo sie Nektar gefunden haben, so kann man auch als Mensch die Lage von Orten beschreiben.

- Arbeitet zu zweit.
  Jeder legt ein Blatt Papier vor sich auf den Tisch. Dieses Blatt soll den Klassenraum darstellen. Zeichnet die Tür ein. Zeichnet auf euer Blatt ein kleines Kreuz an die Stelle, an der ihr euch gerade befindet.
- Wählt nun, ohne dass euer Partner es sieht, 6 Gegenstände im Raum aus und zeichnet auf dem Blatt mit Linien die Richtung ein, in der sich der Gegenstand befindet.
  Die Länge der Linien soll dabei andeuten, wie weit weg sich etwas befindet.
- Tauscht nun die Blätter aus und schreibt an die Linien den Gegenstand, den euer Partner gemeint haben könnte.
  Prüft dann gegenseitig, ob eure Lösungen stimmen.

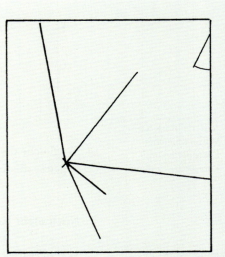

Training **2 Welche Orte sind erreichbar?**

a) Ein Schiff befindet sich an der Stelle mit dem blauen Kreuz auf dem Meer.
Für welche Orte lässt sich die Richtung exakt mit einer Himmelsrichtung angeben?
Verwende den Kompass mit den Himmelsrichtungen.

b) Zu welchen Orten lässt sich die Richtung angeben, wenn man auf der Winkelscheibe die Zahlen verwendet?
Schreibe fünf Orte zusammen mit deren Richtungsangaben in dein Heft.

Vertiefen

Training

▶ Materialblock S. 56
Arbeitsmaterial
Welche Richtung?

3 Welche Richtung?

a) Auf der Karte ist die aktuelle Richtung eines Schiffes eingezeichnet.
Die eingezeichnete Richtung des Schiffes soll in Richtung Palma verändert werden.
Gib den Winkel für die Richtungsänderung an.
Nutze dazu die Winkelscheibe.

b) Kaum hat der Steuermann den neuen Kurs nach Palma eingeschlagen, entscheidet sich der Kapitän um: Nun will er nach Algier.
Um wie viel Grad muss sich das Schiff jetzt drehen?

c) Arbeitet zu zweit: Einer wählt auf der Karte im Materialblock einen Zielort aus.
Der andere bestimmt den Winkel für den passenden Kurswechsel.

d) Arbeitet zu zweit: Einer nennt einen Winkel für einen Richtungswechsel.
Der andere bestimmt den passenden Zielort.

4 Hindernis umfahren

a) Auf einem Blatt sind ein Start- und ein Zielpunkt angegeben. Die beiden Punkte können nicht direkt verbunden werden, denn dazwischen liegt ein Hindernis.

Beschreibe einen Weg mit geraden Linien, wie man vom Startpunkt aus den Zielpunkt erreichen kann.
Gib für jedes Teilziel die Richtung und die Entfernung in Zentimeter an.

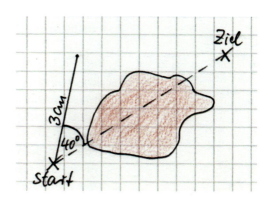

b) Zeichne nun selbst zwei Punkte auf ein Blatt und ein Hindernis dazwischen.
Beschreibe mit Richtungs- und Entfernungsangaben einen Weg zwischen den Punkten.

Orientierung auf Land und Wasser – Die Lage von Orten beschreiben und finden

Problemlösen

Gut zu wissen
Per Funk kann man sprechen, aber nichts zeigen.

5 Insel umfahren

a) Welche Angaben benötigt ein Seefahrer, um von Bastia nach Nizza zu kommen?
Tipp: Korsika muss dabei umfahren werden. Das Schiff muss also ein Stück auf das Meer hinausfahren, um von dort aus direkt nach Nizza fahren zu können.
1 cm auf der Karte sind dabei etwa 100 km in der Wirklichkeit.

b) Beschreibe wie bei a) den Weg von Toulon nach Olbia.

6 Schatzkarte

▶ Materialblock S. 57
Arbeitsmaterial
Schatzkarte

Stellt euch vor, ihr wollt einem Freund mitteilen, wo ihr einen Schatz vergraben habt. Setzt euch dazu mit der Schatzkarte aus dem Materialblock Rücken an Rücken.

Startpunkt ist am roten Kreuz.
- Jeder überlegt sich einen Ort, an dem der Schatz vergraben wurde, und markiert die Stelle in seiner Karte.
- Jeder schreibt die Richtungs- und Entfernungsangaben zu diesem Ort auf einen Zettel.
- Tauscht eure Angaben untereinander aus und versucht den Schatz des anderen zu finden.
- Vergleicht eure Karten. Wenn jeder den Schatz des anderen finden konnte, waren die Angaben gut. Falls nicht, überlegt gemeinsam, welche Informationen fehlten oder ungenau waren.

7 Leuchttürme

▶ Materialblock S. 56
Arbeitsmaterial
Leuchttürme

Ein Leuchtturmlicht besteht aus einem sich drehenden Scheinwerfer, dessen Licht die Schiffe vor gefährlichen Klippen oder dem Ufer warnen soll.
Wie groß ist der Winkel, in dem die Leuchttürme (rote Punkte) jeweils das Wasser überstreichen?
Tipp: Zeichne im Materialblock zu jedem Leuchtturm die zwei Schenkel ein, die den Anfang und das Ende des Winkels markieren und miss dann nach.

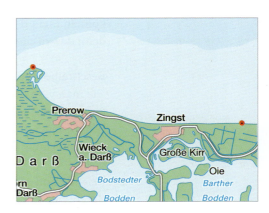

8 Was Tier und Mensch sehen können

Das *Gesichtsfeld* ist der Bereich, den wir mit beiden Augen gleichzeitig beim Geradeausschauen überblicken können, ohne den Kopf zu bewegen.
Das Gesichtsfeld wird durch einen Winkel beschrieben.

a) Wie groß euer eigenes Gesichtsfeld ist, könnt ihr zu zweit herausfinden:

1. Streckt beide Arme nach vorne aus, sodass sich die Fingerspitzen berühren.
2. Sucht euch in Richtung der Fingerspitzen einen Punkt aus, den ihr ab jetzt die ganze Zeit anseht.
3. Öffnet dann langsam beide Arme gleichzeitig.
4. Öffnet die Arme so weit, bis ihr sie gerade so nicht mehr sehen könnt.
   Die Arme bilden jetzt den Gesichtsfeld-Winkel.
5. Messt gegenseitig euren Gesichtsfeld-Winkel.

b) Das Gesichtsfeld lässt sich auch pro Auge angeben.
In dem Bereich, in dem sich die Gesichtsfelder beider Augen überlagern, kann man räumlich sehen.
Zeichne dein eigenes Gesichtsfeld mit dem überlagerten Bereich auf.
Dafür schließt du zuerst das eine Auge und misst wie in a) das Gesichtsfeld für dieses Auge aus. Zeichne dein Gesichtsfeld anschließend in dein Heft.
Danach machst du das Gleiche für das andere Auge.

c) Je nachdem wo die Augen sind, wird das Gesichtsfeld größer oder kleiner.
Ein Hund hat zum Beispiel mit seiner Augenlage ein größeres Gesichtsfeld als der Mensch.

Miss den Winkel des Hundes für …
- die einzelnen Augen.
- das gesamte Gesichtsfeld.

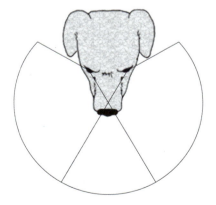

nachgedacht

d) Suche im Lexikon oder im Internet nach der Größe des Gesichtsfeldes von mindestens drei Tieren.
Diskutiert miteinander, warum die Gesichtsfelder der Tiere so unterschiedlich sind. Welche Vorteile hat ein großes Gesichtsfeld für die Tiere, welche Nachteile bringt das mit sich?

Orientierung auf Land und Wasser – Die Lage von Orten beschreiben und finden

9 Sich Winkel vorstellen

Die folgenden Übungen sollst du dir nur vorstellen, ohne sie tatsächlich durchzuführen.

a) Stell dich so hin, dass du zur Tür schaust. Drehe dich um 90° nach rechts, dann noch einmal um 90° nach rechts und weiter um 180°.
In welche Richtung schaust du nun?

Du führst zuerst eine halbe Drehung aus und drehst dich dann um 45° weiter, dann nochmals weiter um 90° und dann noch einmal um 45°.
In welche Richtung schaust du jetzt?

b) Überlegt euch eine eigene Vorstellungsübung und stellt sie euch gegenseitig vor.

10 Aufpassen beim Winkelmessen

a) Pia hat mit dem Geodreieck den Winkel im Bild links gemessen.
Erkläre, wie Pia gemessen hat.
Welchen Tipp zum Winkelmessen würdest du Pia geben?

b) Bestimme die Größe des Winkels.

→ **weitergedacht**

11 Winkel in Vielecken

✱ Neues Wort
Ein **Innenwinkel** eines Dreiecks liegt im Innern der Figur und wird durch zwei Seiten begrenzt.

a) Untersuche die Summe der *Innenwinkel*✱ in Dreiecken.
- Zeichne dazu verschiedene Dreiecke in dein Heft.
- Miss für jedes Dreieck die drei Winkel, die von den Seiten gebildet werden.
- Addiere jeweils die drei Winkel. Was stellst du fest?

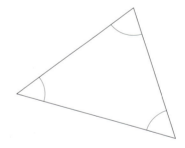

b) Wiederhole Aufgabe a) für Vierecke, Fünfecke und Sechsecke.
Kannst du eine Regel erkennen?

12 Winkel erklären

a) Beschreibe mit eigenen Worten, wie Ole sich den Winkel vorstellt.
Wie stellst du dir einen rechten Winkel vor?

b) Überlege dir weitere gute Vorstellungshilfen für die verschiedenen Winkelarten.

Vertiefen

Training

13 Winkel messen

a) Um Winkel schnell und sicher zu erkennen ist es wichtig, dass man die Winkelgrößen gut schätzen kann.
Schätze die Größe der folgenden Winkel und diskutiert eure Ergebnisse miteinander.

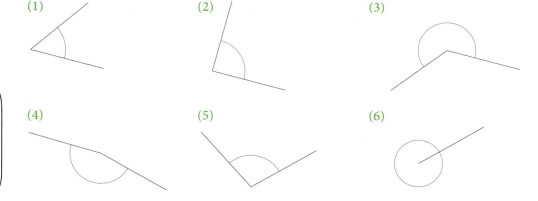

(1) (2) (3)

(4) (5) (6)

Bei (3) habe ich eine Hilfslinie gezeichnet und dann nur den kleineren Winkel gemessen.

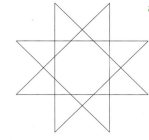

b) Nun miss die Größe der Winkel genau aus.

c) ■ Was meint Ole? Wie kann er so den ganzen Winkel messen?
   ■ Zeichne selbst überstumpfe Winkel und miss sie so wie Ole.

d) Bestimme für jeden Winkel die Winkelart und zeichne einen weiteren Winkel derselben Art.

e) Zeichnet selbst Winkel wie in a).
Tauscht eure Winkel aus, messt sie und nennt die Winkelart.
Vergleicht anschließend eure Ergebnisse.

14 Winkelfiguren

a) Zeichne die Figur rechts wie folgt in dein Heft:
1. Zeichne einen Startpunkt.
2. Zeichne vom Startpunkt ausgehend eine Strecke, die 5 cm lang ist.
3. Trage am Ende der Strecke einen Winkel von 45° ab. Der zweite Schenkel des Winkels soll auch 5 cm lang sein.
4. Trage am anderen Ende der zuletzt gezeichneten Strecke wieder einen Winkel von 45° ab. Der neue Schenkel soll wieder 5 cm lang sein.
5. Fahre weiter so fort, bis du den Startpunkt wieder genau triffst.

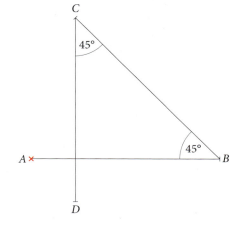

b) Wiederhole das Verfahren. Einmal mit dem Winkel 30°, dann mit 60°, danach mit 72° und schließlich mit 90°.
Was kannst du beobachten?

Vertiefen 2

▶ Materialblock S. 58
Arbeitsmaterial
Stadtplan von Karlsruhe

Orte mit Koordinaten beschreiben

15 Orte angeben

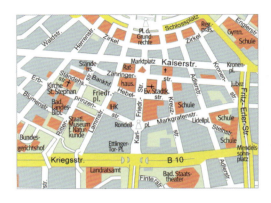

a) Zeichne ein Quadratgitter über den Kartenausschnitt im Materialblock.

b) Suche dir zwei Straßen oder besondere Orte und gib deren Koordinaten an. Tauscht eure Karten und Koordinaten aus und sucht jeweils die Orte des anderen.

16 Verschieden dargestellt

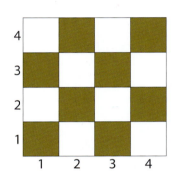
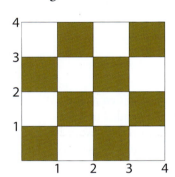

a) Vergleiche beide Bilder. Was beschreibt (1|3) in dem einen Bild und was in dem anderen Bild?

b) In welcher Situation nutzt man besser die linke Beschriftung und wann ist die rechte Beschriftung passender? Überlege dir für jede Darstellung jeweils eine Situation.

17 In Mannheim orientieren

Die Stadt, die keine Straßennamen hat

Mannheim – In der Innenstadt von Mannheim haben die Bewohner ungewohnte Adressen: Statt eines Straßennamens gibt es hier eine Kombination aus Buchstaben und Zahlen, zum Beispiel A3.

Im Zentrum von Mannheim gibt es Adressen aus Buchstaben und Zahlen.

▶ Materialblock S. 59
Arbeitsmaterial
Stadtplan von Mannheim

a) Finde heraus, wo sich im Stadtplan von Mannheim (Materialblock) „C3" und „B4" befinden, und zeichne sie ein.

b) Welche Bezeichnungen könnten die anderen Häuserblocks in Mannheim tragen? Zeichne ein Koordinatensystem in den Stadtplan ein und beschrifte es so, dass man schnell sieht, welcher Häuserblock wie bezeichnet ist.
Tipp: Überlege zuerst, wo der Nullpunkt ist.

c) Finde heraus, wie die Mannheimer tatsächlich ihre Hausnummern verteilt haben. Erkläre den Unterschied zu deiner Nummerierung.

18 Geteilte Bilder

Von den Bildern ① und ② ist jeweils nur ein Teil zu sehen.
Um die ganze Figur zu sehen, muss sie an den Achsen gespiegelt werden.

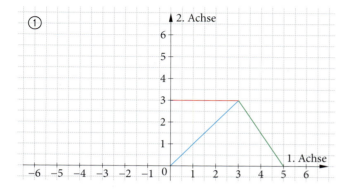
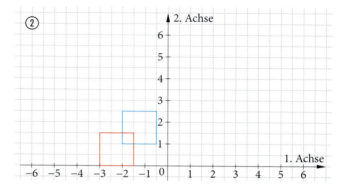

a) Spiegele Figur ① und finde jeweils die passenden Koordinaten.

- Übertrage dazu Figur ① in dein Heft.
- Spiegele die Figur erst an der 2. Achse und dann an der 1. Achse.
- Beschrifte zum Schluss alle Eckpunkte mit ihren Koordinaten.

b) Bestimme für Figur ② die gespiegelten Koordinaten.

- Gib vor dem Zeichnen die Koordinaten der acht Eckpunkte der Figur an, die an der 2. Achse gespiegelt wird.
- Zeichne dann die gespiegelte Figur.
- Prüfe, ob deine vorausgesagten Koordinaten der Eckpunkte mit der gespiegelten Figur übereinstimmen.
  Versuche den Fehler zu finden, falls die Koordinaten nicht richtig waren.

c) Zeichne selbst eine eckige Figur in ein Koordinatensystem.
   Tauscht die Bilder untereinander aus.
   Schreibt ohne zu zeichnen die Koordinaten der gespiegelten Figur auf.
   Tauscht die Bilder wieder zurück und prüft, ob die Koordinaten richtig sind, indem ihr die Figur spiegelt.

19 Figuren mit Koordinaten beschreiben

a)
- Setzt euch zu zweit Rücken an Rücken und zeichnet jeweils eine eigene Figur in ein Koordinatensystem.
- Nun beginnt einer, dem anderen die Koordinaten von einigen Punkten seiner Figur aufzuzählen.
- Tauscht danach die Rollen, sodass dann jeder die Koordinaten des anderen hat.
- Versucht anschließend die andere Figur nachzuzeichnen.

b) Wie sieht eine Figur aus, die sich mit wenigen Koordinaten beschreiben lässt?

c) Könnt ihr an der Figur erkennen, wie viele Koordinaten ihr maximal mitteilen müsst?
   Überprüft eure Antworten an den Figuren in a).

Orientierung auf Land und Wasser – Die Lage von Orten beschreiben und finden

20 Schiffe finden

▶ Materialblock S. 58
Arbeitsmaterial
Schiffe finden

Spielt zu zweit mit den Vorlagen aus dem Materialblock.
Versucht herauszufinden, wo sich die Schiffe des anderen befinden.

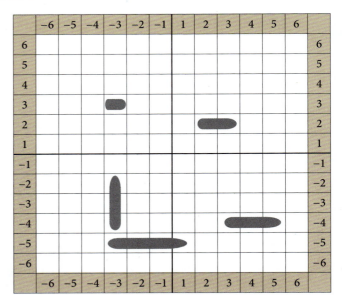

Spielanleitung:
- Jeder hat ein 1er-, ein 2er-, zwei 3er- und ein 4er-Schiff.
  Zeichnet eure Schiffe verdeckt in das rechte Feld. Die Schiffe sollen waagerecht oder senkrecht liegen und dürfen sich nicht berühren.
- Erratet abwechselnd die Lage der gegnerischen Schiffe. Nennt dazu die Koordinaten des Ortes, an dem ihr ein Schiff vermutet, beispielsweise (−3|−5).
  Jeden eurer eigenen Tipps tragt ihr in euer linkes Feld ein.
  Die Tipps eures Gegenspielers tragt ihr in euer rechtes Feld ein.
- War der Tipp ein Treffer, dürft ihr noch einmal tippen.
- Wer als erster alle gegnerischen Schiffe gefunden hat, gewinnt das Spiel.

21 Weiter links und weiter unten

a) Beantworte die Fragen zuerst, ohne die Punkte in ein Koordinatensystem zu zeichnen.
Prüfe dann durch Zeichnen, ob du die Fragen richtig beantwortet hast.

(1) Welcher Punkt liegt weiter links, (3|5) oder (1|5)?   Welcher Punkt liegt weiter unten, (3|−5) oder (3|−8)?

(2) Welcher Punkt liegt weiter links, (−3|5) oder (−1|5)?   Welcher Punkt liegt weiter unten, (−3|6) oder (−1|−7)?

(3) Welcher Punkt liegt weiter unten, (−3|5) oder (−1|5)?   Welcher Punkt liegt weiter links, (−8|3) oder (−1|−5)?

b) Wie kann man bei zwei Punkten erkennen, welcher Punkt weiter links liegt?
Schreibe eine Regel auf.

c) Wie kann man bei zwei Punkten erkennen, welcher Punkt weiter unten liegt?
Schreibe eine Regel auf.

22 Städtekarten

Manchmal lässt sich aus den Koordinaten eines Ortes erkennen, welche Karte verwendet wurde.

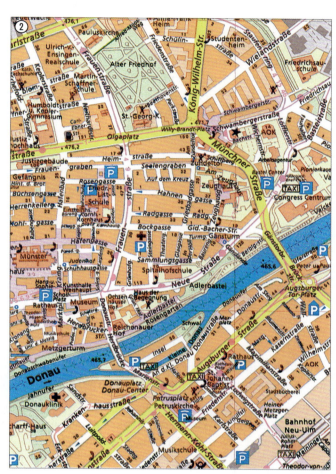

a) Versuche zu den folgenden Positionen von wichtigen Gebäuden die passende Karte zu finden:
- Münster (0|0)
- Friedhof (1|2)
- Bahnhof (−3|1)

Zu welcher Karte gehören die Koordinaten?
Begründe deine Entscheidung.

b) Zeichne ein Koordinatensystem so in dein Heft, dass es genau zu der richtigen Karte passt. Trage die Koordinaten der oben genannten Gebäude in dein Koordinatensystem ein.

c) Wähle auch für die andere Karte den Punkt (0|0) am Münster. Welche Koordinaten gehören dann zum Bahnhof und zum Friedhof dieser Stadt? Trage sie ebenfalls in dein Koordinatensystem ein.

d) Vergleicht eure Lösungen.
- Was muss beim Erstellen eines Koordinatensystems beachtet werden?
- Welche Fehler kamen bei euch häufig vor? Überlegt, warum das so ist.

100   Orientierung auf Land und Wasser – Die Lage von Orten beschreiben und finden

Checkliste   Orientierung auf Land und Wasser – Die Lage von Orten beschreiben und finden

| Ich kann … / Ich kenne … | Hier kann ich üben … |

Ich kann Winkel nutzen, um Richtungen und Richtungsänderungen anzugeben.
Ein Schiff ist auf dem Weg nach Messina.
Um wie viel Grad muss es sich drehen,
um nach Neapel zu kommen?
(Nutze deine durchsichtige Winkelscheibe.)

S. 90 Nr. 2
S. 91 Nr. 3, 4
S. 92 Nr. 5

Ich kann Winkel messen.
Wie groß sind die beiden Winkel?

S. 92 Nr. 7
S. 93 Nr. 8
S. 94 Nr. 10, 11

Ich kann Winkel zeichnen.
Zeichne einen spitzen Winkel und einen Winkel mit der Größe 120°.

S. 92 Nr. 7
S. 93 Nr. 8
S. 95 Nr. 14

Ich kann zu einem Winkel die Winkelart benennen.
Nenne zu den folgenden Winkelgrößen die Winkelart: 23°, 232°, 3°, 360°, 123°

S. 94 Nr. 12
S. 95 Nr. 13

Ich kann Koordinaten in ein Koordinatensystem eintragen und daraus ablesen.
Wie lauten die Koordinaten der
beiden Punkte?
Trage die Punkte (3|2), (0|0,7) und (−1|4)
in ein Koordinatensystem ein.

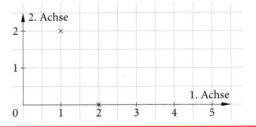

S. 96 Nr. 15-17
S. 97 Nr. 18, 19
S. 98 Nr. 20, 21
S. 99 Nr. 22

Ich kann Koordinaten nutzen, um die Lage von Orten anzugeben und zu finden.
Nimm dir eine Karte deiner Stadt und gib die Koordinaten deines Hauses an.

S. 96 Nr. 15, 17
S. 99 Nr. 22

▶ *Hinweis:* Im Materialblock auf Seite 60 findest du diese Checkliste für deine Selbsteinschätzung.
Zusätzliche Übungsaufgaben findest du im Internet unter 100-1.
(www.cornelsen.de/mathewerkstatt, Buchkennung: MWS040 235, Mediencode: 100-1)

Haushaltskosten gerecht aufteilen – Rechnungen darstellen und diskutieren

In diesem Kapitel …

▶ suchst und diskutierst du Ansätze, um Kosten zu verteilen.

▶ schreibst du Ansätze und Rechnungen auf, um gut darüber reden zu können.

▶ beschreibst und veränderst du Rechnungen mit Regeln und Gesetzen.

Haushaltskosten gerecht aufteilen – Rechnungen darstellen und diskutieren

Einstieg

"Es kann ja jeder mal einen Vorschlag machen, dann diskutieren wir."

"Es macht nicht jeder gleich viel Müll."

FRAU ZILLER

EHEPAAR BORKENFELD

WINDELN

Haushaltskosten gerecht aufteilen – Rechnungen darstellen und diskutieren

Erkunden A — Wie kann ich festhalten, wie abgerechnet werden soll?

1 Gerechte Ansätze finden für das Verteilen von Kosten

Dina, Tobias, Maja und Jan studieren an einer Universität.
Die vier teilen sich eine Wohnung. Das nennt man Wohngemeinschaft.
Sie kaufen zwar zusammen ein, aber sie essen und trinken unterschiedlich viel.

Deshalb schreiben sie vier Wochen lang auf, wie viel jeder Einzelne verbraucht:

Dina ist immer da und hat oft Besuch. Sie verbraucht die Hälfte des gesamten Essens.	Tobias trinkt zum Frühstück nur ein Glas Milch und isst nie zu Hause.	Maja fährt jedes Wochenende zu ihren Eltern. Sie verbraucht ungefähr ein Viertel des Essens.	Jan ist zwar häufig nicht da, lädt aber öfter Besuch zum Essen ein. Er verbraucht, wie Maja, ungefähr ein Viertel des Essens.

Die Studierenden überlegen, wie sie die Kosten für Essen und Getränke aufteilen sollen.
Sie diskutieren unterschiedliche Ansätze für eine gerechte Verteilung.

Dina: Getränke sollten wir einfach gleich verteilen.
Tobias: Wer nichts isst, der trinkt auch fast nichts und muss auch nichts zahlen.
Maja: Gar nicht so einfach gerecht aufzuteilen ...
Jan: So wie in diesen vier Wochen muss es ja nicht immer sein. Lasst uns Getränke und Essen auch in Zukunft gleich verteilen.

Erinnere dich
Ein **Ansatz** ist der Weg, den du aussuchst, um ein Problem zu lösen.

a) Im Mai haben alle vier zusammen 60 € für Getränke und 72 € für Essen ausgegeben.
Welchen der Ansätze der Studierenden findest du gerecht?
Wie viel soll Dina dann bezahlen?

b) Vergleicht eure Ansätze aus Aufgabe a):
- Erklärt euch gegenseitig, warum ihr so entschieden und gerechnet habt.
- Überlegt gemeinsam, wer den gerechteren Ansatz in a) gefunden hat.

Erkunden

2 Über Ansätze diskutieren

In Aufgabe 1 diskutieren die vier Studierenden über Ansätze.
Dies ist ein typischer Schritt beim Lösen von Problemen.

a) Überlege zunächst zu deiner eigenen Rechnung, welche Schritte im Lösungsplan P A D E K du beim Lösen des Problems gegangen bist.

b) Warum kann man über die anderen Schritte nicht so gut diskutieren wie über die Ansätze?

c) Welche Situationen kennst du, in denen über Ansätze wie hier in der Verteilsituation diskutiert wird?

3 Ansätze mit Termen darstellen

Hinweis
*Ein **Term** stellt eine Rechnung ohne Ergebnis dar.*

Merve und Pia haben ihre Ansätze für Dinas Anteil aus Aufgabe 1 mit einem Term dargestellt.

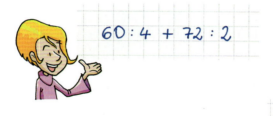

a) ▪ Findet heraus, was die beiden sich bei ihren Ansätzen gedacht haben.
   ▪ Diskutiert, ob ihr die Ansätze von Pia und Merve gerecht findet.

b) In Aufgabe 1 hast du über deinen Ansatz für Dinas Anteil gesprochen.
   ▪ Schreibe ihn als Term auf.
   ▪ Wie unterscheidet sich dein Term von Pias und von Merves Term?

c) Betrachtet gemeinsam eure Terme und die Terme unten und überlegt:
   ▪ In welchen Termen wurden Getränke und Essen getrennt betrachtet?
   ▪ In welchem Term wurde Tobias nicht an den Kosten beteiligt?

①

②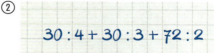

③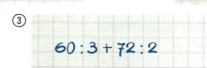

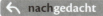

d) Wie kann man Termen ansehen, welche Idee zu dem Verteilungsproblem dahinter steht?

Erkunden B

Wie kann ich mit Termen eindeutig rechnen?

4 Missverständnisse bei Termen vermeiden

Ole hat sich überlegt, wie viel Jan bezahlen soll.
Merve erzählt Pia, wie Ole rechnet. Pia schreibt Oles Rechnung als Term auf.

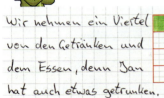

Wir nehmen ein Viertel von den Getränken und dem Essen, denn Jan hat auch etwas getrunken.

- Ole rechnet Getränke plus Essen und teilt dann durch vier.
- Oles Term ist also 60 + 72 : 4.
- Dann soll Jan also 33 Euro bezahlen.
- Nein, er muss 78 Euro bezahlen!

a) Warum kommen Pia und Merve nicht zum gleichen Ergebnis?
   Woher kommt ihr Missverständnis?

Erinnere dich
Klammern regeln, was man zuerst ausrechnet.

b) Wie würdest du den Term schreiben, damit er eindeutig zu Oles Bild passt und es keine Missverständnisse gibt? Wie können dir Klammern dabei helfen?

c) ▶ **Ordnen B** Erarbeite die Termregeln mit Aufgabe 4 auf Seite 110.

5 Klammern setzen und sparen – das Klammerspiel

▶ Materialblock S. 66/67
  Arbeitsmaterial
  Das Klammerspiel

Klammern zeigen, was zuerst ausgerechnet werden soll.
Aber nicht immer braucht man Klammern. Einige Regeln helfen, Klammern zu sparen.

✱ *Neues Wort*
Das Ergebnis eines Terms nennt man auch **Wert**.

a) Spielt das Klammerspiel mit 2 bis 4 Spielern mehrfach durch.
   Findet so viele Klammerterme wie möglich und berechnet ihren Wert.
   Wer die meisten Punkte für gute Terme bekommt, gewinnt.

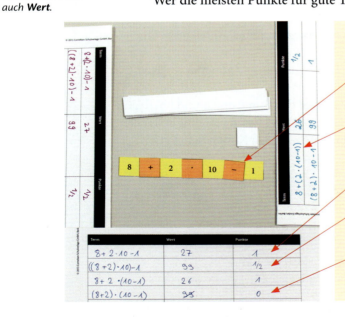

Spielregeln:

1. Zuerst wird ein Termstreifen aufgedeckt.
   Falls noch Rechenzeichen fehlen, bestimmt ihr reihum, welche Rechenzeichen eingetragen werden sollen.

2. Alle schreiben zu jedem Term möglichst viele Klammerterme auf und berechnen ihre *Werte*✱.
   Die Runde endet, wenn alle fertig sind.

3. ■ Für jeden Term mit richtig berechnetem Wert gibt es einen Punkt.
   ■ Wer für den gleichen Wert mehr Klammern als jemand anderes braucht, bekommt einen halben Punkt.
   ■ Wenn der gleiche Wert schon einmal auf dem eigenen Zettel steht, gibt es keinen Punkt.
   ■ Wer falsch rechnet, bekommt keinen Punkt.

↶ nachgedacht   b) Welche der Regeln aus Aufgabe 4 von S. 110 helfen, Klammern zu sparen?

Erkunden C — Wie finde ich Terme, die das Gleiche beschreiben?

6 Zwei Ansätze, vier Terme

In dem Haus, in dem Ole wohnt, gibt es 11 Erwachsene und 4 Kinder.
Einmal im Jahr feiern die Bewohner des Hauses ein großes Gartenfest.

a) Die Hausbewohner fragen sich, wie viel jeder für die gemeinsamen Einkäufe bezahlen soll. Sie haben sich dazu zwei unterschiedliche Ansätze überlegt.

Ansatz 1: Kinder und Erwachsene bezahlen jeweils 7€.

Ansatz 2: Kinder 4€
Erwachsene 11€

Welchen der beiden Ansätze findest du gerechter?
Begründe deine Antwort.

b) Nun wollen die Hausbewohner berechnen, wie viel Geld sie für den Einkauf zusammenbekommen.
Jeder stellt dafür zu seinem Ansatz einen Term auf:

Dina Völler: $4 \cdot 11 + 4 \cdot 4 + 7 \cdot 11$

Herr Pflüger: $4 \cdot 7 + 11 \cdot 7$

Herr Borkenfeld: $(11 + 4) \cdot 7$

Lena Berger: $(4 + 7) \cdot 11 + 4 \cdot 4$

Erkläre mit Hilfe der beiden Ansätze aus a).
- Wer hat welchen Ansatz verwendet?
- Wer hat wie gezählt?

c) Kannst du erklären, weshalb es zu zwei Ansätzen vier Terme gibt?

d) Wie würdest du die Kosten verteilen?
- Überlege dir einen eigenen Ansatz und schreibe ihn auf.
- Schreibe verschiedene Terme zu deinem eigenen Ansatz auf.

e) Welchen Term würde Lena Berger für deinen Ansatz aus d) aufschreiben?
Kann man für deinen Ansatz auch den Term von Herrn Borkenfeld nehmen?

f) In b) und d) hast du mehrere Terme zur gleichen Situation gefunden.
Wie kann man den Termen ansehen, welche zusammengehören?

Ordnen A

Wie kann man festhalten, wie abgerechnet werden soll?

1 Terme helfen beim Reden über Ansätze und Rechnungen

Till und Pia wollten in Aufgabe 1 auf S. 104 herausfinden, wie viel Dina von den gesamten Kosten für Getränke (60 €) und Essen (72 €) bezahlen soll.
Sie haben ihre Wege unterschiedlich aufgeschrieben:

Tills Weg: *Pias Weg:*

▶ Materialblock S. 68
Arbeitsmaterial
Dinas Kosten berechnen

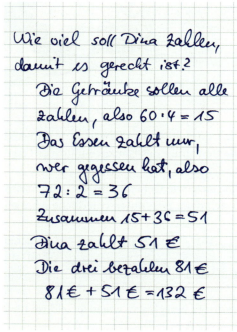

* **Neues Wort**
Ein **Term** stellt eine Rechnung ohne Ergebnis dar. So kann man auch mehrere Rechenschritte auf einmal sehen.

a) Till und Pia haben im Prinzip den gleichen Ansatz und das gleiche Ergebnis.
Aber bei dem einen Weg wurde die Rechnung in einem *Term** zusammengefasst und dann erst ausgerechnet.
Bei dem anderen Weg wurde die Rechnung über mehrere Schritte im Text verteilt.
- Wer von beiden benutzt einen einzigen Term?
- Kreise den Term auf dem Materialblock ein.

b)
- Schreibe die P A D E K -Schritte im Materialblock bei beiden Lösungswegen dazu.
- Bei welchem Lösungsweg lassen sich die P A D E K -Schritte leichter eintragen? Woran liegt das?
- Bei welchem Lösungsweg erkennt man schneller, wie aufgeteilt wird, bei Till oder bei Pia?

c) Die vier Studierenden haben in einem anderen Monat ausgerechnet, dass die Getränke 70 € und die Lebensmittel 50 € gekostet haben.
- Auf welches Ergebnis kommen Till und Pia nun?
- Warum ist Pias Weg besser als Tills Weg, wenn man Zahlen ändern muss?

▶ Materialblock S. 62
Wissensspeicher
Ansätze mit Hilfe von Termen beschreiben

d) Vergleicht eure Ergebnisse aus a) und b) und übertragt die Ergebnisse zu Pia in den Wissensspeicher.

Ordnen

2 Terme aufstellen – Schritt für Schritt

> Meerschweinchen: geschenkt
> Käfig, Haus, Näpfe: 50 €
> Fressen: 10 € im Monat
> Streu und Heu: 5 € im Monat

Die vier Studierenden haben einen Term aufgestellt, um ihre Kosten zu vergleichen.
Auch Till stellt einen Term für Kosten auf, denn er überlegt, ob er sich ein Meerschweinchen anschafft.
In diesem Term hält er fest, welche Kosten er für das erste Jahr berechnen muss.

Zu dieser Frage sucht Till Zwischenfragen und stellt Schritt für Schritt den Term auf. Klammern helfen ihm dabei festzulegen, was zuerst gerechnet wird:

Tills Zwischenfragen:

Was kosten Fressen, Heu und Streu zusammen in einem Monat? (10 € und 5 €)

Was kostet alles zusammen in einem Jahr? (Alles mal 12)

Welche Kosten kommen am Anfang dazu? (50 € für den Käfig)

Term:

① 10 + 5

② (10 + 5) · 12

③ ((10 + 5) · 12) + 50

Tills Fragen im Kopf:

Um den alten Term müssen Klammern gesetzt werden, denn die Zahlen gehören hier zusammen.

Braucht man hier wirklich so viele Klammern?

a) Erkläre in deinen Worten, wie Till vorgeht.

b) Wie viel muss Till bezahlen, wenn zwei Meerschweinchen im gleichen Käfig wohnen und man doppelt so oft sauber machen muss? Stelle dazu einen neuen Term auf.

c) Vergleicht eure Terme und Zwischenfragen aus b) und übertragt sie in den Wissensspeicher.

▶ Materialblock S. 63
Wissensspeicher
Terme aufstellen und erklären

3 Terme erklären – Schritt für Schritt

> Katzenklo, Napf: 30 €
> Futter: 15 € im Monat
> Katzenstreu: 2 € in der Woche

Pia hat eine Katze bekommen und will die Kosten für sie berechnen. Links sind die Kosten aufgelistet. Rechts hat Pia schrittweise einen Term aufgestellt, mit dem sie die Kosten für das erste Jahr berechnen kann (52 Wochen, 12 Monate).

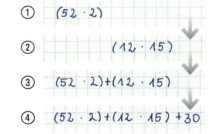

a) Welche Zwischenfragen passen dazu? Schreibe sie auf, wie Till in Aufgabe 2.

▶ Materialblock S. 63
Wissensspeicher
Terme aufstellen und erklären

b) Vergleicht eure Ergebnisse und übertragt sie in den Wissensspeicher.

c) Welche Zahl ändert sich in Pias Term, wenn der Preis für Futter auf 20 € steigt? Schreibe den veränderten Term auf.

d) Wie ändert sich Pias Term, wenn sie die Katzenstreu nur alle zwei Wochen wechselt?

Haushaltskosten gerecht aufteilen – Rechnungen darstellen und diskutieren

Ordnen B

Wie kann man mit Termen eindeutig rechnen?

4 Gemeinsame Regeln für den Umgang mit Termen

Tills Rechnung:

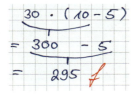

Pias Rechnung:

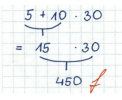

Merves Rechnung:

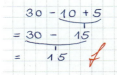

Pia und Merve haben in Aufgabe 4 auf S. 106 festgestellt, dass man Missverständnisse beim Rechnen vermeiden kann, wenn man deutlich macht, was zuerst gerechnet wird.

a) Betrachte die Rechnungen der Freunde:
- Was haben Till, Pia und Merve mit den Bögen ( ) dargestellt?
- Korrigiere die falschen Rechnungen.
  Benutze dabei selbst Bögen, um zu zeigen, wie man richtig rechnet.

b) Was passt zusammen? Bilde sinnvolle Sätze und schreibe sie in dein Heft.
Ordne dann die Namen der Regeln zu.

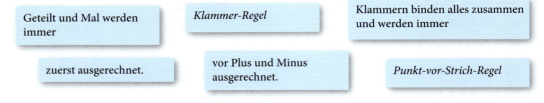

c)
- Ordne zu, welche der Regeln von Pia, Merve und Till nicht beachtet wurden.
- Bei den Rechnungen wurde noch eine dritte Regel nicht beachtet.
  Versuche sie herauszufinden und schreibe sie auf.
- Beantworte nun Tills Frage nach den vielen Klammern aus Aufgabe 2, Seite 109.

▶ Materialblock S. 64
Wissensspeicher
Regeln für den Umgang mit Termen anwenden

d) Überlege für jede der zwei Regeln ein weiteres falsches Beispiel und korrigiere es.

e) Vergleicht eure Ergebnisse und übertragt sie in den Wissensspeicher.

5 Termregeln merken

a) Pia, Till und Ole haben sich unterschiedliche Merkhilfen ausgedacht, um sich die Regeln zu merken. Erkläre ihre Merkhilfen in deinen Worten.

b) Welche Merkhilfe findest du am besten?
Wie merkst du dir die Termregeln? Schreibe oder zeichne deine Merkhilfe auf.

▶ Materialblock S. 64
Wissensspeicher
Regeln für den Umgang mit Termen anwenden

c) Kontrolliert gemeinsam eure Merkhilfen und übertrage eine in den Wissensspeicher.

Ordnen C

Wie findet man Terme, die das Gleiche beschreiben?

* Neues Wort
Zwei Terme, die das gleiche Bild oder die gleiche Situation beschreiben, heißen **beschreibungsgleich**.

(1)

(2) 4 · (5 + 3)

▶ Materialblock S. 65
Wissensspeicher
Beschreibungsgleiche Terme finden

6 Beschreibungsgleiche Terme

a) Manchmal sehen Terme unterschiedlich aus, beschreiben aber das Gleiche.
   - Ordne jedem der drei Terme das passende Bild zu.
   - Erfinde zu jedem Term eine passende Situation, z. B:
     3 Kinder und 5 Erwachsene bezahlen je 4 € für ein Gartenfest.
   - Ergänze jeweils einen weiteren Term, der das Gleiche beschreibt.

(3)    ①   ②   ③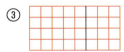

b) Denke dir selbst eine Situation oder ein Bild mit anderen Zahlen aus und finde zwei *beschreibungsgleiche** Terme dafür.

c) Vergleicht eure Ergebnisse und übertragt sie in den Wissensspeicher.

7 Umformen mit Vertauschungsgesetz und Zerlegungsgesetz

* Neue Wörter
Vertauschungsgesetz und **Zerlegungsgesetz** helfen dabei, Terme umzuformen.

a) Pia hat eine Regel gefunden, wie sie immer beschreibungsgleiche Terme findet.
   - Schreibe zwei eigene Beispiele zu Pias Entdeckung in dein Heft.
   - Stimmt Pias Gesetz bei allen Zahlen? Erkläre mit Bildern oder Situationen.
   - Was meinst du, warum heißt diese Regel *Vertauschungsgesetz**?

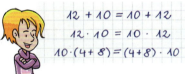

b) Stimmt Pias Gesetz auch beim Subtrahieren (z. B. 5 - 3) und beim Dividieren (z. B. 10 : 2)? Prüfe an eigenen Beispielen.

c) Ole hat auch etwas entdeckt. Erkläre, wie er den Term umformt.

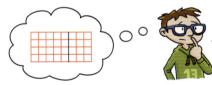

Ich kann die Terme zerlegen, dann sind sie doch auch immer beschreibungsgleich: 4 · (5 + 3) = ?

d) Führe Oles Idee fort und finde den zerlegten Term.
   - Begründe an Oles Bild, warum die Terme beschreibungsgleich sind.
   - Stimmt Oles *Zerlegungsgesetz** bei allen Zahlen?
   - Was wird dabei überhaupt zerlegt?

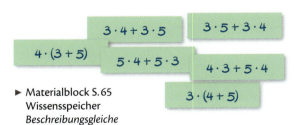

e) Einige der Terme links sind beschreibungsgleich.
   - Schreibe sie, wie Ole, mit Gleichheitszeichen.
   - Gib für jede Umformung an, ob du mit dem *Vertauschungs-* oder dem *Zerlegungsgesetz* umformst oder mit beiden.

▶ Materialblock S. 65
Wissensspeicher
Beschreibungsgleiche Terme finden

f) Vergleicht eure Antworten aus a) bis e) und tragt sie in den Wissensspeicher ein.

g) Warum kann man 4 + (5 · 3) nicht wie Ole in c) zerlegen?

Haushaltskosten gerecht aufteilen – Rechnungen darstellen und diskutieren

Vertiefen 1 Terme für Situationen finden

1 Jede Woche einkaufen und Kosten verteilen

Jan, Dina, Tobias und Maja teilen ihre Kosten für den Einkauf jede Woche auf.
Wie in Aufgabe 1 auf Seite 104 verbrauchen sie aber unterschiedlich viel.
Pia und Merve haben verschiedene Ansätze, wie viel Jan bezahlen soll.

Für die Getränke bezahlen alle gleich viel. Beim Essen bezahlt Tobias nichts, Dina die Hälfte, Maja und Jan teilen sich den Rest.

Wir teilen die ganze Rechnung einfach durch 3, weil Tobias ja kaum da ist.

1. Woche:
Getränke 60 €,
Essen 72 €

a) In der ersten Woche wurden 60 € für Getränke und 72 € für Essen ausgegeben.
Welcher Zettel ist von Pia, welcher Zettel ist von Merve?

So viel soll Jan bezahlen:
$60 : 4 + 72 : 4$

So viel soll Jan bezahlen:
$(60 + 72) : 3$

2. Woche:
Getränke 60 €,
Essen 54 €

b) In der zweiten Woche wurde weniger gegessen.
Wie berechnet Pia nun die Kosten? Wie berechnet Merve sie?

3. Woche:
Getränke 48 €,
Essen 60 €

c) Wie berechnen Pia und Merve die Kosten in der dritten Woche?

d) Rechts steht Tills Rechnung für die dritte Woche.
Wie sah seine Rechnung für die ersten beiden Wochen aus?

So viel soll Jan bezahlen:
$48 : 3 + 60 : 4$

e) Schreibe Tills Ansatz mit Worten auf.

2 Andere Leute – andere Darstellung

Dina ist für drei Monate im Ausland und wohnt so lange nicht in der Wohngemeinschaft.
Einmal wöchentlich übernachtet dafür Dinas Schwester in ihrem Zimmer. Die Schwester möchte sich an den Essens- und Getränkekosten beteiligen und auch an der Internetflatrate.

monatlich:
Essen: 210 €
Getränke: 140 €
Internet: 32 €

a) Wie viel soll Dinas Schwester bezahlen?
Schreibe deinen Ansatz auf.

b) Erkläre deine Überlegungen aus Aufgabe a) jemandem, der …
(1) wie Merve am liebsten alles mit Worten erklärt bekommt.
(2) wie Pia gerne mit Termen rechnet.
(3) es wie Ole besser versteht, wenn es mit einer Zeichnung erklärt wird.
Das ist nicht leicht, aber probiere es.

Vertiefen

Training

3 Mit Taschengeld rechnen

a) Ole Berger bekommt von seinen Eltern im Monat 15 € Taschengeld.
Von seiner Oma bekommt er noch 5 € im Monat dazu.
Mit welchem Term kann er sein Taschengeld für ein Jahr berechnen?

b) Lena ist das älteste Kind der Familie Berger.
Sie erhält jeden Monat von ihren Eltern 22 € und von ihrer Oma 10 €.
Mit welchen der folgenden Terme kann Lena ihr Taschengeld für ein Jahr berechnen?

(1) 12 · 22 + 10 (2) 12 · (22 + 10) (3) (12 · 22) + 10
(4) 12 · (10 + 22) (5) 12 · 10 + 22 (6) 12 · 10 + 12 · 22

c) Denke dir zu den übrigen Termen aus b) passende Situationen aus.

d) Paul Berger bekommt bis zu seinem Geburtstag im April 8 €.
Ab Mai soll er dann 10 € pro Monat bekommen.
Auch ihm gibt seine Oma das ganze Jahr über jeden Monat 4 € dazu.
Mit welchem Term kann man Pauls Taschengeld in diesem Jahr bestimmen?

e) Frau Berger rechnet aus, wie viel Geld sie in diesem Jahr insgesamt für das Taschengeld ihrer Kinder Lena, Ole und Paul (Aufgabe a), b) und d)) benötigt.
Schreibe einen Term dazu auf.

f) Denke dir zum Thema Taschengeld eine Situation zu folgendem Term aus:

  12 · (16 − 5)

4 Spieleabend der Familie Berger mit Jan, Dina, Tobias und Maja

Für den Spieleabend wurde eingekauft:
Saft für 18,90 € und Wasser für 12,60 €.

Die Saft-Trinker und die Wasser-Trinker beteiligen sich jeweils zu gleichen Teilen an den Kosten.

Saft-Trinker:
Dina, Jan, Herr Berger

Wasser-Trinker:
Maja, Tobias, Frau Berger, Lena Berger, Ole Berger und Paul Berger

a) ▪ Stelle einen Term auf für die Kosten von Dina, die am liebsten Saft trinkt. Berechne auch den Wert des Terms.
▪ Frau Berger trinkt am liebsten Wasser. Stelle für ihre Kosten einen Term auf und berechne den Wert.

b) Frau Berger bezahlt die Getränke auch für ihren Mann und ihre drei Kinder. Stelle einen Term für die gesamten Kosten der Familie Berger auf.

c) ▪ Finde einen anderen Ansatz zur Aufteilung der Kosten.
▪ Stelle die passenden Terme für die Kosten von Familie Berger auf.

5 Triathlon

Gut zu wissen
Triathlon ist ein Ausdauersport, bei dem man zuerst schwimmt, dann Rad fährt und anschließend noch läuft.

Tobias aus der WG trainiert für den nächsten Triathlon. Da er beim Radfahren schon gut ist, trainiert er jeden Tag 1000 m Schwimmen und anschließend 2000 m Laufen.

Das Trainingsbecken hat eine 25-m-Bahn. Für eine Bahn braucht er eine halbe Minute. Eine Runde auf dem Sportplatz ist 400 m lang, diese schafft er in 1,5 Minuten.

Mit dem Term rechts berechnet Tobias seine ungefähre Zeit beim Laufen und Schwimmen.

$1000 : 25 \cdot 0,5 + 2000 : 400 \cdot 1,5$

a) Erkläre den Term von Tobias.

b) Wie ändert sich der Term, wenn Folgendes passiert:
 (1) Tobias schwimmt statt 1000 m nun 1200 m.
 Verändere die Zahlen im Term.
 (2) Tobias läuft statt 2000 m nun 3000 m.
 Verändere die Zahlen im Term.
 (3) Überlege, ob du auch die Zeit pro Runde anpassen musst.

→ weitergedacht

c) Tobias wechselt zum Training in ein Sportbad mit einem 50-m-Becken.
 (1) An welchen Stellen muss sich der Term ändern?
 (2) Weil er bei dem längeren Becken seltener wendet, verschlechtert sich seine Zeit: Der Wert für 25 Meter verlängert sich um 0,1 Minuten.
 Wie lautet der Term dazu?

6 Andere Lohnabrechnung – anderer Term

In der Pizzeria Capri erhalten die Kellner ihren Lohn folgendermaßen:
- Täglich bekommt jeder einen festen Betrag von 20 € für Anfahrt, Kleidung usw.
- Dazu kommt ein Stundenlohn von 7 €.
- Das Trinkgeld wird unter allen Kellnern gleichmäßig aufgeteilt.

Luigi schreibt jeden Tag die wichtigsten Zahlen in seine Liste.

Luigi	Arbeitszeit	Trinkgeld zusammen	Zahl der Kellner
Do. 17.6.	5 Std.	117 €	3
Fr. 18.6.	4 Std.	300 €	8
Sa. 19.6.	10 Std.	420 €	4

$5 \cdot 7 + 117 : 3 + 20$

a) Am Donnerstag ist wenig los.
Erkläre den Term links, den der Chef für den Arbeitslohn aufgestellt hat.

b) Am Freitag geht das Geschäft besser, wie Luigis Liste zeigt.
- Wie sieht der Term für Luigis Tagesverdienst aus?
- An welcher Stelle ändert sich der Term, wenn jeder sein eigenes Trinkgeld behält?

Gut zu wissen
Wenn mehr als acht Stunden am Tag gearbeitet wird, nennt man diese Zeit Überstunden.

c) Für Überstunden (ab der 9. Stunde) beträgt der Stundenlohn 11 €.
Schreibe den Term für Samstag so, dass auch Überstunden berücksichtigt werden.

d) Die Tagespauschale von 20 € soll in Zukunft stundenabhängig bezahlt werden:
Für jede Stunde, auch für Überstunden, erhält ein Kellner 3 € zusätzlich.
Schreibe auf, welcher Term dann für den Samstag gilt.

Vertiefen

7 Eine Rechnung – zwei Geschichten

▶ Materialblock S. 69
Arbeitsmaterial
Eine Rechnung – zwei Geschichten (S. 1 von 2)

Pia beschreibt einen Term mit Worten.
Dabei wird der Term mit jeder Zeile komplizierter.
Ole und Merve erzählen zum gleichen Term zwei verschiedene Geschichten.

Hinweis
*Was in einer Zeile steht, soll zum gleichen Term passen.
Was in einer Spalte steht, soll die gleiche Geschichte fortsetzen.*

a) Erfinde für die freien Felder eine Fortsetzung für Merves Geschichte.
Schreibe Merves Geschichte in die Tabelle im Materialblock.

(1)	15	Ich denke mir die Zahl 15.	Ich möchte mit meiner Schwester Lena einkaufen gehen und nehme 15 € von meinem Taschengeld.	Herr Berger hat im Keller eine Kiste mit 15 Flaschen Mineralwasser.
(2)	15 + 25	Ich zähle 25 dazu.	Unsere Mutter gibt uns noch 25 € extra mit.	?
(3)	(15 + 25) : 2	Die Summe teile ich durch 2.	Weil wir getrennt voneinander einkaufen wollen, teilen wir das Geld durch 2.	?
(4)	(15 + 25) : 2 − 3	Vom Rest ziehe ich 3 ab.	Weil ich Hunger habe, kaufe ich mir von meinem Teil des Geldes für 3 € etwas zu Essen.	?

▶ Materialblock S. 70
Arbeitsmaterial
Eine Rechnung – zwei Geschichten (S. 2 von 2)

b) Erfinde für die freien Felder in der folgenden Tabelle eine Fortsetzung,
die zu den anderen Aussagen in der gleichen Zeile passt.
Schreibe sie in die Tabelle im Materialblock.
Auch hier gilt der Hinweis am Rand oben.

(1)	40	Ich denke mir die Zahl 40.	?	In einem Bus sitzen vierzig Fahrgäste.
(2)	?	Ich addiere 3 mal 8 dazu.	Im darauffolgenden Monat zahle ich auf mein Sparkonto drei Mal je 8 € ein.	?
(3)	?	Von dieser Zahl ziehe ich 12 ab.	?	?
(4)	?	?	?	An der Haltestelle „Stadtmitte" steigt die Hälfte der Fahrgäste aus.
	…	…	…	…

c) Setze die Tabelle aus b) im Materialblock fort oder denke dir eine eigene aus.

Vertiefen 2

Terme aufstellen und ausrechnen

8 Wenn Taschenrechner verschieden rechnen …

Ole und seine Schwester Lena überprüfen ihre Hausaufgaben mit dem Taschenrechner. Sie bekommen aber für den Term $37 - 4 \cdot 5$ verschiedene Werte.
Lenas Taschenrechner zeigt 17,
Oles Taschenrechner im Handy zeigt 165 an.

a) Welcher Taschenrechner hat richtig gerechnet? Wie hat der andere gerechnet?

b) Probiere aus, wie dein eigener Taschenrechner rechnet. Du kannst auch den Taschenrechner eines Computers verwenden.

c) Lena und Ole testen ihre Rechner genauer. Bei manchen Termen erhalten sie unterschiedliche Werte, bei anderen Termen die gleichen Werte.

Testet selbst verschiedene Taschenrechner, Handys oder Computer:
- Bei welchen der folgenden Terme rechnen die Taschenrechner gleich?
- Bei welchen Termen kommen unterschiedliche Werte heraus?

→ weitergedacht

d) Finde selbst Aufgaben, bei denen die Taschenrechner zu verschiedenen Ergebnissen kommen.
Versuche zu erklären, warum unterschiedliche Ergebnisse herauskommen.

e) Wie kann man mit einem Taschenrechner, der die Regeln nicht beachtet, trotzdem so arbeiten, dass man richtige Ergebnisse erhält?

⚙ Training

9 „Übersetzungs"-Übungen

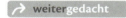

▶ Materialblock S. 71
Arbeitsmaterial
„Übersetzungs"-Übung

Die folgende Tabelle findest du auch im Materialblock.
Ergänze dort die fehlenden Terme oder Texte.

Text	Term
„Ich addiere 19 und 45 und multipliziere das Ergebnis mit 3."	
„Ich addiere 19 zum Dreifachen von 45."	
„Ich multipliziere 45 mit 3 und zähle 19 dazu."	
	$(3 + 19) \cdot 45$
„Ich multipliziere 5 mit 7, zähle 3 dazu und multipliziere das Ergebnis mit 4."	
	$(7 + 3 \cdot 4) \cdot 5$
	$5 \cdot 7 + 3 \cdot 4$

Vertiefen

Training

Erinnere dich
Das Ergebnis eines Terms nennt man auch Wert.

10 Klammerolympiade

a) Setze für beide Terme die Klammern so, dass das Ergebnis möglichst groß ist. Vergleicht untereinander, wer den Term mit dem größten Wert gefunden hat.

$$3 \cdot 4 + 5 \cdot 6$$

$$6 + 12 : 6 \cdot 2$$

Suche den größtmöglichen und den kleinstmöglichen Wert.
Du kannst beliebig viele Klammern stehenlassen oder wegnehmen.

$$25 - (10 - 8) + 3 \cdot (12 - 7)$$

$$48 : (3 + 5) - (2 + 4)$$

b) Erfindet eigene Aufgaben wie in a) und stellt sie euch gegenseitig.

Training

11 Werte-Bau-Spiel

Spielt zu zweit oder zu dritt.
Würfelt mit drei Würfeln.
Wer kann in drei Minuten aus den gewürfelten Zahlen möglichst viele unterschiedliche Terme bauen und deren Werte berechnen?
Beispiel: Aus den gewürfelten Zahlen 6, 5 und 4 kann man z. B. die Terme und Werte rechts bauen:

$$6 \cdot (5+4) = 54$$
$$6 \cdot 5 \cdot 4 = 120$$
$$(6-5) : 4 = \frac{1}{4}$$

Zusatzregel:
Für falsche Werte gibt es einen Minuspunkt.

Vergleicht eure Ergebnisse und überprüft, ob die Werte der Terme stimmen.
Für den kleinsten und den größten Wert gibt es einen Extra-Punkt.

Training

12 Terme bauen nur aus Einsen

Merve hat einen Term aus sechs Einsen aufgestellt, der den Wert 20 hat.

$$(1 + 1) \cdot 11 - (1 + 1)$$

- Kann man auch mit anderen Zahlen einen Term bauen, der den Wert 20 hat?
- Welche anderen Werte kann man noch mit sechs Einsen finden?

Training

13 Klammern streichen

a) Schreibe die Terme mit möglichst wenig Klammern, ohne ihren Wert zu verändern:

(1) $(17 + 4) + 21$
    $21 + (17 + 4)$

(2) $(17 + 4) - 21$
    $21 - (17 + 4)$

(3) $(17 + 4) \cdot (12 \cdot 5)$
    $17 + (4 \cdot 12 \cdot 5)$
    $(17 + 4 \cdot 12) \cdot 5$

(4) $(64 : 8) \cdot 4$
    $64 : (8 \cdot 4)$

b) Welche Terme haben denselben Wert?
Kannst du erklären, woran das liegt?

Vertiefen 3 — Mit vielen Termen das Gleiche beschreiben

Training

14 Verschieden zählen – beschreibungsgleiche Terme

Die Siedlung der Hausgemeinschaft sieht auf einer Skizze von oben betrachtet etwa so aus:

Maja: Es sind 3 Gruppen mit 20 Häusern und 3 Gruppen mit 4 Häusern.

Dina: Ich sehe 6 mal 12 Häuser.

Lena: Ich sehe auf einen Blick, dass hier 3 Gruppen mit 6 mal 4 Häusern stehen.

Ole: Es sind 3 Gruppen mit je 20 plus 4 Häusern.

Jan: Es sind 6 Reihen mit je 4 Häusern und das Ganze kommt dreimal vor.

a) Schreibe für jede Aussage der fünf Bewohner einen Term auf.

b) Wie ändern sich die Terme aus Aufgabe a), wenn jeweils fünf Häuser nebeneinanderstehen?

weitergedacht

c) Wie könnte man 48 Häuser anordnen? Und wie könnte man 49 Häuser anordnen? Zeichne jeweils eine Skizze in dein Heft.

15 Gartenplanung

Die Bewohner des Hauses wollen den Garten schöner gestalten. Dazu soll berechnet werden, welche Fläche zur Verfügung steht.

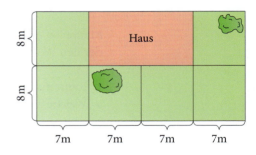

a) Wie berechnest du mit dem Bild rechts die Fläche des Gartens? Stelle einen Term auf.

b) Die Bewohner rechnen unterschiedlich:

Schreibe eine Erklärung zu ihren Ansätzen auf.

weitergedacht

c) Welchen der fünf Terme kannst du in einen der anderen umformen, indem du mehrmals das Vertauschungsgesetz und das Zerlegungsgesetz nutzt?

Vertiefen 4 — Rechnungen zerlegen – beschreibungsgleiche Terme finden

16 Beim geschickten Rechnen nutzt man Rechengesetze

7 + 13 rechne ich so:
7 + 10 + 3 = 7 + 3 + 10 = 20

7 · 13 rechne ich so:
7 · (10 + 3) = 7 · 10 + 7 · 3 = 70 + 21 = 91

Das Zerlegungsgesetz kenne ich schon: Beim Malkreuz haben wir die Zahlen doch auch zerlegt.

·	10	3	
7	70		91

a) Rechne diese Aufgaben wie Pia:
  (1) 83 + 27   (2) 45 + 75

  Welches Gesetz benutzt Pia, um die Aufgaben geschickt zu rechnen?

b) Rechne diese Aufgaben wie Till:
  (1) 4 · 83   (2) 6 · 75

  Welches Gesetz benutzt Till, um die Aufgaben geschickt zu rechnen?

c) Welche Aufgabe hat Ole skizziert?
  Welches Gesetz erkennt man darin?

d) Merve hat ein unvollständiges Malkreuz aufgemalt.
  Wie sieht sie darin das Zerlegungsgesetz?

e) Im Malkreuz werden Zahlen meist in Hunderter, Zehner und Einer zerlegt.
  Probiere aus, ob du die Zahlen auch anders zerlegen kannst, z. B. 13 = 8 + 5 und trotzdem das Richtige heraus kommt.
  Woran liegt das?

17 Malkreuze und die Zerlegung von Termen

a) Schreibe auf, welche Aufgabe jeweils mit dem Malkreuz gerechnet wurde und mit welchen zwei Termen sie im Malkreuz dargestellt ist.

(1)

·	10	3	
20	200	60	260

(2)

·	10	3	
20	200	60	260
4	40	12	52
			312

(3)

·	10	6	
7	70	42	112

(4)

·	10	6	
7	70	42	112
8			

b) Zeichne zu diesen Termen ein Malkreuz und zerlege den Term.
  (1) 8 · (10 + 3)   (2) 8 · (5 + 8)   (3) (5 + 8) · (5 + 8)

c) Zeichne zu den Termen ein Malkreuz und schreibe den Term ohne Zerlegung.
  (1) 9 · 10 + 9 · 5   (2) 9 · 15 + 9 · 4   (3) 9 · 15 + 9 · 4 + 5 · 15 + 5 · 4

18 Terme unterschiedlich zusammenfassen

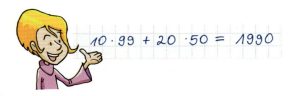

a) Pia und Till berechnen den Wert des Terms
3 · 99 + 4 · 50 + 7 · 99 + 7 · 50 + 9 · 50
auf unterschiedlichen Wegen.
Till staunt, weil Pia schneller ist.
Finde heraus, wie die beiden zusammengefasst haben.
Schreibe Pias Zwischenschritte so auf, dass man ihre Rechnung ohne weitere Erklärung versteht.

b) Welche Gesetze hat Pia für ihren Rechenweg benutzt?

c) Wie würde Till den Wert des folgenden Terms berechnen?
Wie würde Pia rechnen?
22 · 7 + 19 · 11 − 3 · 11 + 48 · 7 + 24 · 11

d) Stelle die Zahlen im Term rechts so um, dass du rechnen kannst wie Pia.

> 17 · 8 + 22 · 9 + 8 · 53 + 9 · 28

e) *Till:*

52 + 3 · 50 + 3 = 52 + 150 + 3 =

Pia:

52 + 3 · 50 + 3 = (52 · 50) + 3 =

Auch bei diesen Rechnungen staunt Till wieder, dass Pia schneller ist.
Aber dieses Mal haben sie nicht das gleiche Ergebnis.
Wer hat Recht?

Training

19 Beschreibungsgleiche Terme suchen

a) Welche der Terme sind beschreibungsgleich?
Finde sie, ohne ihren Wert auszurechnen.
(1) 32 · (17 + 4)   (2) (17 + 4) · 32   (3) (4 + 32) · 17
(4) 32 · 17 + 4 · 17 (5) 17 · (32 + 4)   (6) 32 · 4 + 32 · 17

b) Schreibe zu jedem Term möglichst viele weitere beschreibungsgleiche Terme auf.
(1) 3333 · (4444 + 7777)   ♥ · (♣ + ♦)
(2) 37 · (49 + 25 + 19)   ▲ · (■ + ● + ♦)
(3) (75 − 57) · 25   (☼ − ★) · ▲
(4) (34 · 27) + 12   (a · b) + c

c) Finde zu den folgenden Termen beschreibungsgleiche Terme, bei denen du den Wert im Kopf ausrechnen kannst.
(1) 23 · 49 + 23 · 51   (2) 25 · 8 + 8 · 50   (3) 27 · 81 + 19 · 27

d) Erstelle selbst ähnliche Aufgaben wie in c) ...
(1) mit den Zahlen 11, 17 und 89.
(2) mit den Zahlen 8, 125 und 500.
(3) mit den Zahlen 2, 34 und 98.

20 Terme umformen

Auf wie viele andere Arten kannst du die folgenden Terme schreiben, sodass sie immer noch das gleiche beschreiben? Schreibe alle gefundenen Terme auf.

(1) 17 · (28 + 19)   : 36 : (62 − 56)
(2) (57 231 − 4256) · 325   : (98 765 − 4321) · 123
(3) (78 · 26) − 156   : (147 : 49) + 3
(4) (89 + 117) + 5 · (456 − 236)   : (117 − 89) − 555 : (150 − 39)
(5) ▲ · (■ + ●)   : (■ − ●) · ▲

21 Knapp daneben ist auch vorbei

Die Terme sehen zwar ähnlich aus, aber man darf sich nicht täuschen lassen:
Welche davon sind wirklich beschreibungsgleich?
Mit welchem Gesetz kannst du das begründen, ohne die Werte auszurechnen?

a) (1) 12 · (7 + 5)
(2) 12 · 7 + 5
(3) (12 · 7) + 5
(4) 12 + 5 · 7 + 5
(5) (5 + 7) · 12
(6) (12 + 5) · (7 + 5)
(7) 12 · 7 + 12 · 5

b) (1) (77 777 · 55 555) + 44 444
(2) 77 777 · (55 555 + 44 444)
(3) 77 777 · 55 555 + 44 444
(4) (44 444 + 55 555) · 77 777
(5) 77 777 + 44 444 · 55 555 + 44 444
(6) (77 777 + 44 444) · (55 555 + 44 444)
(7) 77 777 · 55 555 + 77 777 · 44 444

22 Beschreibungsungleich trotz gleicher Werte?

a) Schreibe die Terme untereinander, die das gleiche Bild oder die gleiche Situation beschreiben. Finde sie, ohne ihren Wert auszurechnen.

| 8 · 4 + 4 · 7 | 4 · 7 + 4 · 8 | 21 · 2 + 2 · 9 | 2 · (9 + 21) | (8 + 7) · (4 + 4) |
| 21 · 2 + 21 · 9 | | 4 · 7 + 8 · 7 | (21 + 9) · 2 | 4 · (8 + 7) |

b) Mit welchem Gesetz kann man die beschreibungsgleichen Terme aus a) ineinander umformen? Schreibe immer alle Gesetze auf, die du zum Umformen anwendest.

▶ Materialblock S. 72
Arbeitsmaterial
Mensch ärgere dich nicht

23 Mensch ärgere dich nicht – jeder zählt anders

a) Wie viele Punkte sind insgesamt auf dem Spielplan von „Mensch ärgere dich nicht"? Schreibe mehrere passende Terme auf.

b) Kontrolliere mit Hilfe des Zerlegungsgesetzes und des Vertauschungsgesetzes, ob deine Terme beschreibungsgleich sind.

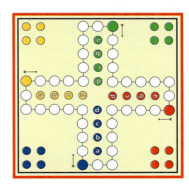

Checkliste
Haushaltskosten gerecht aufteilen – Rechnungen darstellen und diskutieren

Ich kann ... / Ich kenne ...	Hier kann ich üben ...

Ich kann zu einem Verteilungsproblem verschiedene Ansätze finden und es mit P A D E K lösen.
Zehn Freunde übernachten zusammen im Wanderheim.
Das 6-Bett-Zimmer kostet insgesamt 48 €,
das 4-Bett-Zimmer kostet insgesamt 40 €.
Wie viel soll jeder bezahlen?

S. 112 Nr. 2
S. 113 Nr. 4

Ich kann zu einer Situation einen Term aufschreiben und damit zeigen, wie gerechnet werden soll.
Bei einem Ausflug zum Vergnügungspark kostet der Bus für 30 Personen zusammen 240 €.
Der Eintritt kostet pro Person 20 €.
Mit welchem Term kann man die Kosten für vier Personen berechnen?

S. 113 Nr. 3
S. 114 Nr. 5, 6
S. 115 Nr. 7
S. 116 Nr. 8

Ich kann zu einem Term eine passende Situation aufschreiben.
Erfinde eine Situation zum Thema Taschengeld,
die zum Term $3 \cdot 14 + 9 \cdot 16$ passt.

S. 112 Nr. 1
S. 113 Nr. 3
S. 114 Nr. 5
S. 115 Nr. 7
S. 116 Nr. 8

Ich kann an einem Beispiel erklären, wozu man die Punkt-vor-Strich-Regel braucht, und kann diese Regel anwenden.
Erkläre am Beispiel $26 + 4 \cdot 5$, wozu man die Punkt-vor-Strich-Regel braucht.

S. 116 Nr. 8
S. 117 Nr. 13

Ich weiß, wann man bei Termen Klammern setzen muss und wann man sie weglassen kann.
Berechne den Wert des Terms $2 \cdot 3 + 4$ und finde eine passende Situation.
Setze Klammern in den Term so ein, dass er dann den Wert 14 hat.
Wie musst du nun die Situation ändern, damit sie zum neuen Term passt?

S. 117 Nr. 10–13

Ich kann zu einem Bild oder einer Situation beschreibungsgleiche Terme finden.
Erkläre, was beschreibungsgleich bedeutet.
Finde zu dem Bild drei verschiedene Terme.

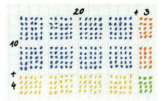

S. 118 Nr. 14, 15
S. 119 Nr. 16, 17
S. 121 Nr. 23

Ich kann einen Term mit dem Zerlegungsgesetz und dem Vertauschungsgesetz in beschreibungsgleiche Terme umformen.
Forme $17 \cdot 92 + 17 \cdot 8$ in beschreibungsgleiche Terme um.
Welches Gesetz benutzt du?
Welche Terme sind beschreibungsgleich? Finde sie, ohne den Wert zu berechnen.
(1) $777 + 333 \cdot 555$ (2) $777 \cdot 333 + 777 \cdot 555$ (3) $777 \cdot (333 + 555)$

S. 119 Nr. 16, 17
S. 120 Nr. 18, 19
S. 121 Nr. 20–22

▶ *Hinweis:* Im Materialblock auf Seite 73 findest du diese Checkliste für deine Selbsteinschätzung.
Zusätzliche Übungsaufgaben findest du im Internet unter 122-1.
(www.cornelsen.de/mathewerkstatt, Buchkennung: MWS040 235, Mediencode: 122-1)

Einen Raum renovieren – Mit Dezimalzahlen rechnen

In diesem Kapitel …

▶ rechnest du mit Größen, ohne in eine andere Einheit zu wechseln.

▶ rechnest du mit Dezimalzahlen.

▶ lernst du, wie man beim Rechnen mit Dezimalzahlen den Taschenrechner sinnvoll verwenden kann.

Einen Raum renovieren – Mit Dezimalzahlen rechnen

Toll, dass wir jetzt unseren Aufenthaltsraum schöner machen können!

Wir zeichnen am besten einen Plan und berechnen dann, was es kostet.

2,30

Einstieg

Erkunden A   Wie kann ich Dezimalzahlen multiplizieren und dividieren?

1 Den Aufenthaltsraum renovieren

Die Klasse von Till, Merve und Pia will den Aufenthaltsraum der Schule verschönern. Zuerst sollen die Schülerinnen und Schüler einen Plan zur Renovierung vorlegen.

Was könnte man denn in einem Aufenthaltsraum alles erneuern?

Erst einmal müssen wir alles genau ausmessen.

... da haben wir ganz schön viel und kompliziert zu rechnen.

a) Sammelt Ideen, was alles erneuert werden kann.

b) Welche Rechnungen könnte Pia meinen?
Warum denkt Pia, dass die Rechnungen kompliziert sind?

▶ Materialblock S. 80
Arbeitsmaterial
Aufenthaltsraum

2 Magnettafel berechnen

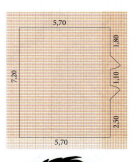

Für den Aufenthaltsraum soll eine Magnettafel gekauft werden, die genau zwischen die zwei Türen passt und bis zur Decke geht.
Der Platz wird ausgemessen:
Die Tafel kann 2,30 m hoch und 1,10 m breit sein.

Toll wäre es, wenn wir unsere ganzen Bilder an eine Magnettafel hängen könnten.

a) Pia, Till und Merve haben versucht, die Fläche zu berechnen, haben dabei aber unterschiedliche Ergebnisse erhalten.

Wie groß ist die Fläche denn nun?

Pias Ergebnis:

$$2{,}3 \cdot 1{,}1$$
$$23$$
$$23$$
$$\overline{25{,}3}$$

Tills Ergebnis:

$$23 \cdot 1{,}1$$
$$23$$
$$23$$
$$\overline{253}$$

Merves Ergebnis:

$$2{,}3 \cdot 1{,}1$$
$$23$$
$$23$$
$$\overline{2{,}53}$$

Wie kannst du entscheiden, welches Ergebnis stimmt.

b) Welche Einheit gehört hinter das richtige Ergebnis?

c) Überschlage den Preis der Magnettafel.

Magnettafel
90 € pro m²

Erkunden

3 Wohin kommt das Komma?

Ole, Pia und Till haben sich verschiedene Wege überlegt, wie sie herausfinden, wohin das Komma bei der Rechnung 2,3 · 1,1 in Aufgabe 2 kommt.

▶ Materialblock S. 80
Arbeitsmaterial
Aufenthaltsraum

a)

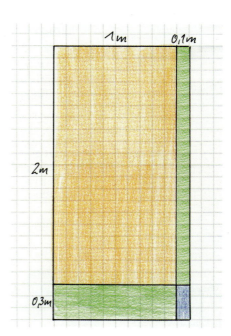

Erkläre Oles Bild.
Welchen Flächeninhalt haben die einzelnen Teilrechtecke?

b)

- Fülle Tills Malkreuz im Materialblock fertig aus.
- Färbe die Felder im Malkreuz so, dass sie zu den Teilflächen in Oles Bild passen.
- Erkläre mit Oles und mit Tills Weg, wohin das Komma in der Rechnung in Aufgabe 2 kommt und wie viele Stellen hinter dem Komma entstehen.

c) Pia hat zur Aufgabe 1,2 · 1,1 folgende Überlegung aufgeschrieben und meint:

Nutze Pias Überlegungen für die Aufgabe 2,3 · 1,1.

d) - Wähle einen der drei Wege aus a), b) und c) und überprüfe, ob dein Ergebnis aus 2 a) stimmt.
- Wie viel Quadratmeter hat die Fläche der Magnettafel?

Magnettafel
90 € pro m²

e) Nutze Pias Weg, um den genauen Preis der Magnettafel zu bestimmen.

nachgedacht

f) Warum kann beim Multiplizieren zweier Zahlen mit *einer* Nachkommastelle eine Zahl mit *zwei* Nachkommastellen entstehen?
Wo kommen die Hundertstel her?

Einen Raum renovieren – Mit Dezimalzahlen rechnen

4 Fußleisten berechnen

Die neuen Fußleisten sollen aus Buche sein. Um die benötigte Länge zu ermitteln, haben die Schüler den Raum vermessen.

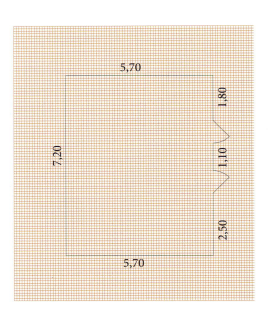

Fußleiste
Dekor: Buche
Abmessung: 10 mm × 60 mm
Länge: 2,40 m
Preis: 4,76 € pro Meter

a) Ole hat die Zeichnung unten erstellt. Erkläre, wie sie mit der Zeichnung oben zusammenhängt.

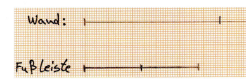

▶ Materialblock S. 80
Arbeitsmaterial
Aufenthaltsraum

b)
- Übertrage Oles Zeichnung auf das Millimeterpapier im Materialblock. Nimm wie Ole 1 cm für 1 m Fußleiste.
- Zeichne die weiteren Fußleisten ein.
- Wie viele Fußleisten müssen gekauft werden?

c) Till hat auf andere Weise überlegt, wie viele Fußleisten nötig sind:

Wand	Fußleisten
7,20	3
5,70	

- Übertrage Tills Tabelle in dein Heft und führe sie weiter.
- Erkläre, wie Till vorgeht.
- Auf wie viele Fußleisten kommt Till für den ganzen Raum?

d) Vergleiche die Wege und Ergebnisse von Ole und Till. Welchen Weg würdest du wählen? Begründe deine Antwort.

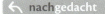 nach**gedacht**

e) Pia betrachtet Oles Bild und erkennt darin drei Rechnungen.

… die drei Rechnungen haben das gleiche Ergebnis.

7,2 : 2,4
72 : 24
720 : 240

Wie kann Pia in Oles Bild erkennen, dass die drei Rechnungen das gleiche Ergebnis haben?

f) Wie kann Pia ihre Erkenntnisse nutzen, um 7,2 : 2,4 zu berechnen?

Erkunden

5 Schwierigkeiten beim Dividieren

a) Schreibe die Divisionsaufgaben aus Aufgabe 4 e) auf und versuche, sie zu lösen. Auf welche Schwierigkeiten triffst du?

b) Die vier Freunde diskutieren das Problem, dass Aufgaben beim Dividieren oft nicht glatt aufgehen, z. B. bei 3 : 5.

Das ist doch wie beim Teilen der Pizza, deshalb rechne ich $3 : 5 = \frac{3}{5}$.

Ich kann doch einfach umrechnen, z. B. wenn es 3 cm sind: 3 cm : 5 = 30 mm : 5 = 6 mm.

3 : 5 = ?

Ich rechne das schriftlich. Wenn es nicht mehr zu teilen geht, setze ich ein Komma und hänge an die vordere Zahl eine Null.

Ich kann die 3 ja nur dann durch 5 teilen, wenn ich sie verfeinere, aus 3 Einern mache ich 30 Zehntel. 30 Zehntel durch 5 sind dann 6 Zehntel.

Wie würden die vier die Aufgabe 7 : 2 lösen?

nachgedacht

c) Wie hängen die vier Wege zusammen?

Teppichboden
Fußleisten
Farbe
Magnettafel

6 Einkaufszettel für den Baumarkt erstellen

Die vier Freunde planen die Kosten für die Renovierung.
Sie haben aufgeschrieben, was sie im Baumarkt kaufen möchten.

a) ▶ **Ordnen A** Um zu lernen, wie man geschickt mit dem Taschenrechner umgeht, bearbeite zuerst Aufgabe 6 auf Seite 133.

Verbrauch:
1 Liter für 8 m²

Preise:
10 ℓ   87,90 €
2,5 ℓ   19,99 €

Hinweis
Nutze den Lösungsplan PADEK im Materialblock auf Seite 5.

b) Der Raum ist 2,31 m hoch.
Wie viel Farbe wird benötigt? Wie viel kostet die Farbe?
Bearbeite dieses Problem mit dem Lösungsplan **P A D E K**.

c) Die Klasse hat sich für einen bestimmten Teppich entschieden, den es als Fliesen oder Teppich von der Rolle gibt? Was ist günstiger?
Bearbeite das Problem und verwende dabei **P A D E K**.

Teppichfliesen 0,5 m × 0,5 m
Stückpreis: 9,80 €

Teppich von der Rolle
für 37,95 € pro m² (4,50 m breit)

d) (1) Bei welchen Schritten von **P A D E K** hat euch der Taschenrechner geholfen?
(2) Auf welche Kommastellen sollte man jeweils runden?

Hinweis
Nutze die Angaben und Ergebnisse der Aufgaben 2 und 4.

e) Der Förderverein spendet 1500 €.
  ▪ Schreibe für den Förderverein auf, wie viel Geld insgesamt ausgegeben werden soll.
  ▪ Falls die 1500 € nicht reichen, müssen die Mehrkosten auf die 30 Schüler der Klasse aufgeteilt werden. Wie viel muss dann jedes Kind bezahlen?

Einen Raum renovieren – Mit Dezimalzahlen rechnen

Ordnen A Wie kann man Dezimalzahlen multiplizieren und dividieren?

1 Dezimalzahlen multiplizieren

Ole, Till und Pia überlegen, an welche Stelle man im Ergebnis der folgenden Rechnung das Komma setzen muss.

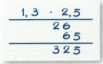

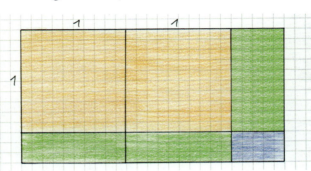

Ich zeichne mir ein Bild, um mir das besser vorstellen zu können.

a) In der Fläche in Oles Bild kann man Einer (E), Zehntel (z) und Hundertstel (h) erkennen. Wie viele sind es jeweils?
Was bedeutet das für das Komma im Ergebnis?

b) Till zeichnet ein Malkreuz, um zu sehen, wo Einer, Zehntel und Hundertstel stehen müssen.
- Übertrage Tills Malkreuz ins Heft und fülle es aus.
- Färbe das Malkreuz passend zu den Flächen in Oles Bild.
- Schreibe das Ergebnis sowohl in eine Stellentafel als auch mit Komma.

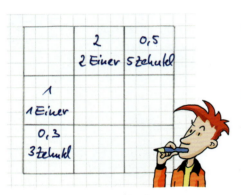

c) Pia überlegt mit einem Rechenpäckchen, wohin das Komma gesetzt werden muss.
- Übertrage Pias Weg in dein Heft und ergänze ihn.
- Wie verändert sich eine Dezimalzahl, wenn man sie durch 10 teilt?
- Erkläre, wohin das Komma im Ergebnis kommt.

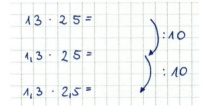

d) Merve überschlägt das Ergebnis, indem sie auf Zahlen ohne Komma rundet.
- Wie lautet die einfachere Rechnung, mit der sie das Ergebnis überschlägt?
- Wie erkennt man, wohin das Komma gesetzt wird?

e) Alle vier haben bei ihren Wegen eine bestimmte Idee im Kopf. Welche Idee passt zu welchem Weg?
(1) „Ungefähr?"
(2) „Einer, Zehntel usw. zeichnen"
(3) „erst ohne Komma; dann schrittweise durch 10"
(4) „Alle Stellen einzeln rechnen und alles addieren."

f) Mit Pias und Merves Weg kann man auch Zahlen multiplizieren, die mehrere Stellen hinter dem Komma haben.
Berechne die Aufgabe 1,36 · 2,41 auf diesen beiden Wegen.

▶ Materialblock S. 75
Wissensspeicher
Dezimalzahlen multiplizieren

g) Vergleicht eure Ergebnisse aus a) bis f) und übertragt sie in den Wissensspeicher.

Ordnen

2 Dezimalzahlen dividieren

Ole will ausrechnen, wie viele 1,2-m-lange Fußleisten für eine 3,6-m-lange Wand passen. Er hat einen Streifen gezeichnet, um sich das Ergebnis der Aufgabe 3,6 : 1,2 klar zu machen.

a) Zeichne auch einen solchen Streifen ins Heft und färbe darin links beginnend Teilstücke, die jeweils 1,2 lang sind.
Lies aus der Zeichnung ab: Wie oft passt 1,2 in 3,6?

b) Pia erkennt an Oles Bild, dass es andere Rechnungen mit gleichem Ergebnis gibt, die leichter zu rechnen sind.
   (1) Zeichne einen zweiten Streifen direkt unter den ersten. Beschrifte den zweiten Streifen so, dass er zu 36 : 12 passt.
   (2) Zeichne noch einen dritten, gleich langen Streifen. Beschrifte diesen Streifen so, dass er zu 360 : 120 passt.

```
3,6 : 1,2
 36 : 12
360 : 120
```

c) Erkläre am Bild, warum die drei Rechnungen bei b) das gleiche Ergebnis haben.

Wissensspeicher aus vorigen Schuljahren: *Dezimalzahlen 1*

d) *Wenn man alle drei Rechnungen aus b) als Brüche schreibt, kann man sehen, warum sie gleich sind.*

Begründet mit Tills Idee, warum die Brüche den gleichen Wert haben.

e) Merve stellt sich die Aufgabe 3,6 : 1,2 in Metern vor, also 3,6 m : 1,2 m.
Rechne die Längenangaben in andere Einheiten um.
Welche Einheiten passen zu den anderen Rechnungen aus b)?

▶ Materialblock S. 76 Wissensspeicher *Dezimalzahlen dividieren*

f) Vergleicht eure Ergebnisse aus a) bis c) und übertragt sie in den Wissensspeicher.

3 Dezimalzahlen dividieren, wenn es nicht glatt aufgeht

a) Till hat 3 : 5 schriftlich gerechnet.
Erkläre die Schritte von Tills Rechnung.
Dabei können dir die Ideen aus Aufgabe 5 b) auf Seite 129 helfen.

b) Löse mit Tills Weg die folgenden Aufgaben:
   (1) 1,8 : 3,6
   (2) 3,75 : 1,5
   (3) 37 : 5

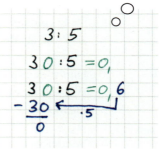

▶ Materialblock S. 76 Wissensspeicher *Dezimalzahlen dividieren*

c) Vergleicht eure Ergebnisse aus a) und b) und übertragt sie in den Wissensspeicher.

Einen Raum renovieren – Mit Dezimalzahlen rechnen

4 Multiplizieren oder Dividieren?

Bei den weiteren Planungen zum Renovieren des Aufenthaltsraumes (Seite 124/125) gibt es viele Rechnungen, bei denen nicht immer klar ist, ob sie mit Multiplizieren oder Dividieren zu lösen sind.

a) Entscheide für jedes Beispiel, ob man multiplizieren oder dividieren muss.

① In den 2 m breiten Vorraum zum Aufenthaltsraum soll ein Teppichstück gelegt werden. Das Geld reicht noch für genau 5 m² des gewünschten Teppichs. Wie lang kann der Streifen sein?

② Die Decke des Raumes soll mit einer eigenen Farbe gestrichen werden. Wie groß ist die Fläche?

③ Der Hausmeister hat 5 alte Tische geschenkt, die nun farbig lackiert werden. Fünf Kinder wollen gleichzeitig streichen – deshalb soll der 2-kg-Topf Farbe aufgeteilt werden. Wie viel Farbe bekommt jedes Kind?

▶ Materialblock S. 77
Wissensspeicher
Dezimalzahlen und gemischte Brüche

b) Vergleicht eure Ergebnisse zu a) und übertragt sie in den Wissensspeicher.

5 Zweieinhalb aufschreiben

a) Was bedeutet eigentlich „zweieinhalb"? Welche Gedanken sind richtig, welche sind falsch? Begründe jeweils.

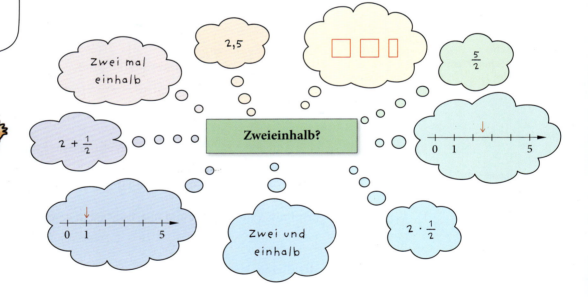

* *Neues Wort*
Man nennt Zahlen wie „zweieinhalb" **gemischte Brüche** und schreibt kurz $2\frac{1}{2}$.

b) Finde drei weitere Situationen aus dem Alltag, bei denen *gemischte Brüche** wie eineinhalb, zweieinhalb, dreieinhalb, eineinviertel oder ähnliches auftreten.

c) Stelle eine der Zahlen aus b) ebenso unterschiedlich dar wie in den Gedankenblasen: als Zahl, als Rechnung, als Bild, auf dem Zahlenstrahl.

d) Die zweieinhalb Kilogramm Farbe vom Hausmeister reichen für eineinhalb Wände. Wie viel Farbe braucht man dann noch, wenn man vier gleich große Wände streichen möchte?

▶ Materialblock S. 77
Wissensspeicher
Dezimalzahlen und gemischte Brüche

e) Vergleicht eure Ergebnisse zu c) und übertragt sie dann in den Wissensspeicher.

Ordnen

6 Den Taschenrechner kennenlernen

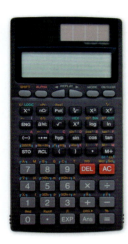

▶ Materialblock S. 79
Methodenspeicher
Taschenrechner

Beim Rechnen mit Dezimalzahlen kann ein Taschenrechner nützlich sein, deshalb solltest du deinen Taschenrechner gut kennen.

a) Welche Tasten und Befehle deines Taschenrechners kennst du bereits?

b) Im Methodenspeicher findest du eine Tabelle mit den wichtigsten Funktionen des Taschenrechners. Was musst du jeweils eintippen?

c) Jeder Taschenrechner hat …
   - eine Taste zum Speichern von Zwischenergebnissen und
   - eine Taste, um eine gespeicherte Zahl wieder aufzurufen.

   Wo liegen diese beiden Tasten auf deinem Taschenrechner?

d) Vergleicht eure Antworten zu b) und c) und tragt sie in den Methodenspeicher ein.

7 Den Taschenrechner beim Lösen von Problemen nutzen

Till und Merve haben folgende Frage bearbeitet:

Reicht ein Farbeimer, um die Wand zu streichen?

> Wir müssen wissen, wie groß die Fläche der Wand ist, und müssen gucken, ob der Eimer Farbe dafür reicht.
> Dazu schauen wir, wie lang und wie hoch die Wand ist: 7,20 m · 2,30 m.
> Auf dem Farbeimer steht, dass die Farbe für 20 m² reicht. Wir rechnen 7,20 · 2,30 und gucken, ob es kleiner als 20 ist.
> Erst hatten wir 165,60 heraus – also reicht es nicht. Das kann nicht stimmen – so groß ist die Wand nicht. Die muss doch ungefähr so groß sein wie 7·2.
> Ich tippe es nochmal ein: 16,56.
> Das kann stimmen! Die Wand ist 16,56 m² groß – also reicht der Eimer und wir haben sogar noch Farbe übrig.

a) Lest den Text von Till und Merve und beschreibt euch gegenseitig, wie die beiden vorgegangen sind.

b) Ordne dem Text die P A D E K -Schritte zu. Warum wurden die P A D E K -Schritte nicht einfach der Reihe nach ausgeführt?

c) Bei welchen Schritten von P A D E K hilft dir der Taschenrechner? Warum hilft er bei den anderen Schritten nicht?

d) Vergleicht eure Antworten zu c). Übertragt sie in den Methodenspeicher.

8 Wie genau gibt man das Ergebnis an?

wiederholen

Wissensspeicher
Größen 6 (MB 4)

Oft zeigt der Taschenrechner im Ergebnis viele Stellen an, z. B. 10,2694. Dann hängt es von der Situation ab, wie genau man das Ergebnis angeben sollte.

a) Trage die Zahl 10,2694 auf dem Zahlenstrahl im Wissensspeicher ein.
   Begründe, auf welche Stelle man 10,2694 in den einzelnen Situationen sinnvoll rundet:
   (1) Preis in Euro
   (2) Preis in Cent
   (3) Größe eines Zimmers in Quadratmeter
   (4) Volumen eines Eimers in Liter
   (5) Gewicht eines Goldnuggets in Gramm
   (6) Gewicht eines LKW in Tonnen

▶ Materialblock S. 78
Wissensspeicher
Dezimalzahlen runden

b) Vergleicht eure Ergebnisse und übertragt sie dann in den Wissensspeicher.

Einen Raum renovieren – Mit Dezimalzahlen rechnen

Vertiefen 1   **Mit Dezimalzahlen multiplizieren**

Training

1 Multiplizieren im Bild darstellen

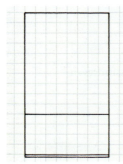

a) Zeichne zur Aufgabe 1,74 · 2,03 ein Bild so wie Ole in Aufgabe 1 auf Seite 130. Bestimme mit Hilfe des Bildes das Ergebnis der Aufgabe.

b) Ole hat zur Aufgabe 1,42 · 0,8 das Bild am Rand gezeichnet. Übertrage das Bild in dein Heft und färbe im Bild die Einer, Zehntel und Hundertstel bei den Zahlen 1,42 und 0,8 sowie beim Ergebnis. Bestimme mit Hilfe des Bildes das Ergebnis der Aufgabe.

Training

2 Multiplizieren mit System

a) Rechne im Kopf und setze die Päckchen fort. Erkläre jeweils die Regel.

(1)   0,23 · 10   (2)   0,23 · 10   (3)   1,56 · 2
       0,23 · 100   0,023 · 10   15,6 · 0,2
       0,23 · 1000   0,0023 · 10   156 · 0,02

b) Erfinde selbst drei Päckchen, bei denen eine ähnliche Idee dahinter steckt.

Training

3 Päckchen mit System

a) Rechne und setze die Päckchen mindestens drei Schritte fort.

(1)   1,5 · 5   (2)   0,6 · 1,2   (3)   0,2 · 0,01
       1,5 · 0,5   0,6 · 1,0   0,2 · 0,1
       …   …   …

b) Erfinde zwei weitere Päckchen mit ähnlichen Mustern.

c)  „Komisch, manchmal wird das Ergebnis größer und manchmal kleiner …"

Kannst du Merves Beobachtung erklären?

Training

4 Mal-Mauern mit Dezimalzahlen

Das Produkt zweier benachbarter Zahlen ergibt die Zahl im Stein darüber. Fülle die Zahlenmauern aus und erfinde selbst eine Zahlenmauer.

(1) 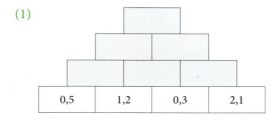   (2)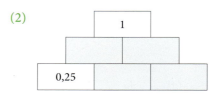

Vertiefen

Training

5 Fehlerteufel beim Multiplizieren

Tipp
Vielleicht hilft es dir auch, die Rechnungen zu überschlagen oder zu runden.

a) Bei den folgenden Aufgaben wurden Fehler gemacht.
Schreibe die Aufgaben ab. Markiere die Fehler und verbessere sie.

(1) $0{,}3 \cdot 0{,}2 = 0{,}6$ (2) $7 \cdot 1{,}5 = 7{,}35$ (3) $3{,}4 \cdot 3{,}2 = 12{,}8$ (4) $20 \cdot 0{,}4 = 0{,}80$

b) Wie würdest du den Fehler jeweils beschreiben (Einmaleinsfehler, Kommafehler, Nullfehler, …)?

Training

6 Rechnungen zu Bildern finden

a) Welches Bild gehört zu welcher Rechnung?
Woran kannst du das erkennen?

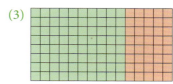

(A) $0{,}2 \cdot 0{,}6$ (B) $0{,}8 \cdot 1{,}5$ (C) $2{,}2 \cdot 1{,}3$

b) Löse die Aufgaben mit Hilfe der Bilder und zeichne das Malkreuz dazu.

c) Finde zwei eigene Beispiele mit Rechnung, Bild und Malkreuz.

Training

7 Multiplizieren im Baumarkt

a) Till, Ole, Pia und Merve haben Folgendes zum Streichen der Wände eingekauft:
- vier Eimer Farbe zu je 21,90 €
- zwei Farbroller zu je 1,90 €
- einen Pinsel zu je 2,79 €
- zwei Abdeckplanen zu je 1,40 €

Wie viel müssen sie insgesamt bezahlen?

b) Kleinteile wie Muttern, Unterlegscheiben und Schrauben werden nach Gewicht verkauft.
Wie viel muss man für 250 g bezahlen?

Kleinteile
100 g 0,56 €

Training

8 Multiplizieren auf verschiedenen Wegen

Rechne auf verschiedenen Wegen.
Nutze Oles Bild und Tills Malkreuz, wie in Aufgabe 1 auf Seite 130.

(1) $1{,}4 \cdot 7$ (2) $5 \cdot 0{,}8$ ⋮   (1) $1{,}4 \cdot 0{,}7$ (2) $0{,}1 \cdot 0{,}8$
(3) $3{,}4 \cdot 2$ (4) $1{,}5 \cdot 2{,}5$ ⋮   (3) $3{,}42 \cdot 0{,}2$ (4) $1{,}25 \cdot 2{,}25$

9 DIN-Flächeninhalte bestimmen

a) Miss die Längen von verschiedenen Papierblättern und bestimme jeweils den Flächeninhalt.
   (1) DIN-A3-Blatt
   (2) DIN-A4-Blatt
   (3) DIN-A5-Blatt
   (4) DIN-A6-Blatt

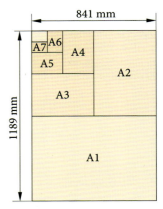

Problemlösen

b) ▪ Wievielmal größer ist der Flächeninhalt eines DIN-A4-Blattes als der Flächeninhalt eines DIN-A5-Blattes?
   ▪ Wievielmal größer ist der Flächeninhalt eines Blattes als der Flächeninhalt im nächsten Schritt?
   ▪ Was fällt dir auf?

c) Wie groß sind die Seitenlängen und der Flächeninhalt eines DIN-A0-Blattes?

Training

10 Fehlende Kommas beim Multiplizieren

a) Setze im Ergebnis das Komma an die richtige Stelle.
   (1) 4,1 · 6 = 246   4,15 · 0,66 = 27390
   (2) 6,12 · 3 = 1836   6,12 · 3,4 = 20808
   (3) 0,3 · 0,8 = 0240   0,35 · 0,82 = 2870
   (4) 4,1 · 0,03 = 0123   54,1 · 0,03 = 1623
   (5) 2,85 · 0,26 = 07410   1,04 · 0,41 = 4264

b) Findest du einen Trick, mit dem du alle Aufgaben lösen kannst? Beschreibe ihn.

c) Setze in den Aufgaben die Kommas an die richtigen Stellen.
   Es gibt manchmal mehrere Möglichkeiten, wie viele findest du jeweils?
   (1) 050 · 040 = 2,0   00500 · 00400 = 2,0
   (2) 060 · 050 = 0,3   00600 · 00500 = 0,03
   (3) 070 · 060 = 4,2   00700 · 00600 = 4,2
   (4) 025 · 050 = 1,25   00250 · 00500 = 1,25

Training

11 Multiplizieren mit Ziel

Übertrage die Kästchen mit den Rechenzeichen dreimal in dein Heft und trage die Ziffern 1, 3, 4, 7 so ein, dass …
   (1) ein möglichst großes Ergebnis entsteht.
   (2) ein möglichst kleines Ergebnis entsteht.
   (3) das Produkt genau 5,18 ergibt.

Kontrolliere jeweils, indem du die Aufgabe rechnest.

Vertiefen 2 — Dezimalzahlen dividieren

Training — **12 Dividieren mit System**

a) Rechne und setze die Päckchen fort, bis du das Ergebnis voraussagen kannst.
- (1) 460,28 : 10
  460,28 : 100
  …
- (2) 460,28 : 10
  4602,8 : 10
  …
- (3) 460,28 : 1
  46,028 : 0,1
  …

b) Bei welchem Päckchen bleibt das Ergebnis gleich?
Erkläre, warum das so ist.

c) Erfinde selbst ein Päckchen mit verschiedenen (ähnlichen) Aufgaben, die immer das gleiche Ergebnis haben.

Training — **13 Rechnungen zu Bildern finden**

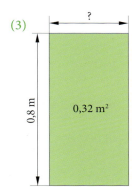

(3)

a) Welche Rechnungen passen zu den Bildern (1), (2) und (3)?

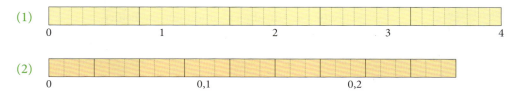

b) Erkläre, warum zur Division Streifenbilder wie (1) und (2) aber auch Rechteckbilder wie (3) passen.

Training — **14 Dividieren auf verschiedenen Wegen**

Rechne auf verschiedenen Wegen. Zeichne z. B. ein Bild und erstelle ein Malkreuz.
- (1) 1,2 : 0,6
- (2) 2,8 : 0,4
- (3) 4,84 : 0,04

Training — **15 Fehlende Kommas beim Dividieren**

a) Setze im Ergebnis das Komma an die richtige Stelle.
- (1) 0,4 : 5 = 00800
- (2) 0,21 : 7 = 00030
- (3) 3,5 : 0,5 = 000700
- (4) 8,0 : 0,2 = 0400

  0,4 : 0,05 = 00800
  0,21 : 0,7 = 00030
  0,36 : 0,3 = 0120
  0,630 : 0,090 = 0070

b) Arbeitet zu zweit und stellt euch gegenseitig Aufgaben wie in a).

c) Finde mehrere Möglichkeiten die fehlenden Kommas in den Aufgaben zu setzen.
- (1) 032 : 080 = 4,0
- (2) 049 : 070 = 0,7
- (3) 0025 : 005 = 0,05
- (4) 0250 : 0500 = 0,5

  00320 : 00800 = 4,0
  00490 : 00700 = 0,7
  00180 : 00300 = 6,0
  06300 : 00900 = 0,07

Einen Raum renovieren – Mit Dezimalzahlen rechnen

Training

16 Kleinere Zahl durch größere Zahl teilen

a) Setze die Päckchen jeweils 3 Schritte fort und berechne.

(1) 1 : 2 =
    1,4 : 2 =
    1,8 : 2 =

(2) 1 : 2 =
    1,1 : 2 =
    1,11 : 2 =

(3) 1,2 : 2 =
    1,2 : 20 =
    1,2 : 200 =

b) Schreibe drei verschiedene Divisionsaufgaben mit dem Ergebnis 0,4 auf.

c)

> Wenn ich eine kleinere Zahl durch eine größere Zahl teile, fängt das Ergebnis immer mit 0, ... an.

Was sagst du zu Tills Aussage?
Erkläre und nutze dazu die Ergebnisse der Päckchen bei Aufgabe a).

Training

17 Fehlerteufel beim Dividieren

Tipp
Vielleicht hilft es dir, die Rechnungen zu überschlagen oder zu runden.

a) Bei den folgenden Aufgaben wurden Fehler gemacht.
- Schreibe die Aufgaben ab und finde die Fehler.
- Markiere und verbessere die Fehler.

(1) 16 : 0,5 = 8

(2) 0,021 : 7 = 0,03

(3) 6,25 : 2,5 = 3,5

(4) 20,20 : 5 = 4,4

(5) 0,90 : 30 = 0,3

(6) 18,06 : 6 = 3,1

b) Wie würdest du die Fehler jeweils beschreiben (Einmaleinsfehler, Kommafehler, ...)?

18 Dividieren mit Ziel

Übertrage die Kästchen in dein Heft.
Trage die Ziffern 1, 3, 4, 7 so ein, dass ...
(1) ein möglichst großes Ergebnis entsteht.
(2) ein möglichst kleines Ergebnis entsteht,
(3) der Quotient genau 4,325 ergibt.

Übertrage die Kästchen in dein Heft.
Trage die Ziffern 1, 3, 5, 6, 9 so ein, dass ...
(1) ein möglichst großes Ergebnis entsteht.
(2) ein möglichst kleines Ergebnis entsteht,
(3) der Quotient genau 4,62 ergibt.

19 Wie viel zahlt jeder?

a) Eine Gruppe von sieben Freunden plant einen gemeinsamen Urlaub. Insgesamt müssen sie 635,60 € bezahlen. Wie viel zahlt jeder?

b) Denke dir eine Situation aus, bei der du im Alltag Dezimalzahlen dividieren musst.

Vertiefen 3   Überschlagen und Rechnen mit Dezimalzahlen

20 Komma setzen

a) Berechne und setze das Komma, indem du die Rechnung überschlägst.
- (1) $0{,}9 \cdot 3 =$ ⋮ $0{,}9 \cdot 0{,}03 =$
- (2) $1{,}4 : 0{,}7 =$ ⋮ $0{,}14 : 0{,}7 =$
- (3) $1{,}5 \cdot 0{,}4 =$ ⋮ $1{,}5 \cdot 0{,}84 =$
- (4) $30{,}6 : 6 =$ ⋮ $3{,}6 : 0{,}6 =$

b) Wähle dir zwei der Rechnungen aus und verändere sie, indem du die Kommas verschiebst. Dabei soll das Ergebnis aber gleich bleiben.

21 Fehler finden

a) Finde den Fehler, indem du die Rechnung überschlägst.
- (1) $0{,}6 : 3 = 2$ ⋮ $0{,}6 : 0{,}03 = 0{,}02$
- (2) $0{,}8 \cdot 0{,}9 = 0{,}072$ ⋮ $0{,}08 \cdot 0{,}09 = 0{,}072$
- (3) $4{,}5 \cdot 0{,}15 = 67{,}50$ ⋮ $4{,}5 : 0{,}15 = 0{,}3$
- (4) $1{,}2 \cdot 1{,}2 = 1440$ ⋮ $0{,}12 \cdot 1{,}2 = 1{,}44$

b) Denke dir selbst solche Fehleraufgaben aus, bei denen das Komma im Ergebnis falsch gesetzt ist.

22 Wie viel sind [9] Cent?

Benzinpreise werden in Cent pro Liter angegeben.

a) Wofür steht die [9] in 153[9]?
Was meinst du: Warum wird [9] Cent so geschrieben?

b) ▪ Wie viel Liter von welchem Kraftstoff erhält man für 50 €?
▪ Wie viel muss man für 40 Liter bei den verschiedenen Kraftstoffen zahlen?

c) Eine Tankstelle im Nachbarort bietet den Liter Super für 155[9] an.
Berechne, wie viel weniger (als in b)) man dort für 40 Liter Super bezahlt.

Training

23 Aufgaben finden

a) Finde eine Multiplikations- und eine Divisionsaufgabe, sodass du die angegebenen Zahlen als Ergebnisse erhältst.
- (1) 0,08   (2) 1,4   (3) 2,34
- (4) 0,075   (5) 0,75   (6) 12,68

b) Tauscht die Aufgaben untereinander und überprüft die Ergebnisse.

Einen Raum renovieren – Mit Dezimalzahlen rechnen

Problemlösen

24 Messen und Rechnen

a) Notiere, wie du gemessen und wie du gerechnet hast.
   Runde deine Ergebnisse sinnvoll.
   (1) Wie dick ist eine Seite deines Mathematikbuches?
   (2) Wie viele Centstücke nebeneinander sind so lang wie ein Meter?
   (3) Wie viele Centstücke übereinander sind so hoch wie ein Meter?
   (4) Wie lang dauert ein Wimpernschlag?
   (5) Wie schwer ist eine Spielfigur?

b) Findet selbst solche Aufgaben zum Messen und Rechnen.
   Tauscht eure Aufgaben untereinander aus und versucht sie zu lösen.

25 Lohnt sich das?

a) Hannah wohnt in Stuttgart.
   Sie fährt mit der U-Bahn zur Schule.
   Eine Einzelfahrt kostet 1,95 €.
   Eine Schülermonatskarte kostet
   37,80 €.
   Lohnt es sich für Hannah, eine
   Monatskarte zu kaufen?
   Überschlage und begründe
   deine Antwort.

b) In Freiburg kostet die Einzelfahrt 1,30 € für Kinder bis 14 Jahre und eine Regio-Monatskarte für Schüler 34 €. Außerdem gibt es eine Jahreskarte für 446,50 €.
   Für welche Schüler könnte welches Angebot interessant sein? Überschlage.

c) Vergleiche die Angebote für deine Stadt.
   Was lohnt sich für welche Schüler? Überschlage.

26 Tapetenbedarf bestimmen

Eine Wand ist 2,40 m hoch und 4,20 m
breit und soll tapeziert werden. Tapeten
mit Muster gibt es in Rollen zu kaufen,
die 53 cm breit und 10,05 m lang sind.

a) Zeichne eine Skizze von der Wand.
   Plane eine Tür ein.

b) Wie viele Tapetenrollen brauchst du?

c) Eine Rolle Tapete kostet 19,98 €.
   Der Tapetenkleister kostet 5,80 €
   und reicht für fünf Rollen.
   Du kannst für die Berechnungen
   den Taschenrechner benutzen.

Vertiefen

Vertiefen 4   Mit gemischten Brüchen arbeiten

Training

27 Gemischte Brüche auf dem Zahlenstrahl eintragen

a) Zeichne einen Zahlenstrahl in dein Heft. Beschrifte ihn von 0 bis 8.
Trage auf dem Zahlenstrahl die Ergebnisse der folgenden Aufgaben ein.

(1) $1\frac{1}{2} + 2\frac{1}{2}$ (2) $2\frac{1}{4} + 3\frac{3}{4}$ (3) $2\frac{3}{10} + 1\frac{1}{5}$

b) Gib alle Zahlen und die Ergebnisse bei a) als Dezimalzahlen an.
Führe die Reihe jeweils um einige Schritte fort.

Training

28 Gemischte Brüche multiplizieren und dividieren

Zutaten für 12 Beerenmuffins:
$1\frac{1}{3}$ Tasse Mehl, 1 Teelöffel Backpulver,
1 Tasse Haferflocken, $\frac{1}{4}$ Tasse Zucker,
$\frac{1}{2}$ Teelöffel Zimt, 1 Tasse Milch,
1 verquirltes Ei, 3 Teelöffel Pflanzenöl,
$2\frac{1}{2}$ Tassen frische Beeren

Hinweis: 1 Tasse entspricht etwa 200 ml.
             1 Teelöffel entspricht etwa 5 ml.

a) Wie viel von jeder Zutat benötigst du
für 6 Muffins?
Schreibe das Rezept um.

b) Berechne die Menge an Zutaten
für 30 Muffins.

Training

29 Magisches Quadrat mit gemischten Brüchen

Übertrage das magische Quadrat in dein Heft und fülle
die Lücken.
Die Summe in jeder Zeile, Spalte und den Diagonalen soll
immer gleich groß sein.

$2\frac{1}{4}$	$\frac{1}{2}$	
	$1\frac{1}{2}$	
		$\frac{3}{4}$

30 Gemischte Brüche würfeln

Bei diesem Spiel für zwei bis vier Personen werden besonders große oder besonders
kleine gemischte Brüche durch Würfelzahlen gebildet.

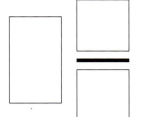

Spielregeln:
- Jeder zeichnet die 3 Kästchen mit dem Bruchstrich in sein Heft.
- Einigt euch, ob die größte Zahl oder die kleinste Zahl gewinnen soll.
- Mit einem Würfel wird reihum gewürfelt.
Die gewürfelte Zahl wird sofort in eines der drei Kästchen eingetragen.
- Nach drei Runden hat jeder seine gemischte Zahl aufgeschrieben.
Die Zahlen werden verglichen:
Variante 1: Wer die größte Zahl hat, bekommt einen Punkt.
Variante 2: Wer die kleinste Zahl hat, bekommt einen Punkt.
- Wer am Schluss die meisten Punkte hat, hat gewonnen.

Einen Raum renovieren – Mit Dezimalzahlen rechnen

Checkliste Einen Raum renovieren – Mit Dezimalzahlen rechnen

Ich kann ... Ich kenne ...	Hier kann ich üben ...
Ich kann zwei Dezimalzahlen multiplizieren. Berechne im Kopf. (1) 1,5 · 0,3 (2) 0,7 · 0,2	S. 134 Nr. 1–4 S. 135 Nr. 5
Ich kann die Multiplikation zweier Dezimalzahlen an einem Bild und an einem Malkreuz erläutern. ■ Zeichne zur Multiplikationsaufgabe 3,8 · 0,4 ein Bild und gib das Ergebnis der Aufgabe an. ■ Fülle das nebenstehende Malkreuz und erkläre daran das Ergebnis zu 1,1 · 1,4.	S. 135 Nr. 6, 8
Ich kann bei Aufgaben in Texten erklären, ob ich multiplizieren oder dividieren muss, und kann die Aufgaben dann lösen. ■ Wie groß ist eine Rasenfläche, wenn sie 12,5 m lang und 9,8 m breit ist? ■ Eine Wand eines Zimmers soll tapeziert werden, sie ist 3,60 m breit. Wie viele Tapetenbahnen sind erforderlich, wenn eine Bahn 0,5 m breit ist?	S. 135 Nr. 7 S. 136 Nr. 9 S. 138 Nr. 19 S. 139 Nr. 22 S. 140 Nr. 24–26
Ich kann zwei einfache Dezimalzahlen schriftlich multiplizieren oder schriftlich dividieren. Rechne schriftlich. (1) 2,48 : 0,4 (2) 3,8 · 0,4	S. 136 Nr. 9 S. 138 Nr. 16–19 S. 139 Nr. 23 S. 140 Nr. 24–26
Ich kann abschätzen, wie groß das Ergebnis beim Multiplizieren oder Dividieren zweier Dezimalzahlen ungefähr ist. Runde die Zahlen und gib das Ergebnis ungefähr an. (1) 2,48 : 1,2 (2) 13,2 · 1,3	S. 139 Nr. 20, 21
Ich kann erkennen, wann die Division von Dezimalzahlen mit gleichen Ziffern zum gleichen Ergebnis führt. Welche der folgenden Rechnungen haben das gleiche Ergebnis? (1) 8,4 : 2,1 (2) 84 : 2,1 (3) 84 : 21 (4) 0,84 : 0,21 (5) 840 : 210	S. 137 Nr. 15
Ich kann mit meinem Taschenrechner Dezimalzahlen multiplizieren und dividieren und kann das Ergebnis überschlagen, um zu prüfen, ob es richtig sein kann. Rechne mit deinem Taschenrechner und überschlage, ob das Ergebnis richtig sein kann: (1) 3456,78 · 12,345 (2) 8,4019 : 21,0007	S. 140 Nr. 26
Ich kann mit gemischten Brüchen rechnen, indem ich sie in Dezimalzahlen umwandle und dann rechne. Schreibe die Zahlen und Ergebnisse als Dezimalzahlen. (1) $2\frac{1}{4} + 3\frac{1}{2}$ (2) $2\frac{3}{4} - 1\frac{1}{4}$ (3) $2\frac{1}{4} \cdot 3$ (4) $1\frac{1}{4} : 5$	S. 141 Nr. 27–29

Malkreuz:

	1	0,4
1		
0,1		

▶ **Hinweis:** Im Materialblock auf Seite 81 findest du diese Checkliste für deine Selbsteinschätzung. Zusätzliche Übungsaufgaben findest du im Internet unter www 142-1. (www.cornelsen.de/mathewerkstatt, Buchkennung: MWS040235, Mediencode: 142-1)

Kinder weltweit – Anteile von Anteilen verstehen

In diesem Kapitel …

▶ erfährst du, wie Anteile helfen, ein Bild vom Leben der Kinder weltweit zu bekommen.

▶ lernst du, warum es bei Anteilen darauf ankommt, was das Ganze ist.

▶ berechnest du Anteile von Anteilen und von Mengen.

▶ lernst du, Brüche zu multiplizieren und was man sich darunter vorstellen kann.

Einstieg

Kinder weltweit – Anteile von Anteilen verstehen

Erkunden A

Auftrag
Informiert euch über das Leben in Entwicklungsländern.
ωωω 146-1

Warum kommt es bei Anteilen auf das Ganze an?

1 Das Leben der Kinder im Tschad

Der Tschad ist ein sehr armes Land in Afrika.
Kaltuma lebt im Tschad und wird von einer deutschen
Paten-Familie mit Geld unterstützt.
Sie hat einen Brief an die deutsche Familie geschrieben.

> Liebe Familie Kiefer,
> heute schicke ich euch ein Foto aus meiner Schule.
> Meine Schwester Zanussi ist jetzt in der 3. Klasse, dort sind 40 Kinder.
> $\frac{2}{5}$ von ihnen gehen übernächstes Jahr nicht mehr zur Schule. Sie müssen arbeiten, um genug Essen zu bekommen.
> In meiner Klasse sind 48 Kinder. Davon haben schon $\frac{3}{8}$ ein Geschwisterkind kurz nach der Geburt verloren.
> Alle Kinder meiner Klasse würden gerne einmal Europa besuchen. Aber nur ein Viertel der Kinder würden gerne in Europa leben, wir lieben unser Dorf.
> Viele Grüße und danke für eure Unterstützung   Kaltuma

a) Warum müssen viele Kinder im Tschad die Schule schon vor der 5. Klasse verlassen?

b) Kaltuma schreibt, dass $\frac{2}{5}$ von 40 Kindern die Schule vor der 5. Klasse verlassen müssen. Wie viele Kinder sind das?

c) Merve überlegt, wie viel $\frac{2}{5}$ von 40 sind, indem sie 40 Plättchen gleichmäßig auf einem großen 5er-Bruchstreifen verteilt. Zeichne einen Bruchstreifen und erkläre, wie Merve vorgehen kann.

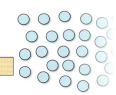

d) Ole zeichnet einen Zahlenstrahl, um das Ganze, den Teil und den Anteil einzutragen.
- Übertrage den Zahlenstrahl ins Heft.
- Wo würde Ole $\frac{2}{5}$ von 40 eintragen? Was würde er darüber schreiben?
- Beschrifte alle Striche doppelt, auch den Strich bei 40 und bei 0.

$\frac{1}{5}$ von 40

e) Bestimme mit den Wegen von Merve oder Ole:
- Wie viele Kinder aus Kaltumas Klasse wollen Europa besuchen?
- Wie viele davon würden gern in Europa leben ($\frac{1}{4}$ von 48)?
- Wie viele haben schon ein Geschwisterkind verloren ($\frac{3}{8}$ von 48)?

f) $\frac{46}{100}$ aller Menschen im Tschad sind Kinder.
- Wie viele Kinder sind das ungefähr in Kaltumas Dorf mit 200 Einwohnern?
- Wie viele Kinder sind das im ganzen Land mit 10 Millionen Menschen?

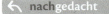

g) Warum kann in f) der Teil zu dem Anteil $\frac{46}{100}$ so unterschiedlich groß sein?

Erkunden

2 Kinderanteil in Entwicklungs- und Industrieländern

Industrieländer
Entwicklungsländer (je dunkler, desto ärmer)

Weltbevölkerung

Auf der Erde leben etwa 7,2 Milliarden Menschen.

Davon leben $\frac{1}{6}$ in Industrieländern.

Davon wiederum sind $\frac{1}{6}$ Kinder, also unter 15 Jahren.

$\frac{5}{6}$ aller Menschen leben in Entwicklungsländern, davon sind $\frac{1}{3}$ Kinder.

▶ Materialblock S. 86
Arbeitsmaterial
Kinder in Entwicklungsländern

a) Lies den Text oben nochmals aufmerksam durch.
Schreibe die Informationen aus dem Text in deinen Worten auf.

b) Ole zeichnet sich ein Bild, um den Text besser zu verstehen.
Er geht dabei schrittweise vor.

- Erkläre für jeden Schritt, was Ole gezeichnet hat.
- Für welche Gruppe von Menschen stehen die einzelnen Farben?

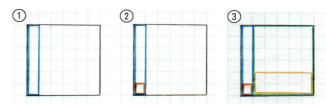

- Zeichne Oles Bild ins Heft und färbe die Fläche, die für alle Kinder der Welt steht.

Es kommt zweimal ein Sechstel vor. Die beiden Sechstel sind aber unterschiedlich groß.

c)
- Welche beiden Stellen im Text oben meint Ole, wo er zweimal ein Sechstel gefunden hat?
- Wie hat er die beiden Sechstel in seinem Bild dargestellt?
- Warum sind die Sechstel unterschiedlich groß?

d)

Habe ich das richtig verstanden, ein Sechstel aller Menschen sind Kinder in Industrieländern?

Nein, das kann nicht stimmen. Schau mal dieses Bild an.

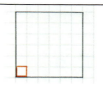

Was meint Ole mit seinem Bild?
Hat Merve mit ihrer Aussage Recht? Begründe.

e) Überprüfe so wie Ole in d), ob die folgenden Aussagen stimmen können.

(1) $\frac{5}{6}$ aller Menschen in den Industrieländern sind keine Kinder.

(2) $\frac{10}{36}$ aller Menschen auf der Welt sind Kinder aus Entwicklungsländern.

(3) $\frac{1}{3}$ aller Kinder lebt in Entwicklungsländern.

Ergänze jeweils, welche Gruppe das Ganze bildet, welche Gruppe ein Teil davon ist.

 f) Warum kommt es auf das Ganze an, wenn man einen Anteil bestimmen will?

Erkunden B — Wie kann ich Anteile von Anteilen bestimmen?

3 Schulbesuch in armen Ländern

Nicht nur im Tschad, sondern in vielen ärmeren Ländern können die Kinder nur wenige Jahre zur Schule gehen. Sie lernen deshalb nicht gut lesen, schreiben und rechnen.

a) Was bedeutet es, wenn man nicht gut lesen, schreiben und rechnen kann? Welchen Beruf kann man ohne Lesen und Schreiben später ausüben?

b) Lies den folgenden Zeitungsartikel:

> **Schulbesuche im Vergleich**
>
> Im **Tschad** muss ungefähr die Hälfte aller sechsjährigen Kinder arbeiten.
> Die andere Hälfte geht in die Schule und besucht die 1. Klasse.
> Von diesen Kindern bleiben nur $\frac{1}{4}$ bis zur 5. Klasse in der Schule.
> In **Indien** dagegen gehen $\frac{9}{10}$ aller Sechsjährigen in die 1. Klasse, davon erreichen $\frac{2}{3}$ die 5. Klasse.

Finde heraus, welcher Anteil der Kinder eines Jahrgangs im Tschad bis zur 5. Klasse zur Schule geht.
Zeichne dazu ein Bild, das die Anteile aus dem Artikel darstellt.
Erkläre anhand deiner Zeichnung.

c) Bestimme auch für Indien den Anteil der Kinder eines Jahrgangs, die bis zur 5. Klasse zur Schule gehen.
Zeichne auch hierzu wieder ein Bild.

← nachgedacht

d) Schaut euch zu zweit eure Bilder aus b) und c) an.
- Beschreibt euch gegenseitig, wie ihr gezeichnet habt.
- Erklärt euch auch, wie ihr mit dem Bild herausgefunden habt, wie groß der Anteil vom ursprünglichen Ganzen ist.

→ weitergedacht

e) Vergleiche Indien und den Tschad:
In welchem Land ist der Anteil der Kinder größer, die einen Beruf ausüben können, bei dem sie lesen, schreiben und rechnen müssen?

Erkläre anhand deiner Zeichnungen.

Was bedeutet das für eine Firma in diesen Ländern?

Erkunden

4 Anteile von Anteilen durch Falten bestimmen

Merve hatte eine Idee, wie man $\frac{1}{3}$ von $\frac{1}{4}$ auch ohne Zeichnen bestimmen kann:
Sie faltet ein Blatt Papier so, dass es zur Aufgabe passt.

Die folgenden Fotos zeigen Schritt für Schritt ihr Vorgehen.

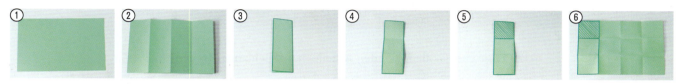

Hinweis
Es genügt, wenn du nur ungefähr faltest.
Die Maße müssen nicht exakt stimmen.

a) ▪ Welchen Anteil hat Merve in Schritt 2 und 3 gefaltet und dann eingerahmt?
▪ Welchen Anteil hat Merve in Schritt 4 und 5 gefaltet und dann schraffiert?
▪ Im Schritt 6 ist alles ausgeklappt. Welcher Anteil vom ganzen Blatt ist schraffiert?
▪ Welche Aufgabe und welche Lösung sind an dem Blatt zu erkennen?

b) Falte wie Merve andere Anteile von Anteilen, z. B. $\frac{1}{2}$ von $\frac{1}{3}$ oder $\frac{1}{4}$ von $\frac{1}{8}$.
Welchem Anteil vom Ganzen entsprechen die gefalteten Teile jeweils?

c) Kannst du auch ohne Falten herausfinden, welcher Anteil am Ganzen sich ergibt, wenn man Anteile von Anteilen bildet?
Probiere deinen Weg an mehreren Beispielen aus und überprüfe durch Falten.

Jetzt kenne ich das Muster und muss nicht mehr falten.

d) Faltet nun auch andere Anteile von Anteilen wie $\frac{2}{3}$ von $\frac{3}{4}$ oder $\frac{4}{5}$ von $\frac{2}{7}$.
Findet ihr auch hier einen einfachen Weg, um den Anteil zu bestimmen?

5 Anteile würfeln

Bei diesem Spiel bestimmen die Würfel, welche Aufgabe gelöst werden soll.
Gespielt wird zu zweit mit ein oder zwei Würfeln. Alle benötigen Stift und Zettel.

Hinweis
Wenn ihr keine Würfel habt, dann erstellt euch Lose mit den Zahlen 1 bis 6.

Spielregeln:
▪ Jeder würfelt zwei Zahlen:
Die kleinere Augenzahl wird der Zähler, die größere der Nenner des Bruchs.
Die Zahlen können auch gleich groß sein, z. B. $\frac{3}{3}$.
▪ Zusammen ergeben eure beiden Brüche eine Aufgabe, z. B. $\frac{5}{6}$ von $\frac{2}{3}$.
▪ Beide lösen die Aufgabe.
Ihr könnt falten, zeichnen oder nur überlegen.
▪ Wer den Anteil vom Anteil richtig bestimmt hat, bekommt einen Punkt.

Erster Spieler: $\frac{5}{6}$

Zweiter Spieler: $\frac{2}{3}$

Zusammen: $\frac{5}{6}$ von $\frac{2}{3}$

a) (1) Spielt einige Runden ohne Zeitvorgabe. Wer die meisten Punkte hat, gewinnt.
(2) Wenn ihr euch sicher fühlt, könnt ihr auf Zeit spielen:
Einen Punkt bekommt dann nur der, der zuerst den richtigen Anteil bestimmt hat.

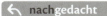

b) Vergleicht eure Wege. Habt ihr ähnlich wie Pia in Aufgabe 4 ein Muster gefunden, wie man den Anteil vom Anteil berechnen kann?

Kinder weltweit – Anteile von Anteilen verstehen

Ordnen A Warum kommt es bei Anteilen auf das Ganze an?

1 Anteile in Streifen und am Zahlenstrahl darstellen

🔁 **wiederholen**
Wissensspeicher
aus vorigen Schuljahren:
Brüche 1

a) Erinnere dich: Anteile zeigen die Beziehung zwischen einem Teil und einem Ganzen. Welchen Anteil hat zum Beispiel der rote Teil an dem ganzen Streifen?

b) Zeichne ebenso die folgenden Anteile in 6 gleichlange Streifen ein:
$\frac{1}{6}$ $\frac{2}{6}$ $\frac{3}{6}$ $\frac{4}{6}$ $\frac{5}{6}$ $\frac{6}{6}$

c) Man muss nicht immer die einzelnen Teile farbig ausmalen.
Es reicht auch aus, einen Zahlenstrahl zu zeichnen und dort die einzelnen Stellen zu markieren, wo die Anteile enden.
Für den Anteil bei a) würde das z. B. so aussehen:

Schreibe an die passenden Stellen in einem 10er-Streifen und einem Zahlenstrahl:
$\frac{3}{10}$ $\frac{4}{10}$ $\frac{5}{10}$ 40 % 60 % 80 % 100 %

d) Vergleicht eure Ergebnisse.

2 Gleicher Anteil, aber verschiedene Ganze

Wenn man den Anteil und das Ganze kennt, kann man mit dem Bruchstreifen, am Zahlenstrahl oder durch Rechnen den Teil des Ganzen bestimmen.

a) ▪ Zeichne einen großen 3er-Bruchstreifen ins Heft.
Verteile darauf gleichmäßig 6 Punkte.
Lies nun ab, wie viel $\frac{2}{3}$ von 6 sind.
▪ Bestimme auf diesem Weg auch $\frac{2}{3}$ von 12 und $\frac{2}{3}$ von 18.

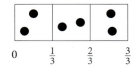

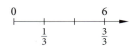

b) ▪ Zeichne einen Zahlenstrahl ins Heft. Teile ihn in drei gleiche Teile, wie im Bild. Beschrifte alle Striche unten mit Brüchen und oben mit dem Ganzen und den Teilen.
Lies nun ab, wie viel $\frac{2}{3}$ von 6 sind.
▪ Bestimme auf diesem Weg auch $\frac{2}{3}$ von 12 und $\frac{2}{3}$ von 18.

c) Till berechnet $\frac{2}{3}$ von 6 ohne Bild.
Führe seine Rechnung fort.
Bestimme auf diesem Weg auch
$\frac{2}{3}$ von 12 und $\frac{2}{3}$ von 18.

> Erst die einfachere Aufgabe: $\frac{1}{3}$ von 6 sind 2.
> $\frac{2}{3}$ von 6 sind dann …

d) Bestimme mit allen drei Wegen $\frac{7}{8}$ von 16 und $\frac{7}{8}$ von 40 und erkläre dein Vorgehen.
Erkläre auch, warum der gleiche Anteil verschieden groß sein kann.

▶ Materialblock S. 83
Wissensspeicher
Anteile in Bezug zum Ganzen

e) Vergleicht eure Lösungen und übertragt sie dann in den Wissensspeicher.

3 Gleicher Teil aber verschiedene Ganze

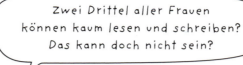

Fehlende Bildung bei Frauen

Laut UNESCO-Weltbildungsbericht können weltweit ein Sechstel aller Erwachsenen kaum lesen und schreiben. Davon sind zwei Drittel Frauen. „Leute, die nicht lesen und schreiben können, sind lebenslang benachteiligt.", sagte der Generalsekretär der Deutschen UNESCO-Kommission. „Vor allem Frauen und Mädchen müssen stärker gefördert werden."

a) Ole und Pia zeichnen ein Bild, um die Statistik zu verstehen. Erkläre, wie das Bild zu dem Text passt.

b) Den Teil der Frauen, die kaum lesen und schreiben können, kann man auf verschiedene Ganze beziehen.
- Welcher Text passt zu welchem Bild und zu welchem Bruch?
- Welcher der drei Texte passt zum Bruch $\frac{2}{3}$?

① Der Anteil der Frauen, die kaum lesen und schreiben können, an allen Erwachsenden weltweit ist …

② Der Anteil der Frauen, die kaum lesen und schreiben können, an allen Erwachsenen, die nicht lesen können, ist …

③ Der Anteil der Frauen, die kaum lesen und schreiben können, an allen Frauen ist …

   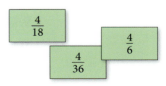

c) Erkläre Ole, warum er den Text oben falsch verstanden hat, wenn er sagt, zwei Drittel aller Frauen können kaum lesen und schreiben.

▶ Materialblock S. 83
Wissensspeicher
Anteile in Bezug zum Ganzen

d) Begründe, warum es wichtig ist zu wissen, auf welches Ganze sich ein Anteil bezieht.

e) Vergleicht eure Ergebnisse aus b) und übertragt sie in den Wissensspeicher.

Kinder weltweit – Anteile von Anteilen verstehen

Ordnen B — Wie kann man Anteile von Anteilen bestimmen?

4 Anteile von Anteilen bilden

In Aufgabe 3 auf Seite 151 wurde zuerst ein Anteil betrachtet:
„$\frac{1}{6}$ aller Erwachsenen können kaum lesen und schreiben."
Und davon wurde nochmals ein Anteil gebildet: „Davon sind $\frac{2}{3}$ Frauen."

a) Auch die folgenden Bilder beschreiben einen Anteil vom Anteil.

Erkläre die Bilder von links nach rechts.
Erkläre Till, bei welchem Ganzen der rote Teil $\frac{2}{5}$ und bei welchem $\frac{2}{20}$ ist.

b) Zeichne wie bei a) $\frac{2}{4}$ von $\frac{3}{5}$ in ein Rechteck, das 4 Kästchen breit und 5 Kästchen hoch ist.
Welchen Anteil hat der zuletzt gezeichnete Teil am ersten Ganzen?

c) Vergleicht eure Lösungen aus a) und übertragt sie dann in den Wissensspeicher.

▶ Materialblock S. 84
Wissensspeicher
Anteile von Anteilen bestimmen

5 Anteile von Anteilen – mit und ohne Rechteckbild

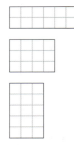

Um herauszufinden, wie man Anteile von Anteilen auch ohne Rechteckbild bestimmen kann, sollte man verstehen, wie die Rechteckbilder aufgebaut sind.

a) ■ Schau dir die drei Rechtecke am Rand genau an und begründe,
welches davon am besten geeignet ist, um Fünftel und Drittel einzuzeichnen.
■ Übertrage das passende Rechteck in dein Heft und zeichne $\frac{4}{5}$ von $\frac{2}{3}$ ein.
■ Zähle die Kästchen: Wie groß ist $\frac{4}{5}$ von $\frac{2}{3}$, bezogen auf das ganze Rechteck?

b) Um eine allgemeine Regel zu finden, wie man Anteile von Anteilen ohne Bilder bestimmen kann, überlege Folgendes:

■ Wie viele Kästchen hat dein Rechteck aus a)?
Was hat diese Zahl mit den Brüchen $\frac{4}{5}$ und $\frac{2}{3}$ zu tun?
Wo findest du diese Zahl im Ergebnis-Bruch aus a)?

■ Wie viele Kästchen hast du bei a) markiert?
Was hat diese Zahl mit den Brüchen $\frac{4}{5}$ und $\frac{2}{3}$ zu tun?
Wo findest du diese Zahl im Ergebnis-Bruch aus a)?

Übertrage diese Überlegungen auf $\frac{2}{7}$ von $\frac{4}{5}$.
Prüfe, ob du auch hier mit und ohne Bild das gleiche Ergebnis erhältst.

▶ Materialblock S. 84
Wissensspeicher
Anteile von Anteilen bestimmen

c) Vergleicht eure Lösungen und füllt dann den Wissensspeicher.

Ordnen

6 Brüche multiplizieren

Ist eigentlich $\frac{3}{5}$ von $\frac{1}{2}$ das Gleiche wie $\frac{3}{5} \cdot \frac{1}{2}$?

a)
- Zeichne wie in Aufgabe 4 ein Anteil-vom-Anteil-Bild zu $\frac{3}{5}$ von $\frac{1}{2}$.
- Wie groß ist der Anteil am ganzen Rechteck?
- Überprüfe dein Ergebnis mit einer Rechnung wie in Aufgabe 5.

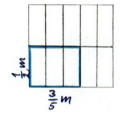

b) Ole hat in ein Quadrat mit der Seitenlänge 1 m ein Rechteck mit $\frac{3}{5}$ m Breite und $\frac{1}{2}$ m Höhe eingezeichnet.
- Welchen Anteil hat die Fläche dieses Rechtecks an der Fläche des Quadrats?
- Erinnere dich: Wie kann man den Flächeninhalt des Rechtecks berechnen? Gib den Flächeninhalt in Quadratmeter an und vergleiche mit dem Anteil.

▶ Materialblock S. 84
Wissensspeicher
Anteile von Anteilen bestimmen

c) Nutze den Vergleich aus b) und beantworte damit Pias Frage.

d) Vergleicht eure Ergebnisse und übertragt sie in den Wissensspeicher.

7 Bilder und Situationen für das Multiplizieren

▶ Materialblock S. 87
Arbeitsmaterial
Bilder und Situationen für das Multiplizieren

a) Wie stellst du dir die Multiplikation $4 \cdot 3$ vor? Finde ein Bild oder eine Situation.

b) Erkläre, welche der Situationen und Bilder zur Multiplikation $3 \cdot 5$ passen.

c) Wie stellst du dir die Multiplikation $\frac{2}{3} \cdot \frac{3}{4}$ vor? Finde ein Bild oder eine Situation.

d) Erkläre, welche der folgenden Situationen und Bilder zur Multiplikation $\frac{2}{3} \cdot \frac{3}{4}$ passen.

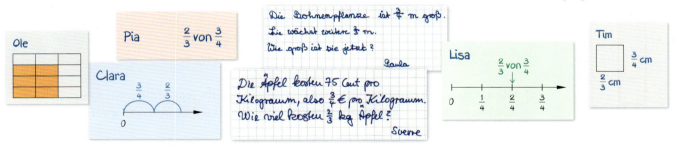

▶ Materialblock S. 85
Wissensspeicher
Brüche multiplizieren

e) Vergleicht eure Ergebnisse aus a) bis d) und übertragt sie in den Wissensspeicher. Streicht durch, was nicht passt, und ergänzt die eigene Vorstellung, wenn sie richtig ist.

f) Vergleiche die Bilder für natürliche Zahlen mit denen für Brüche: Was ist anders, was ist ähnlich?
Was hat die Multiplikation von Brüchen mit den Anteilen von Anteilen zu tun?

Kinder weltweit – Anteile von Anteilen verstehen

Vertiefen 1 — Anteile und Teile verstehen und bestimmen

Training

1 Anteile und Teile auf dem Bruchstreifen und dem Zahlenstrahl

a) Zeichne einen 12 cm langen Bruchstreifen oder Zahlenstrahl, beschriftet von 0 bis 12. Markiere die drei folgenden Anteile und bestimme die zugehörigen Teile:

(1) $\frac{1}{3}$ von 12   (2) $\frac{5}{12}$ von 12   (3) $\frac{5}{6}$ von 12

b) Zeichne drei 10 cm lange Bruchstreifen oder Zahlenstrahlen und überlege jeweils, wie du sie beschriftest. Markiere die folgenden Anteile und berechne die Teile:

(1) $\frac{1}{5}$ von 20   (2) $\frac{1}{5}$ von 40   (3) $\frac{8}{10}$ von 50

$\frac{2}{5}$ von 20 $\frac{2}{5}$ von 40 $\frac{9}{10}$ von 50

$\frac{3}{5}$ von 20 $\frac{3}{5}$ von 40 $\frac{10}{10}$ von 50

2 Fairer Handel?

Wer bekommt was vom Sportschuh?

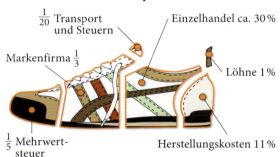

a) Viele Firmen produzieren im Ausland, um Lohnkosten zu sparen. Erkläre, was die Grafik zeigt.

b) Bestimme die Löhne der Arbeiterinnen in Vietnam, den Gewinn der Markenfirma und den Gewinn des Einzelhandels für drei Preise von Schuhen:
(1) 90 €   (2) 36 €   (3) 15 €

c) Wie wären die Anteile deiner Meinung nach gerechter verteilt? Erarbeite einen Vorschlag. Worauf musst du dabei achten?

3 Kinder auf der Flucht

Flüchtlinge weltweit

Laut einem Bericht der UNO sind weltweit etwa 40 Mio. Menschen auf der Flucht vor Krieg und Vertreibung. Die Hälfte der Flüchtlinge sind Kinder unter 18 Jahren, etwa 10 % der Flüchtlinge sogar unter fünf Jahren.

a) Ole hat zu dem Bericht der UNO ein Bild gezeichnet, für jede Million ein Kästchen. Zeichne es ab und beschrifte die Gruppen. Welcher Anteil ist überraschend?

b) Wie viele Millionen Kinder sind auf der Flucht? Wie viele sind davon unter 5 Jahren?

c) Bestimme den Anteil der flüchtenden Kinder an allen Kindern auf der Welt (ca. 2000 Millionen). Jedes wievielte Kind auf der Welt muss flüchten?

d) Welcher Anteil an den flüchtenden Kindern ist zwischen 5 und 18 Jahre alt? Welcher Anteil an den Flüchtlingen insgesamt ist zwischen 5 und 18 Jahre alt?

Tipp
Überlege jeweils, was das Ganze und was der Teil ist.

Tipp
Nutze das Bild.

Vertiefen

Training

4 Klassengrößen

In vielen Ländern können Kinder höchstens vier Jahre zur Schule gehen.
In Angola z. B. können im Durchschnitt 12 Kinder einer Klasse nicht die 5. Klasse besuchen. Das sind $\frac{1}{3}$ der Kinder einer dort üblichen Klasse.
Bestimme die Klassengrößen für die vier Länder in der Tabelle und erkläre deine Rechnung mit einem Bild.

		Anteil an der Klasse	Teil: Anzahl der Kinder	Ganze Klasse
(1)	Angola	$\frac{1}{3}$	12	36
(2)	Mali	$\frac{1}{4}$	12	
(3)	Niger	$\frac{3}{10}$	12	
(4)	Ruanda	$\frac{2}{5}$	26	

5 Viel oder wenig gespart?

a)

Anteil: 25 %
Ganzes: 24 €
Teil: 25 % von 24 €
         = 6 €

Erinnere dich
25 % = $\frac{25}{100}$

Toll, beim Einkauf habe ich ganz viel Geld gespart: 25 %.

Ob das viel oder wenig Geld ist, hängt aber vom Ganzen ab.

Erkläre Pias Antwort durch Beispiele und bestimme den gesparten Teil für verschiedene Ganze, z. B. für 100 €, 36 €, …

b) Übertrage die Tabelle in dein Heft und vervollständige sie. Erkläre, wie du rechnest, z. B. durch ein Bild.

c) Vergleicht eure Rechenwege. Welche Aufgaben waren schwerer? Wie habt ihr sie gelöst?

weitergedacht

d) Warum ist in (3) der Teil größer als das Ganze?

	Anteil	Teil	Ganzes
(1)	$\frac{1}{3}$		60 €
(2)	$\frac{1}{3}$	23 €	
(3)	$\frac{6}{5}$		65 €
(4)	$\frac{2}{5}$	36 €	
(5)	$\frac{3}{7}$		84 €
(6)	$\frac{3}{100}$		3300 €

Tipp
Nutze Tabellen wie in Aufgabe 5.

6 Anteil – Teil – Ganzes – Was ist gesucht?

In diesen Situationen fehlt entweder der Teil, der Anteil oder das Ganze. Überlege zuerst, was gesucht ist, und rechne dann aus.

① $\frac{3}{4}$ von 16 Kindern lieben Eis

② 4 der 28 Kinder haben zwei Brüder

③ $\frac{2}{3}$ von 6 Kindern tragen eine Brille

④ 2 Handballer sind $\frac{1}{5}$ der Sportler

⑤ 6 Kinder haben einen Hund. Das sind $\frac{2}{3}$ aller Kinder mit Tieren.

Vertiefen 2   **Anteile in Bezug zum Ganzen verstehen und bestimmen**

7 Farben im Bild

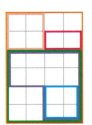

a) Till vergleicht im nebenstehenden Bild den Flächeninhalt der verschiedenfarbig umrandeten Flächen.
Er schreibt: „☐ entspricht $\frac{1}{2}$ von ☐."
Was meint Till?
Vergleiche weitere Flächen und schreibe mindestens fünf Beziehungen so wie Till auf.

b) Konstruiere selbst ein Bild, in dem als Anteile $\frac{1}{3}$, $\frac{1}{4}$ und $\frac{1}{5}$ vorkommen.
Findest du in deinem Bild auch die Anteile $\frac{1}{2}$ oder $\frac{1}{15}$?

⚙ Training

8 So leben Menschen in Industrie- und Entwicklungsländern

Die Tabelle zeigt, wie viele Menschen wie leben.

	Anteil an der Weltbevölkerung	Anteil der Bevölkerung ...	
		der unterernährt ist	der in der Stadt wohnt
Industrieländer	$\frac{1}{6}$	$\frac{1}{42}$	$\frac{3}{4}$
Entwicklungsländer	$\frac{5}{6}$	$\frac{1}{6}$	$\frac{1}{2}$

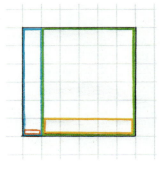

a) Ole hat ein Bild zur Unterernährung gezeichnet.
Erkläre, zu welchen Gruppen seine Farben gehören.
Welche weiteren Anteile kann man an Oles Bild erkennen?

b) Zeichne ein ähnliches Bild für die Anteile der Bevölkerung, die in der Stadt wohnen.

9 Unterernährung von Kindern

Jedes vierte Kleinkind weltweit war 2007 untergewichtig wegen schlechter Ernährung. Das waren 148 Mio. Kleinkinder.
Das Diagramm zeigt ihre Verteilung auf die Regionen der Welt.

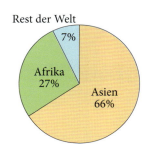

a) Welche der folgenden Aussagen passen zum Diagramm, welche nicht?

Gut zu wissen
$66\% = \frac{66}{100}$

(1) 66 % der Kleinkinder in Asien sind unterernährt.
(2) 66 % der unterernährten Kleinkinder leben in Asien.
(3) 66 % aller Asiaten sind unterernährte Kleinkinder.

b) Erkläre deine Entscheidungen aus a), indem du zu jeder Aussage aufschreibst, was der Teil und was das Ganze ist.

Vertiefen 3 — Anteile von Anteilen zeichnen und bestimmen

Training

10 Schulbesuche im Vergleich

In der Tabelle sind Zahlen zum Schulbesuch in verschiedenen Ländern aufgeführt.

a) Bestimme für jedes Land den Anteil der Fünftklässler am gesamten Jahrgang.

b) Vergleiche die Schulbesuchsanteile. Welches Land hat den kleinsten Anteil an Kindern, die eine 5. Klasse besuchen?

Land	Anteil der Schulkinder an Kindern im Grundschulalter	Anteil der Kinder, die nach der 4. Klasse in die 5. Klasse gehen
Tschad	$\frac{5}{10}$	$\frac{1}{4}$
Deutschland	$\frac{1}{1}$	$\frac{1}{1}$
Südafrika	$\frac{9}{10}$	$\frac{4}{5}$
Bolivien	$\frac{19}{20}$	$\frac{5}{6}$

Training

11 Anteile von Anteilen zeichnen und Muster erkennen

Erstelle zu jeder Teilaufgabe ein passendes Bild und vergleiche die Lösungen.
Was fällt dir jeweils auf?
Kannst du deine Entdeckung erklären?

(1) $\frac{2}{3}$ von $\frac{5}{6}$
$\frac{5}{6}$ von $\frac{2}{3}$

(2) $\frac{2}{10}$ von $\frac{3}{5}$
$\frac{3}{5}$ von $\frac{2}{10}$

(1) $\frac{2}{3}$ von $\frac{3}{7}$
$\frac{3}{7}$ von $\frac{2}{3}$

(2) $\frac{5}{6}$ von $\frac{4}{5}$
$\frac{4}{5}$ von $\frac{5}{6}$

(3) $\frac{4}{5}$ von $\frac{5}{8}$
$\frac{5}{8}$ von $\frac{4}{5}$

(4) $\frac{2}{5}$ von $\frac{3}{4}$
$\frac{2}{5}$ von $\frac{1}{4}$

(3) $\frac{3}{4}$ von $\frac{3}{2}$
$\frac{3}{2}$ von $\frac{3}{4}$

(4) $\frac{3}{2}$ von $\frac{6}{12}$
$\frac{3}{2}$ von $\frac{2}{3}$

Training

12 Faltbilder lesen

a) Welche Anteile von Anteilen wurden in den zwei Bildern gefaltet?

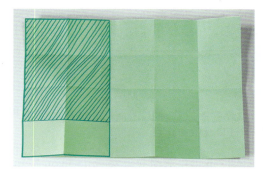 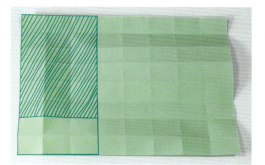

b) Drücke die Anteile auch mit anderen Brüchen aus.

c) Faltet selbst andere Anteile von Anteilen und tauscht sie untereinander aus. Findet die passenden Aufgaben.

Kinder weltweit – Anteile von Anteilen verstehen

Merve

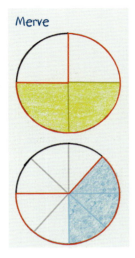

13 Anteile von Anteilen unterschiedlich darstellen

Merve und Pia haben Anteile von Anteilen unterschiedlich dargestellt.

Pia

a) Welche Anteile von Anteilen haben sie dargestellt? Wie viel sind es jeweils vom Ganzen?

b) Zeichne wie Merve und Pia $\frac{2}{3}$ von $\frac{1}{6}$ und $\frac{3}{4}$ von $\frac{3}{8}$.

c) Denkt euch weitere Aufgaben aus und tauscht sie untereinander.

d) Vergleicht die Bilder. Was kann man wo am besten erkennen? Was ist der Vorteil von Rechtecken gegenüber Kreisbildern?

14 Stille Post: Anteile von Anteilen in verschiedenen Darstellungen

Pia: *Till:*   *Merve:*

Pia, Ole, Merve und Till spielen „Stille Post":
Wer ein Bild bekommt, schreibt den Anteil vom Anteil dazu und gibt ihn weiter.
Wer den Anteil vom Anteil bekommt, zeichnet dazu wieder ein passendes Bild.
Kommt am Ende das Gleiche heraus?

Spielt mehrere Runden. Zeichnet unterschiedliche Bilder.

15 Brüche größer als ein Ganzes

a)

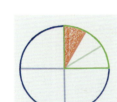

$\frac{4}{3}$ ist ja ein Anteil größer als das Ganze, welcher Teil soll dann $\frac{4}{3}$ von 6 sein?

Beantworte Merves Frage.
Überlege dazu: Was ist $\frac{1}{3}$ von 6 Plättchen? Was ist dann $\frac{4}{3}$ von 6 Plättchen?
Wie könnte man $\frac{4}{3}$ von 6 Plättchen zeichnen?

b) Zeichne einen Zahlenstrahl in dein Heft und zeichne $\frac{4}{3}$ von 6 ein.
Tipp: Zeichne erst $\frac{1}{3}$ von 6, dann $\frac{4}{3}$ von 6.

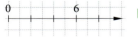

c) Um $\frac{5}{4}$ von $\frac{2}{3}$ auf dem Zahlenstrahl einzutragen, nimm 12 Kästchen für die 1.
Tipp: Zeichne erst $\frac{2}{3}$ ein. Zeichne nun davon $\frac{1}{4}$. Zeichne dann $\frac{5}{4}$ von $\frac{2}{3}$.

Vertiefen 4 — Multiplizieren von Brüchen

16 Stoffe im Quadratmeter

Viele indische Kinder und Frauen arbeiten als Näher in der Textilindustrie.

Der Preis für die Stoffe berechnet sich nach ihrer Fläche. Deswegen bestimmen die Vorarbeiterinnen den Stoffbedarf in Quadratmetern.

a)
- Übertrage die Tabelle mit den verschiedenen Kleidungsstücken ins Heft.
- Zeichne die Stoffflächen verkleinert ins Heft. Wähle dabei immer 1 cm für 1 m Stofflänge.
- Berechne den Flächeninhalt der Stoffflächen.

Tipp: Nutze schon berechnete Flächen, um die anderen Flächen auszurechnen.

	Länge	Breite	Stofffläche
Sari	6 m	2 m	
Seiden-Sari	6 m	$1\frac{1}{4}$ m	
Rock	1 m	$1\frac{1}{4}$ m	
T-Shirt	$\frac{4}{5}$ m	1 m	
Kindershirt	0,8 m	$\frac{1}{2}$ m	
Kinderbluse	$\frac{4}{5}$ m	$\frac{3}{4}$ m	

b) Die Kinderbluse wurde aus einem Stoffquadrat mit 1 m Seitenlänge herausgeschnitten.
- Zeichne das Stoffquadrat verkleinert ins Heft (zeichne 10 cm für 1 m).
- Zeichne das Rechteck für die Kinderbluse ein (Länge $\frac{4}{5}$ m und Breite $\frac{3}{4}$ m).
- Welcher Anteil vom Stoffquadrat wird für die Bluse benötigt?

c) Erkläre an dem Bild aus b), wie Anteile von Teilflächen (z. B. $\frac{4}{5}$ von $\frac{3}{4}$) und Flächeninhalte von Rechtecken (z. B. mit Seitenlängen $\frac{4}{5}$ m und $\frac{3}{4}$ m) zusammenhängen.

17 Flächen als Anteile

a) In den fünf Quadraten mit 1 m Seitenlänge sind unterschiedliche Anteile gefärbt.
- Gib erst die Seitenmaße wie bei ① als Brüche an.
- Gib die Flächeninhalte der gefärbten Teile als Brüche an. Kürze die Brüche.
- Schreibe die vollständigen Aufgaben mit Ergebnis ins Heft, z. B. $\frac{1}{2} \cdot \frac{1}{2} = \frac{1}{4}$.

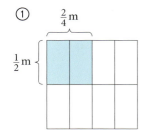 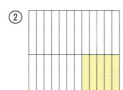 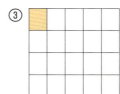 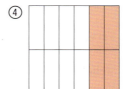 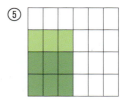

b) Zeichne auch für die folgenden Terme Rechtecke in Quadrate mit der Seitenlänge 1 ein und bestimme so das Ergebnis.

(1) $\frac{1}{4} \cdot \frac{1}{6}$ (2) $\frac{3}{4} \cdot \frac{2}{6}$ (3) $\frac{3}{5} \cdot \frac{4}{6}$ (4) $\left(\frac{2}{4} + \frac{1}{4}\right) \cdot \frac{2}{6}$ (5) $\frac{2}{6} \cdot \left(\frac{2}{4} + \frac{1}{4}\right)$ (6) $\left(\frac{1}{5} + \frac{2}{5}\right) \cdot \frac{4}{6}$

Kinder weltweit – Anteile von Anteilen verstehen

18 Flaggen nähen

a) Die Flagge von Bolivien soll genäht werden, mit $\frac{1}{2}$ m Höhe und $\frac{3}{4}$ m Breite.
Wie viele Quadratmeter roter Stoff werden benötigt?

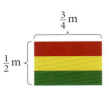

b) Die vier Freunde haben ihre Ansätze notiert.
Schreibe die Terme dazu auf. Welche Ansätze stimmen?

> Ein Drittel von der Höhe, und das mal die Breite. — **Till**

> Erst die Fläche der ganzen Flagge bestimmen, und dann davon $\frac{1}{3}$. — **Ole**

> Ich nehme vom Meterquadrat erst $\frac{3}{4}$ und davon $\frac{1}{6}$. — **Pia**

c) Wie viel roter Stoff wird für die folgenden Flaggen gebraucht, wenn auch diese Flaggen $\frac{1}{2}$ m hoch und $\frac{3}{4}$ m breit sein sollen?

Spanien   Samoa   Eritrea   Guyana

19 Das x-fache

a) Übertrage die acht Kästchen links ins Heft und zeichne drei Bilder dazu:
(1) für das Dreifache von 8   (2) für die Hälfte von 8   (3) für $\frac{3}{4}$ von 8

b) Die acht Kästchen bei a) kann man auch als ein ganzes Rechteck ansehen.
Übertrage es ins Heft und zeichne drei Bilder dazu:
(1) für das Dreifache von $\frac{1}{2}$ (2) für die Hälfte von $\frac{1}{2}$ (3) für $\frac{3}{4}$ von $\frac{1}{2}$

c) Berechne und erkläre, was diese Terme mit den Bildern aus a) und b) zu tun haben:

(1) $3 \cdot 8$ (2) $\frac{1}{2} \cdot 8$ (3) $\frac{3}{4} \cdot 8$

(4) $3 \cdot \frac{1}{2}$ (5) $\frac{1}{2} \cdot \frac{1}{2}$ (6) $\frac{3}{4} \cdot \frac{1}{2}$

20 Verschiedene Darstellungen für die Multiplikation von Brüchen

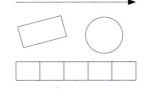

a) Stelle jede der folgenden Multiplikationsaufgaben mit zwei verschiedenen Bildern dar.
Verwende unterschiedliche Darstellungen (Rechteck, Kreis, Streifen, Zahlenstrahl).

(1) $\frac{1}{3} \cdot \frac{1}{4}$ (2) $\frac{3}{4} \cdot \frac{1}{2}$ (3) $\frac{2}{5} \cdot \frac{1}{5}$

b) Vergleicht eure Ergebnisse aus a) untereinander.

Vertiefen

Training

21 Beim Einkaufen

Berechne die Kosten für die verschiedenen Einkaufszettel.

Möhren $\frac{3}{4}$ kg
Tomaten: 2 kg

Möhren $\frac{1}{2}$ kg
Auberginen: 1$\frac{1}{2}$ kg

Tomaten $\frac{1}{2}$ kg
Auberginen: $\frac{1}{2}$ kg

Möhren 1 kg für $\frac{1}{2}$ €
Tomaten $\frac{1}{4}$ kg für 1,80 €
Auberginen 1 kg für 2,60 €

22 Multiplizieren vergrößert immer?

a) Anna kauft $\frac{3}{4}$ kg Mandarinen. Sie kosten 3 € pro Kilogramm. Wie viel muss Anna zahlen?

b) Was sagst du zu Tills Idee?

Es muss weniger kosten als 3 Euro. Weil Multiplizieren vergrößert, dividiere ich. Ich rechne also $3 : \frac{3}{4}$.

23 Würfelspiel: Nahe an 1

$\frac{5}{6} \cdot \frac{2}{3}$

Spielt zu zweit. Würfelt vier Mal.
Aus den vier gewürfelten Ziffern bildet jeder zwei Brüche und multipliziert sie.
Wer mit seinem Ergebnis am nächsten an der Zahl 1 liegt, gewinnt das Spiel.

24 Erweitern und Multiplizieren

Multiplizieren und Erweitern ist doch das Gleiche: Immer multipliziere ich.

Ja, aber anders. Das sehe ich im dazu passenden Streifen- oder Rechteckbild.

Oder in Situationen …

Was meinst du dazu?
Probiere für konkrete Zahlen aus.
Führe das Gespräch fort.

Problemlösen

25 Kiba

Bananennektar hat meist nur 25 % Fruchtsaftanteil und Kirschnektar 30 %.
Der Fruchtsaftanteil einer KiBa-Mischung ist also niedriger als 100 %.

a) Bestimme die echten Fruchtsaftanteile der folgenden KiBa-Mischungen, wenn Kirschnektar und Bananennektar verwendet wird.
   (1) Der Kirschnektar-Anteil an der KiBa-Mischung ist $\frac{1}{3}$.
   (2) Ki zu Ba 1 : 4 (d. h. 1 Teil Kirschnektar und 4 Teile Bananennektar)
   Schreibe deine vier Rechnungen als Multiplikationen von Brüchen auf.

b) Wie müsste der Anteil von Kirschnektar im KiBa sein, damit der Fruchtsaftanteil für Kirsch etwa so hoch ist wie der von Banane? Probiere verschiedene Anteile aus.

Kinder weltweit – Anteile von Anteilen verstehen

Training

26 Mal-Mauern mit Brüchen

Tipp
Kürze die Brüche, bevor du weiterrechnest.

a) Auf einem Stein steht immer das Produkt der Steine darunter.
Welche Zahlen fehlen?

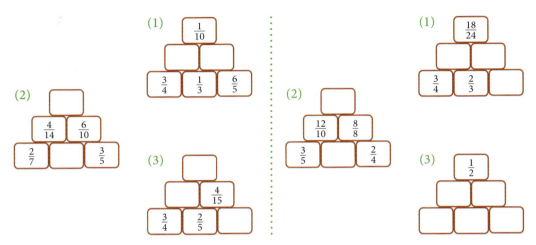

b) Erfindet eigene Mal-Mauern mit Brüchen und löst sie.
Tauscht die Mauern dann untereinander und prüft, ob richtig gerechnet wurde.

Problemlösen

27 Zahlen ergänzen

Welche Zahlen könnten in den Kästchen stehen?
Finde für die vier Aufgaben zusammen mindestens acht Möglichkeiten.

(1) $\frac{3}{7} \cdot \frac{5}{8} = \frac{\square}{56}$ (2) $\frac{\square}{15} \cdot \frac{4}{\square} = \frac{32}{45}$ (1) $\frac{\square}{9} \cdot \frac{5}{\square} = \frac{5}{18}$ (2) $\frac{\square}{4} \cdot \frac{\square}{8} = \frac{30}{\square}$

(3) $\frac{3}{2} \cdot \frac{\square}{\square} = \frac{6}{4}$ (4) $\frac{\square}{4} \cdot \frac{\square}{8} = \frac{20}{\square}$ (3) $\frac{3}{14} = \frac{\square}{\square} \cdot \frac{3}{7}$ (4) $\frac{2}{4} \cdot \frac{\square}{\square} = \frac{20}{\square}$

Training

28 Wer findet zuerst einen passenden Faktor?

Bei diesem Spiel müsst ihr ganz schnell zu einem vorgegebenen Bruch einen zweiten Bruch finden, sodass das Produkt der beiden Brüche kleiner, größer oder gleich 1 ist.

Leere Tabelle:

Bruch	Produkt < 1	Produkt > 1	Produkt = 1	Punkte

Beispiel:

Bruch	Produkt < 1	Produkt > 1	Produkt = 1	Punkte
$\frac{7}{8}$	$\frac{7}{8} \cdot \frac{1}{2} = \frac{7}{16}$	$\frac{7}{8} \cdot \frac{10}{3} = \frac{70}{24}$	?	20

Spielregeln:
- Spielt in kleinen Gruppen.
- Jeder zeichnet sich eine leere Tabelle ins Heft.
- Wer das Spiel beginnt, wählt einen Bruch aus. Alle schreiben ihn in die 1. Spalte.
- Alle suchen nun passende Brüche und schreiben die Rechnungen auf.
- Wenn alle fertig sind, wird gewertet: Für jede richtige Rechnung gibt es 10 Punkte.

Spielvariante: Das Spiel endet bereits, wenn der erste fertig ist und „Stopp" ruft.

Vertiefen 5 — Passende Situationen zu Rechnungen finden

29 Selbst gefundene Situationen beurteilen

a) Schreibe eine Textaufgabe zu der Rechnung $\frac{2}{3} \cdot \frac{1}{4} = \frac{2}{12}$.

b) Die folgenden Situationen wurden zur gleichen Rechnung aufgeschrieben. Welche Situationen passen zur Rechnung, welche nicht? Korrigiere, wenn nötig.

Ugur: *Uschi rechnet $\frac{2}{3} \cdot \frac{1}{4} = \frac{2}{12}$ in der Schule. Der Lehrer sagt es ist richtig.*

Paul: *$\frac{2}{3}$ Leute bringen $\frac{1}{4}$ Freunde mit auf eine Party. Wie viele sind dann dort?*

Piotr: *Lena hat eine Aufgabe bekommen. Sie soll $\frac{2}{3}$ von $\frac{1}{4}$ L Milch errechnen. Was kommt dabei raus? Schreibe es in einem Bruch.*

Klara: *$\frac{2}{3}$ der Schüler in der Klasse spielen ein Instrument oder treiben einen Sport. Davon machen $\frac{1}{4}$ zwei Sachen. Wie viele freizeitliche Aktivitäten macht die Klasse zusammen?*

30 Was gehört wozu?

a) Übertrage die Situationen ins Heft und ordne jeweils einen Term zu. Begründe deine Zuordnung.

- Janis hat $\frac{1}{4}$ von $\frac{1}{2}$ Liter Milch in seinem Glas. Wie viel Liter sind das?
- Akin hat $\frac{1}{4}$ Liter in seinem Krug und schüttet noch $\frac{1}{2}$ Liter dazu. Wie viel Liter sind es jetzt?
- Lars hat die Hälfte von seinen $\frac{1}{4}$ Liter Milch getrunken. Wie viel Liter hat er noch?
- Luisa hat $\frac{1}{4}$ Liter Milch auf zwei Gläser verteilt. Wie viel Liter sind in jedem Glas?
- Dennis hat $\frac{1}{4}$ Liter von seinem $\frac{1}{2}$ Liter getrunken. Wie viel hat er noch?

Terme: $\frac{1}{2} : 4$; $\frac{1}{4} \cdot \frac{1}{2}$; $\frac{1}{4} + \frac{1}{2}$; $\frac{1}{2} - \frac{1}{4}$; $\frac{1}{4} : 2$; $\frac{1}{4} - \frac{1}{2} \cdot \frac{1}{4}$

b) Ein Term konnte in a) nicht zugeordnet werden. Finde eine passende Situation für diesen Term.

c) Zeichne zu jedem Term ein Bild. Berechne die Ergebnisse der Terme.

31 Rabattaktionen

Am letzten Tag des Räumungsverkaufes reduziert ein Geschäft seine bereits um 25 % reduzierte Ware um weitere 25 %.

Super, dann kostet ja alles nur noch die Hälfte.

a) Freut sich Merve zu Recht? Begründe deine Antwort mit einem Bild oder einem Rechenbeispiel.

b) Um wie viel Prozent wurde insgesamt reduziert, wenn erst um 20 % und dann um 30 % reduziert wurde?

Checkliste — Kinder weltweit – Anteile von Anteilen verstehen

Ich kann ... Ich kenne ...	Hier kann ich üben ...
Ich kann einen Anteil auf ein Ganzes beziehen und berechnen, wie groß der Teil ist. Bestimme $\frac{2}{6}$ von 30.	S. 154 Nr. 1, 2, 3 S. 155 Nr. 5, 6
Ich kann das Ganze finden, wenn Teil und Anteil gegeben sind. $\frac{1}{5}$ der Klasse sind 5 Kinder. Wie groß ist die Klasse?	S. 155 Nr. 4, 5, 6
Ich kann Informationen über Anteile oder Teile erklären, indem ich sie auf das richtige Ganze beziehe. „$\frac{2}{3}$ der Erwachsenen, die kaum lesen und schreiben können, sind Frauen." Zeichne zu dem Satz ein Bild und erkläre, welche der folgenden Aussagen stimmt. Begründe deine Antwort. (1) Es gibt mehr Frauen, die lesen und schreiben können, als Frauen, die es nicht können. (2) Es gibt mehr Männer als Frauen, die kaum lesen und schreiben können.	S. 156 Nr. 7, 8, 9
Ich kann den Anteil eines Anteils bestimmen, indem ich ein Bild zeichne und ablese. Zeichne ein Bild und bestimme $\frac{2}{5}$ von $\frac{3}{4}$.	S. 157 Nr. 10–12 S. 158 Nr. 13–15
Ich kann den Anteil eines Anteils bestimmen, indem ich den Flächeninhalt des Rechtecks bestimme, dessen Seitenlängen durch die Anteile angegeben sind. Wie groß ist die Fläche des Rechtecks in Quadratzentimetern? $\frac{1}{6}$ cm × $\frac{5}{8}$ cm	S. 159 Nr. 16, 17 S. 160 Nr. 18
Ich kann Brüche multiplizieren. Berechne $\frac{4}{8} \cdot \frac{2}{13}$.	S. 160 Nr. 19, 20 S. 161 Nr. 21–24 S. 162 Nr. 25–27
Ich kann zu einer Multiplikation von Brüchen ein Bild zeichnen und eine Situation erfinden. Wie stellst du dir $\frac{2}{5} \cdot \frac{3}{4}$ vor? Zeichne ein Bild und gib eine Situation an, die dazu passt.	S. 163 Nr. 29, 30
Ich kann für Sachaufgaben mit Anteilen die richtige Rechenart finden. Muss man bei der folgenden Aufgabe addieren oder multiplizieren? „Der Preis wurde erst auf 80 % reduziert, dann auf die Hälfte des neuen Preises verkleinert."	S. 161 Nr. 21, 23, 24 S. 163 Nr. 30, 31

▶ *Hinweis:* Im Materialblock auf Seite 88 findest du diese Checkliste für deine Selbsteinschätzung. Zusätzliche Übungsaufgaben findest du im Internet unter wwi 164-1.
(www.cornelsen.de/mathewerkstatt, Buchkennung: MWS040 235, Mediencode: 164-1)

Die Welt im Museum – Vergrößern und Verkleinern

In diesem Kapitel …

▶ planst du Bilder und Modelle von großen und kleinen Dingen.

▶ lernst du, wie man Dinge rechnerisch vergrößert und verkleinert.

▶ lernst du, wie man verschiedene Zahlen zum Vergrößern und Verkleinern verwenden kann.

Erkunden A

Wie kann ich Bilder und Modelle von kleinen und großen Dingen erstellen?

1 Der Eiffelturm im Klassenzimmer-Museum

Als der Eiffelturm 1889 fertig gestellt wurde, war er das höchste Gebäude der Welt. Auch heute steht er noch „breitbeinig" mitten in Paris.

Till, Pia und Merve möchten eine Turmausstellung im Klassenzimmer planen.
Um den Turm ins Klassenzimmer zu bekommen, muss man herausfinden, wie hoch und wie breit das Modell sein soll.

a) Probiere aus, wie man sich an die Wand stellen müsste, damit es ungefähr aussieht wie der Eiffelturm.
Markiere mit Klebestreifen…
- die Größe der Person, also die Höhe der Turmspitze.
- den Abstand der Füße, also die Breite des Turmes am Boden.
- die Höhen, in denen du die Besucherplattformen vermutest.

▶ Materialblock S. 94
Arbeitsmaterial
Eiffelturm

b) Merve, Pia und Till haben verschiedene Ideen, wie sie die Längen für die Modelle berechnen sollen, damit die Höhe des Turmes zur Breite passt.

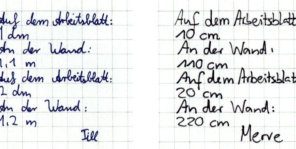

- Beschreibe, wie jeder der drei rechnerisch vorgeht.
- Welche Vorgehensweisen führen zu sinnvollen Türmen, welche nicht?
Du kannst dazu die Ergebnisse der drei an der Wand markieren.

c) Bestimme mit Hilfe der Zeichnung im Arbeitsblatt geeignete Längen für deinen Turm.
Du kannst deine Ergebnisse auch wie bei a) an der Wand markieren.

d)
- Vergleiche die Markierungen aus a) und aus c).
- Falls die Markierungen nicht zusammenpassen:
Hast du dich eher bei a) verschätzt oder bei c) verrechnet?

nachgedacht

e) Vergleicht euer Vorgehen:
Wie habt ihr die Zahl gefunden, mit der man multiplizieren muss?

Erkunden

2 Die höchsten Gebäude ihrer Zeit auf einem Poster

Zu jeder Zeit war ein anderes Gebäude das höchste der Welt.
Stellt euch vor, man könnte die höchsten Gebäude ihrer Zeit nebeneinander stellen. Dann würde man sehen, wie ihre Größe in den letzten Jahrhunderten gewachsen ist.

In der Klasse von Merve, Pia, Till und Ole wurde eine Ausstellung zum Thema „Die höchsten Gebäude ihrer Zeit" erstellt:

Hinweis
Unter 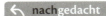 169-1 findest du Informationen zu verschiedenen Bauwerken.

a) Auch in eurer Klasse soll eine Ausstellung „Die höchsten Gebäude ihrer Zeit." entstehen.
Arbeitet zunächst in Gruppen:
Überlegt gemeinsam, welche Gebäude ihr abbilden möchtet.

b) Erstellt eine Übersicht mit folgenden Informationen:

✱ **Neues Wort**
Verkleinerungszahl/ Vergrößerungszahl
heißen die Zahlen, mit denen man verkleinert/ vergrößert.

Gebäude	Pyramiden	Eiffelturm	...
Jahr der Fertigstellung	ca. 2500 v. Chr.	...	
Höhe in der Wirklichkeit	...		
Höhe im Klassenzimmer			
Verkleinerungszahl			

c) Vergleicht die Auswahl und die Berechnungen der verschiedenen Gruppen.
Erklärt euch gegenseitig, wie ihr vorgegangen seid.

↶ **nachgedacht**

d) Was muss man alles beachten, wenn man mehrere Dinge verkleinert abbilden will?
Welche Fehler können dabei vorkommen?

Hinweis
Zeichnet wie im Bild oben nur die Umrisse der Gebäude.

e) Setzt nun die geplante Ausstellung um:
Entscheidet zuerst in der Klasse gemeinsam, welche Planung ihr umsetzen möchtet.
Überlegt dann, wie ihr die Arbeit organisieren und verteilen möchtet:
- Welche Gruppe zeichnet welches Gebäude?
- Welche Gruppe überlegt, wie man die Zeitleiste erstellen könnte?

Die Welt im Museum – Vergrößern und Verkleinern

Erkunden B   Wie kann ich sehr große Dinge verkleinern?

3 Ein passendes Modell von Erde und Mond

Ole, Merve, Pia und Till besuchen ein Naturkundemuseum.
In einem Saal ist ein Modell von Erde und Mond ausgestellt.

a) Till möchte ein eigenes Modell von Erde und Mond bauen.
Erkläre, wie er die Größen für sein Modell berechnen könnte.

b) Till hat begonnen, seine Rechnung schrittweise in eine Tabelle einzutragen. Am Ende sollen alle Größen so klein sein, dass sie ins Zimmer passen.
- Übertrage die Tabelle links in dein Heft und vervollständige sie.
- Welchen Durchmesser hat nun der Mond?
- Welchen Abstand haben nun Mond und Erde?

wiederholen

Wissensspeicher aus vorigen Schuljahren: *Größen 3*

c) Stell dir vor, die Erde wäre so groß wie ein Tennisball.
- Welchen Gegenstand könntest du dann für den Mond wählen? Begründe deine Wahl.
- Du kannst auch versuchen, für die Sonne und weitere Planeten passende Gegenstände zu finden. Recherchiere ihre Größe im Internet.

nachgedacht

d) Überlege und beschreibe, wie Till die Verkleinerungszahl und den Maßstab bestimmen kann, wenn er die Größe von Mond und Erde sowie ihren Abstand voneinander in einem einzigen Schritt verkleinern möchte.

e) Welcher Maßstab ergibt sich bei deiner Rechnung?

Erkunden C

Wie kann ich mit verschiedenen Zahlen vergrößern und verkleinern?

Hinweis
Das Applet „Copystar_Kaefer" findest du unter  *171-1:*

4 Eine Ausstellung mit Käfern

Manche Dinge sind so klein, dass man sie nicht besonders gut sehen kann.
Deshalb findet man im Museum auch vergrößerte Darstellungen.

In dieser Aufgabe erstellst du am Computer ein Plakat mit Käferbildern.

Mit dem Applet „Copystar_Kaefer" kannst du die Bilder verschiedener Käfer …
- auf einem Blatt anordnen.
- vergrößern und verkleinern.
- als Plakat ausdrucken.

Das Programm funktioniert so ähnlich wie ein Kopiergerät.

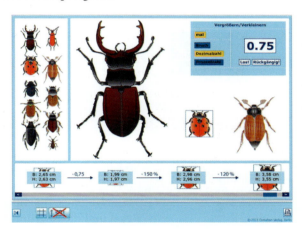

a) Zwei verschiedene Arten von Plakaten sind möglich:
  (1) ein Plakat, bei dem man alle Käfer im gleichen Maßstab sehen kann
  (2) ein Plakat, bei dem alle Käfer auf die gleiche Länge gebracht sind
  Welches der beiden Plakate ist deiner Meinung nach für ein Museum besser geeignet?
  Begründe deine Überlegung.

b) Erstelle das Plakat mit Käfern deiner Wahl. Notiere dabei alle Rechnungen.
  Nutze dazu die Pfeilbilder aus dem Applet „Copystar_Kaefer".

c) Erklärt euch gegenseitig euer Vorgehen beim Erstellen der Plakate:
  Wie habt ihr die Bilder für die Plakate jeweils auf die passende Größe gebracht?
  Wie habt ihr die Faktoren für das Vergrößern und Verkleinern jeweils gefunden?
  Verwendet für eure Erklärungen die Pfeilbilder aus dem Applet.

Tipp
Nutze jeweils zwei Bilder von einem Käfer, ein Bild zum Probieren und ein Bild unverändert zum Vergleichen.

d) Till möchte Vergrößerungen im nächsten Schritt wieder rückgängig machen.
  Finde möglichst viele verschiedene Wege heraus, wie man eine Vergrößerung
  (z. B. · 2,5, · 200 % oder andere) wieder rückgängig machen kann.

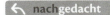 e) Ihr habt im Applet „Copystar_Kaefer" vergrößert und verkleinert und dabei mit Brüchen,
  mit Dezimalzahlen und mit Prozentzahlen multipliziert.
  Hast du Zahlen verschiedener Arten gefunden, die auf die gleichen Vergrößerungen
  oder Verkleinerungen zurückzuführen sind?
  Welche Vergrößerungen passen zu welchen Verkleinerungen?

Die Welt im Museum – Vergrößern und Verkleinern

Ordnen A   Wie kann man Bilder und Modelle von großen und kleinen Dingen erstellen?

1 Richtig vergrößern

In Köln stehen Gebäude mit einer außergewöhnlichen Form (Foto links).
Till, Merve und Pia haben auf das Foto ein Raster gezeichnet und möchten es nun vergrößert ins Heft zeichnen. Jeder hat dazu eine Vergrößerungsregel aufgeschrieben:

> Ich zeichne die Figur zweimal so lang und zweimal so breit.   **Pia**

> Ich vergrößere alle Streckenlängen um 2 Kästchenlängen.   **Merve**

> Ich nehme alle Streckenlängen mal 2.   **Till**

a) Ordne jedem Bild die passende Regel zu.

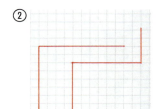
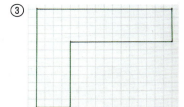

b) Welche Vergrößerungsregel ist richtig? Begründe deine Überlegung.

c) Vergleicht eure Ergebnisse aus b). Übertragt die richtige Zeichnung, die dazu passende Regel und die Begründung in den Wissensspeicher.

▶ Materialblock S. 90
Wissensspeicher
Figuren richtig vergrößern

2 Eine geeignete Vergrößerungszahl finden

Pia und Till möchten das 11 cm hohe Bild des Eiffelturms möglichst groß auf ein 30 cm hohes Blatt übertragen. Sie suchen eine geeignete Vergrößerungszahl.

> 11 · 2 = 22
> 11 · 2,5 = 27,5
> 11 · 2,7 = 29,7
> 11 · 2,8 = 30,8
> 2,7 passt!

> Das Bild ist 11 cm, das Heft 30 cm hoch. 11 mal die Vergrößerungszahl muss also 30 ergeben. Um die Vergrößerungszahl zu finden, teile ich 30 durch 11.
> 30 : 11 = 2,7272, also etwa 2,7.

a) Till und Pia finden die Vergrößerungszahl jeweils mit einem anderen Rechenweg. Welchen Rechenweg würdest du anwenden? Begründe deine Antwort.

b) Der nebenstehende Bastelbogen für eine Pyramide soll möglichst groß auf einen Karton mit 20 cm Länge und 20 cm Breite gezeichnet werden. Suche eine geeignete Vergrößerungszahl. Probiere dabei möglichst beide Wege aus a).

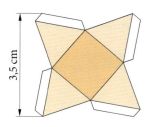

c) Vergleiche die Wege aus b) miteinander und übertrage sie in den Wissensspeicher.

▶ Materialblock S. 90
Wissensspeicher
Figuren richtig vergrößern

Ordnen

3 Vergrößern und Verkleinern im Maßstab

Neues Wort
Ein **Modell** ist eine verkleinerte oder vergrößerte Darstellung eines Lebewesens oder eines Gegenstandes.
Der **Maßstab** gibt an, mit welcher Zahl vergrößert oder verkleinert wurde.
Beispiel: Der Maßstab von 1 : 10 („eins zu zehn") bedeutet eine Verkleinerung mit der Zahl 10.

Man kann große Gegenstände verkleinern und kleine Gegenstände vergrößern, um sie als *Modell** darzustellen. Zu einem Modell gehört auch die Angabe eines *Maßstabs**. Am Maßstab kann man erkennen, mit welcher Zahl verkleinert oder vergrößert wurde.

a) Zwei der folgenden Fotos zeigen echte Tiere, die anderen Modelle.
  - Welche Fotos zeigen echte Tiere, welche Modelle? Woran hast du das erkannt?
  - Welches Modell ist eine Vergrößerung und welches eine Verkleinerung?

5 cm   5 m   3 cm   3 m

b) Jede der folgenden Karten gehört zu einer Vergrößerung oder einer Verkleinerung.

① durch 100 dividiert, also verkleinert	② Maßstab 1 : 100	③ 100 cm im Modell sind 1 cm in der Wirklichkeit	④ mit 100 multipliziert, also vergrößert
⑤ Maßstab 100 : 1	⑥ 1 cm im Modell sind 100 cm in der Wirklichkeit	⑦ eins zu hundert	⑧ hundert zu eins

Welche Karten gehören zum Elefanten, welche Karten gehören zur Spinne?

c) „1 : 100" oder „100 : 1". Was ist eine Vergrößerung, was ist eine Verkleinerung?
Pia merkt sich das so: „Die Zahl vorn gehört immer zu …"
Vervollständige den Satz.

▶ Materialblock S. 91
Wissensspeicher
Vergrößerung und Verkleinerung als Maßstab schreiben

d) Vergleicht eure Ergebnisse zu a) bis c) und füllt dann den Wissensspeicher aus.

4 Mit Einheiten vergrößern und verkleinern

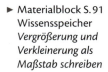

Der echte Eiffelturm ist 320 m hoch.
Das Modell des Eiffelturms auf der Hand ist 4 cm hoch.

a) - Durch welche Zahl wurde dividiert, um das Modell zu erhalten?
In welchem Maßstab ist also das Modell dargestellt?
  - Mit welcher Zahl müsste man die Maße im Bild multiplizieren, um wieder auf die Maße des Originals zu kommen?

b) *Müsste der Maßstab hier nicht eins zu achtzig sein?*

Gib Merve einen Tipp, welchen Fehler sie gemacht hat und wie sie ihn vermeiden könnte.

▶ Materialblock S. 91
Wissensspeicher
Vergrößerung und Verkleinerung als Maßstab schreiben

c) Vergleicht eure Antworten zu a) und b) und ergänzt den Wissensspeicher.

Ordnen B

Wie kann man sehr große Dinge verkleinern?

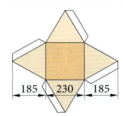

5 Schrittweise verkleinern

Till möchte ein Modell der Pyramide von Gizeh basteln.
Er hat die Originalmaße recherchiert.
Nun verkleinert er schrittweise, bis der Bastelbogen auf ein DIN-A4-Blatt passt.

$$185\,m + 230\,m + 165\,m = 600\,m$$
$$600\,m \xrightarrow{:100} 6\,m = 600\,cm \xrightarrow{:10} 60\,cm \xrightarrow{:2} 30\,cm \xrightarrow{:2} 15\,cm$$

▶ Materialblock S. 92
*Wissensspeicher
Vergrößern und
Verkleinern in
mehreren Schritten*

a) Till könnte auch nur durch eine einzige Zahl teilen, um sein Ergebnis zu erhalten.
Welche Zahl kann er dazu unter den langen Pfeil schreiben?
Wie lautet der Maßstab?

b) Vergleicht eure Ergebnisse zu a) und übertragt sie in den Wissensspeicher.

6 Mit Einheiten in mehreren Schritten vergrößern

Auf der Karte links beträgt die Entfernung zwischen Hamburg und München 2,4 cm.
Der Maßstab der Karte ist 1 : 25 000 000.
Pia und Till haben die tatsächliche Entfernung unterschiedlich berechnet.

a) Till rechnet so:

$$2{,}4\,cm \xrightarrow{\cdot 100} 2{,}4\,m \xrightarrow{\cdot 1000} 2{,}4\,km \xrightarrow{\cdot 10} 24\,km \xrightarrow{\cdot 25} 600\,km$$

*Maßstab
1 : 25 000 000*

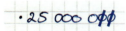

Um sich zu merken, wie weit er ist, streicht Till bei jedem Schritt einen Teil vom
Vergrößerungsfaktor 25 000 000 weg. Zuerst streicht er die Nullen, dann die 25.
Führe Tills Weg im Heft durch und streiche immer passend einen Teil des Faktors.

Erinnere dich
1 km = 1000 m
1 m = 100 cm
1 cm = 10 mm

b) Pia rechnet so:

1 cm auf der Karte entspricht in der Wirklichkeit 25 000 000 cm.
25 000 000 cm = 250 000 m = 250 km
2,4 cm auf der Karte entsprechen: 2,4 · 250 km = 600 km

Vergleiche mit Tills Rechenweg in a).
Welchen der beiden Rechenwege aus a) und b) würdest du verwenden?

▶ Materialblock S. 92
*Wissensspeicher
Vergrößern und
Verkleinern in
mehreren Schritten*

c) Übertragt eine der Lösungen aus a) und b) in den Wissensspeicher.

d) Auf der Karte beträgt die Nord-Süd-Ausdehnung Deutschlands rund 3,5 cm.
Berechne die Nord-Süd-Ausdehnung in der Wirklichkeit auf einem der beiden Wege.

Ordnen C — Wie kann man mit verschiedenen Zahlen vergrößern oder verkleinern?

7 Vergrößern und Verkleinern mit verschiedenen Zahlen

a) Bei Kopiergeräten wird der Vergrößerungsfaktor für die Seitenlängen als Prozentzahl angegeben.
Welche Zettel beschreiben jeweils die gleiche Vergrößerung?
Erkläre, warum ein Zettel übrig bleibt.

Zettel: · 100 %, · 10, doppelt so lang, · 1000 %, · 1,5, zehnmal so lang, · 1, · 150 %, · 200 %, genauso lang, · 15, um die Hälfte länger, · 2

b) Kopiergeräte können nicht dividieren. Trotzdem kann man mit ihnen auch verkleinern.
Welche Zettel beschreiben jeweils die gleiche Verkleinerung?
Erkläre, warum ein Zettel übrig bleibt.

Zettel: · 50 %, halb so lang, : 75, : 1,33, : 3, drei Viertel so lang, · 0,33, : 10, · 33 %, ein Drittel so lang, · 0,5, · 0,75, : 2, · 0,1, ein Zehntel so lang, · 75 %, · 10 %

▶ Materialblock S. 93
Wissensspeicher
Vergrößern und Verkleinern mit Komma und Prozent

c) Vergleicht eure Ergebnisse aus a) und b) und übertragt sie in den Wissensspeicher.

d) Durch Multiplizieren mit Dezimalzahlen, Brüchen und Prozentzahlen kann man vergrößern und verkleinern. Übertrage den Zahlenstrahl in dein Heft.
Ergänze aus a) und b) alle Faktoren, mit denen multipliziert wurde.

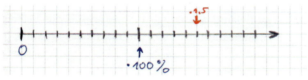

e) Vergleicht eure Ergebnisse aus d) und übertragt sie in den Wissensspeicher.

8 Vergrößern und Verkleinern rückgängig machen

a) Stell dir vor, du möchtest vergrößerte oder verkleinerte Bilder wieder in ihre ursprüngliche Größe bringen. Mit welchem Faktor musst du jeweils multiplizieren?

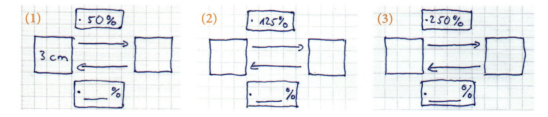

▶ Materialblock S. 93
Wissensspeicher
Vergrößern und Verkleinern mit Komma und Prozent

b) Vergleicht eure Ergebnisse und übertragt sie in den Wissensspeicher.

Vertiefen 1 Vergrößern und Verkleinern

Training **1 Muster mit vergrößerten Figuren**

a) Übertrage die folgenden Figuren in dein Heft.
Vergrößere jede der drei Figuren, verwende dabei die Vergrößerungszahlen 2, 4 und 8.

b) Wie viele von den kleinen Figuren aus a) passen in die vergrößerten Figuren? Findest du eine Regel?

c) Schreibe auf, wie du vorgegangen bist, um die Figuren zu vergrößern.

Training **2 Längen und Flächen vergrößern**

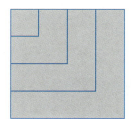

a) Die Abbildung links zeigt ein kleines Quadrat und drei Vergrößerungen.
- Mit welchen Vergrößerungszahlen wurden die Seitenlängen des kleinen Quadrates jeweils verändert?
- Mit welchen Vergrößerungszahlen wurde der Flächeninhalt des kleinen Quadrates jeweils verändert?

b) Die Seitenlängen des kleinen Quadrates sollen auf das 10-Fache vergrößert werden. Auf das Wievielfache wird dann der Flächeninhalt des Quadrates vergrößert?

c) Zeichne ein Rechteck und verändere es mit den Vergrößerungszahlen 2, 3 und 4. Mit welchen Vergrößerungszahlen wird dabei jeweils der Flächeninhalt verändert? Verhält sich das Rechteck ähnlich oder anders als das Quadrat in a)?

3 Vergrößerte Formen in der Kunst

Auch in der Kunst wird die Technik des Vergrößerns und Verkleinerns verwendet.

Das Gemälde links enthält das folgende Quadrat und das Rechteck in mehreren vergrößerten Varianten.

Welche Vergrößerungszahlen wurden verwendet? Prüfe durch Messen nach.

Bild: Piet Mondrian, Komposition mit großer roter Fläche, Gelb, Schwarz, Grau und Blau (1921)
© 2013 Mondrian / Holtzmann Trust c/o HCR International USA

Vertiefen

⚙ Training

4 Vergrößerungs- und Verkleinerungszahlen finden

a) Die folgende Abbildung zeigt Vergrößerungen und Verkleinerungen.
Welche der Figuren wurde am stärksten vergrößert oder verkleinert?
Schätze, ohne zu messen oder zu rechnen.

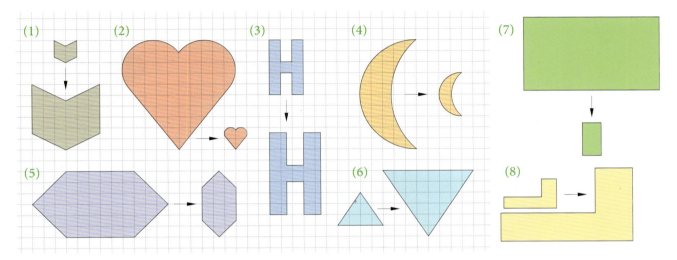

b) Finde die Zahlen, mit denen die Längen im Originalbild jeweils vergrößert oder verkleinert wurden.
Überprüfe deine Schätzung aus a).

c) Zeichne einen Zahlenstrahl in dein Heft und trage die Zahlen aus b) wie im Beispiel links auf dem Zahlenstrahl ein.

5 Original und Modell

Gib zu jedem Beispiel an, …
- ob es sich um eine Verkleinerung oder um eine Vergrößerung handelt.
- mit welcher Zahl verkleinert oder vergrößert wurde.
- wie groß der Maßstab ist.

(1) Schneeflocke

Original:
5 mm breit

Pantoffeltierchen

Original:
0,01 cm lang

(2) CD

Original:
5 cm breit

Gardasee

Original:
52 km lang

Die Welt im Museum – Vergrößern und Verkleinern

Training

6 Tierabbildung im Maßstab

Die Tiere (1) bis (6) sind maßstäblich so vergrößert bzw. verkleinert abgebildet, dass sie alle gleich groß erscheinen. Auf jedem Bild sind die Originalmaße angegeben.

(1) Hirschkäfer — 60 mm

(2) Redback Spider — 20 mm

(3) Ameise — 10 mm

(4) Giraffe — 6 m

(5) Orcawal — 9 m

(6) Pantoffeltierchen — 0,1 mm

Gut zu wissen
Ein Maßstab von 1 : 10 gibt eine Verkleinerung an, ein Maßstab von 10 : 1 eine Vergrößerung.

a)
- Schätze zu jedem Bild den Maßstab und notiere deine Schätzung im Heft.
- Sortiere dann die Bilder nach der Größe des Maßstabs.

b)
- Bestimme den Maßstab durch Messen und Rechnen.
- Überprüfe deine Schätzungen und deine Sortierung aus a).
  Bei welchem Bild hast du dich verschätzt? Beschreibe deine Fehler.

7 Original und Modell nebeneinander

Die Bilder ① und ② zeigen je ein Modell mit dazugehörigem Original.

- Schätze die Verkleinerungszahl, mit der das Original jeweils verändert wurde. Wie lautet dann der Maßstab?
- An welchen Längen hast du dich beim Schätzen des Maßstabs orientiert? Beschreibe deine Vorgehensweise.

Vertiefen

Training

8 Faktoren und Maßstäbe aufschreiben

Die Bilder unten zeigen Beispiele von Modellen.
Teilweise sind Werte angegeben, teilweise musst du messen bzw. schätzen.
Vervollständige zu jedem Bild die folgenden Sätze und übertrage sie in dein Heft:
- ■ cm im Modell entsprechen ■ cm in der Wirklichkeit.
- Die Längen im Original wurden mit/durch ■ multipliziert/dividiert, um die Längen im Modell zu erhalten, also ■ vergrößert/verkleinert ■.
- Das Modell hat den Maßstab ■ : ■.

(1) Die Modelleisenbahn hat die Nenngröße H0. Das entspricht dem Maßstab 1 : 87.

(2) Grippeviren bei 120 000-facher Vergrößerung

(3) „Meine Figur ist insgesamt 7,5 cm groß".

(4) Krill (Originalgröße: 6 cm)

(5) Zecke

(6) Der Saurier war in Wirklichkeit 40-mal so groß wie diese 20 cm lange Figur.

(7) Die Schulterhöhe eines Löwen beträgt ungefähr 1 m.

(8) Blauwal, Abbildung im Maßstab 1 : 750

Problemlösen

9 Riesen ohne Beine

In den USA sind am Mount Rushmore vier amerikanische Präsidentenköpfe in den Fels gehauen.

a) Wie groß wären die Präsidenten aus Stein ungefähr, wenn sie vollständige Körper hätten?

Tipp
Schätze die Größe der Präsidentenköpfe.

Bearbeite die Schätzaufgabe und verwende dazu den Lösungsplan
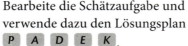.

b) Welcher Maßstab wurde für die Präsidentenköpfe ungefähr verwendet?

Die Welt im Museum – Vergrößern und Verkleinern

Problemlösen

Gut zu wissen
Ein Mikrochip ist ein kleines Bauteil in elektronischen Geräten, das Daten verarbeitet und speichert.

10 Mikrochip

Mikrochips sind sehr klein. Dieses Foto zeigt einen Größenvergleich mit einer Ameise.

a) Schätze, in welchem Maßstab die Ameise auf dem Foto dargestellt ist. Bearbeite die Schätzaufgabe und verwende dazu den Lösungsplan P A D E K.

b) Wie groß ist der Mikrochip ungefähr, den die Ameise transportiert?

11 Zimmer einrichten

Ole darf sein Zimmer neu einrichten. Er sucht einen passenden Schrank, einen Schreibtisch und ein Bett.
Die Bilder unten zeigen Grundrisse von Möbelstücken, aus denen Ole wählen kann.

Training

a) Miss die Größen der Möbelstücke und des Zimmers und berechne die tatsächlichen Längen und Breiten.

Problemlösen

Tipp
Du kannst deine gezeichneten Grundrisse ausschneiden und auf den Zimmergrundriss legen.

b) Welche Möbel würdest du Ole empfehlen und wie könnte er die Möbel aufstellen? Zeichne dafür die Grundrisse der Möbelstücke und des Zimmers im Maßstab 1 : 20.

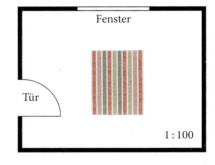

Passt der Teppich auch noch rein?

c) Entscheide, ob auch der Teppich noch in das Zimmer passt.

Vertiefen 2 — Mit großen Maßstäben arbeiten

Training

12 Maßstäbe schätzen

Welcher Maßstab gehört zu welchem Bild?
Ordne jedem Bild den passenden Maßstab zu. Begründe deine Wahl.

(1) 1 : 1000 Millionen (2) 1 : 30 000 000 (3) 3 : 1
(4) 1 : 12 500 (5) 1 : 1

13 Passende Kartenmaßstäbe verwenden

Merves Familie braucht für den Urlaub Karten in verschiedenen Maßstäben:
(1) Für die Fahrradtour sollten 100 km in der Breite auf die Karte passen.
(2) Für die Rundreise mit dem Auto sollten 2000 km in der Breite auf die Karte passen.
(3) Für das Wandern an einem bestimmten Ort müssen nur 20 km in der Breite auf die Karte passen.

Die meisten Karten sind ausgefaltet 1 m breit.
Welche Maßstäbe sollten die drei Kartensorten also haben?

Training

14 Abstände zwischen Städten

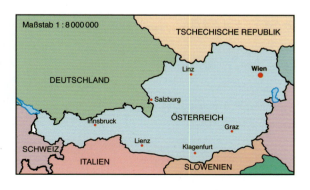

a) Bestimme die Entfernungen auf der nebenstehenden Karte durch Messen und Rechnen.

(1) Entfernung zwischen Linz und Wien : Entfernung von Linz zur Grenze nach Deutschland
(2) Entfernung von Graz nach Salzburg : Entfernung von Innsbruck zur Grenze nach Ungarn

b) Bestimme die folgenden Entfernungen durch Messen und Rechnen.
Nutze dazu geeignete Karten aus dem Internet oder aus einem Reiseatlas.
(1) Entfernung zwischen Köln und Berlin
(2) Entfernung zwischen Amsterdam und Belgrad

Die Welt im Museum – Vergrößern und Verkleinern

Training

15 Mit dem Taschenrechner und Einheiten umgehen

Ole möchte die Entfernung zwischen Amsterdam und Budapest berechnen.
Er misst die Entfernung auf der Karte und rechnet so mit dem Taschenrechner, wie es unten abgebildet ist.
An der Stelle ☁ denkt er sich immer die richtige Einheit.

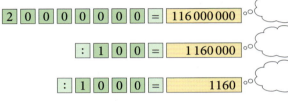

Bei welcher Einheit bin ich jetzt?

a) Erkläre die einzelnen Schritte und gib jeweils die richtige Einheit an.

b) Welche Entfernung haben Warschau und Bern voneinander?
Löse die Aufgabe wie Ole und gib in jedem Schritt die passende Einheit an.

16 Unser Sonnensystem verkleinern

Ole will die Planeten des ganzen Sonnensystems im richtigen Abstand auf eine Heftseite zeichnen. Dazu will er den passenden Maßstab berechnen. Merve hat herausgefunden, dass der äußerste Planet Neptun einen Abstand von 4,5 Milliarden Kilometern zur Sonne hat.
Ole berechnet den gesuchten Maßstab so:

Training

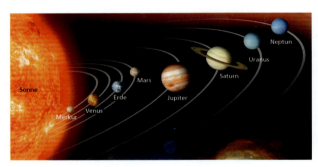

a) Merve versteht Oles Rechnung nicht:

Im zweiten Schritt hast du doch eigentlich die 45 stehen lassen. Warum schreibst du dann „durch 1000"?

Erkläre Merve Oles Rechnung.

Tipp
Du kannst die Größen der Planeten und ihren Abstand von der Sonne im Internet recherchieren.

b) Führe Oles Rechnung weiter fort, bis der Abstand vom Neptun zur Sonne auf ein DIN-A4-Blatt passt. Gib den berechneten Maßstab an.

c) Berechne auch die Abstände anderer Planeten von der Sonne und die Größe der Sonne in diesem Maßstab.

Vertiefen 3 — Vergrößern und Verkleinern mit verschiedenen Zahlen

Training

17 Vergrößern und Verkleinern mit Dezimalzahlen

Die untere Abbildung zeigt den Buchstaben „T" in verschiedenen Größen.
Miss die Höhen der Buchstaben (1) bis (8) und bestimme die zugehörigen
Vergrößerungs- oder Verkleinerungszahlen.
Schreibe alle Ergebnisse in dein Heft.

T Original

Training

18 Vergrößern und Verkleinern am Kopierer

Mit einem Kopiergerät kann man vergrößern und auch verkleinern.

a) Welche Prozentzahl muss man einstellen, wenn man alle Längen verdoppeln will?

b) Zuerst wurde ein Original auf 200 % vergrößert.
Dann wurde das Ergebnis auf 50 % verkleinert.
- Ist das Ergebnis insgesamt eine Vergrößerung oder eine Verkleinerung?
- Welche Prozentzahl hätte man einstellen müssen, um das Ergebnis in einem Schritt zu erhalten?

c) Finde andere Paare von Prozentzahlen, die ein Ergebnis wie in b) erzeugen.

d) *Der Kopierer kann doch nur multiplizieren. Dann kann er doch nur vergrößern, aber nicht verkleinern.*

Erkläre Merve ihren Denkfehler.

19 Vergrößern und Verkleinern mit der Textverarbeitung

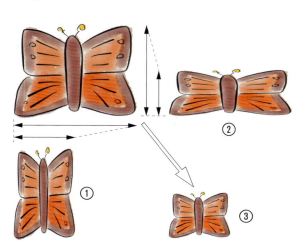

Auch mit Textverarbeitungs-programmen kann man die Größe von Bildern ändern.
Das Wort „*Skalieren*" bedeutet „Vergrößern oder Verkleinern."

Welche Prozentzahlen musst du eingeben, um die Schmetterlinge wie links abgebildet zu erhalten?

Training

20 Von Münze zu Münze

a) ■ Schätze, auf wie viel Prozent sich der Durchmesser jeweils von einer Münze zur nächsten Münze verändert.
■ Überprüfe deine Schätzungen mit einem Taschenrechner.

b) ■ Bei welcher Münze ist die Vergrößerung zur nächsten Münze am größten? Bei welcher ist sie am kleinsten?
■ Bei welcher Münze ist die Vergrößerungszahl zur nächsten Münze größer als 1? Bei welcher Münze ist die Vergrößerungszahl zur nächsten Münze kleiner als 1?
■ Ist die Vergrößerungszahl auch einmal größer als 120 %?

c) Berechne, mit welcher Vergrößerungszahl sich die Größe von 2 Ct zu 10 Ct ändert. Kannst du dazu die Ergebnisse aus b) nutzen? Erkläre deine Überlegung.

16,25 mm

18,75 mm

21,25 mm

19,75 mm

22,25 mm

24,25 mm

23,25 mm

25,25 mm

21 Sehtesttafeln

a) ■ Beschreibe, wie die unten abgebildete Sehtesttafel aufgebaut ist. Wie wird eine solche Tafel benutzt?
■ Mit welcher Zahl werden in jedem Schritt die Buchstaben verkleinert?

(1) U H N Z E
(2) Z N R P V
(3) U P N E R
(4) E U V H Z
(5) Z U N V E
(6) H N U P Z
(7) N E Z R H
(8) Z N R P V
U P N E R

b) Erstelle am Computer eine eigene Sehtesttafel mit einer anderen Schriftart und verwende die gleichen Faktoren.

Vertiefen 4 — Multiplizieren und Dividieren mit Brüchen

Hinweis
Das Applet „Copystar" findest du unter dem Mediencode 185-1.

22 Vergrößern und Verkleinern mit Brüchen

Im Programm „Copystar" kann man auch mit Brüchen verkleinern und vergrößern, indem man multipliziert oder dividiert.

	Vergrößern A → A	Verkleinern A → A
mal		
durch		

a) Übertrage die Tabelle ins Heft.
Trage jeweils mehrere Beispiele für Brüche ein, …
- mit denen man multiplizieren kann, um zu vergrößern.
- mit denen man multiplizieren kann, um zu verkleinern.
- durch die man dividieren kann, um zu vergrößern.
- durch die man dividieren kann, um zu verkleinern.

b) Erkläre, was „mal $\frac{1}{2}$" mit „ich nehme die Hälfte" zu tun hat.

23 Verschiedene Wege zum Verkleinern und Vergrößern

Warum verkleinert eigentlich „mal $\frac{3}{8}$"? Sonst wird es bei MAL doch immer größer?

Ich mache es in zwei Schritten: erst mal drei dann durch acht, so sieht man es.

a) Warum bekommt Till nach seinen beiden Schritten das gleiche Ergebnis wie bei „mal $\frac{3}{8}$"?

b) Wie erklärt Till mit seinem Rechenweg, dass „mal $\frac{3}{8}$" verkleinert?

c) Zerlege wie Till auch andere Zahlen aus 22 a). Überprüfe mit „Copystar", ob deine Zerlegung das Gleiche bewirkt wie das Rechnen mit dem Bruch.

d) Findest du noch andere Wege, um „mal $\frac{3}{8}$" zu rechnen?

wiederholen
Wissensspeicher
Brüche 13 (MB85)

e)
- Stellt euch gegenseitig je vier Multiplikationsaufgaben mit Brüchen und löst sie.
- Was haben die Aufgaben mit Verkleinern und Vergrößern mit „Copystar" zu tun?

24 Poster verkleinern und wieder zurück

a) Schreibe jeweils eine passende Rechnung auf:

Ein Poster mit einer Höhe von 2 m soll auf $\frac{1}{5}$ der Originalhöhe verkleinert werden. Wie hoch ist das neue Bild?

Ein Poster mit einer Höhe von $\frac{7}{10}$ m soll auf $\frac{1}{10}$ der Originalhöhe verkleinert werden. Wie hoch ist das neue Bild?

b) Wie kommt man wieder zurück zur alten Postergröße? Zeige deine Rechnungen mit Pfeilbildern wie in Aufgabe 23 d).

25 Viele Rückwege, die das Gleiche bewirken

a) Die folgenden Bilder zeigen verschiedene Wege, um „mal $\frac{3}{4}$" zu rechnen und es wieder rückgängig zu machen.

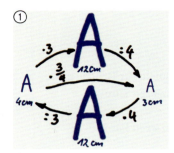 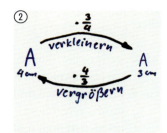 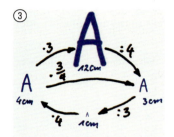 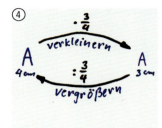

Prüfe für alle vier Bilder, ob die gezeichneten Hin- und Rückwege funktionieren.

b) Begründe, warum alle Rückwege bei a) das gleiche Ergebnis haben.

c) Übertrage die Bilder unten ins Heft und beschrifte sie für „mal ". Schreibe wie in a) viele Rückwege für „mal ".

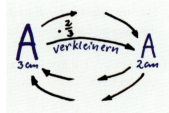 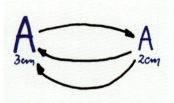

d) Vergleicht eure Bilder und Rückwege aus c).

Hinweis
Zum Bruch $\frac{4}{5}$ heißt der umgekehrte Bruch $\frac{5}{4}$.

e) Welcher Satz passt zu welchem der Bilder aus a)? Wenn kein Bild passt, dann zeichne ein neues.

(1) Das Multiplizieren mit einem Bruch kann ich durch Dividieren durch den Bruch rückgängig machen.

(2) Das Multiplizieren mit einem Bruch kann ich durch Multiplizieren mit dem umgekehrten Bruch rückgängig machen.

(3) Das Dividieren durch einen Bruch bewirkt dasselbe wie das Multiplizieren mit dem umgekehrten Bruch.

26 Zusammenpassende Aufgaben

Tipp
Wenn du dir schon sicher bist, reichen Pfeilbilder im Kopf.

$Zahl\ 1 \cdot \dfrac{Zahl\ 2}{Zahl\ 3}$

a) Welche Aufgaben haben das gleiche Ergebnis? Finde sie mit passenden Pfeilbildern, ohne zu rechnen.

(1) $555 \cdot \frac{2}{7}$ (2) $555 \cdot \frac{7}{2}$ (3) $555 : 7 \cdot 2$ (4) $555 \cdot 2 : 7$ (5) $555 : \frac{7}{2}$

b) Wähle drei Zahlen und setze sie zu einer Aufgabe wie links zusammen. Tausche nun die Position der Zahlen, sodass sechs verschiedene Aufgaben entstehen. Wie viele davon haben das gleiche Ergebnis?

Vertiefen

Hinweis
Das Applet „Copystar" findest du unter dem Mediencode 187-1.

27 Dividieren durch Brüche

a) Pia überlegt, wie sie vorgehen soll, um die Divisionsaufgabe $\frac{5}{6} : \frac{2}{3}$ zu rechnen.
Sie stellt sich dafür ein Bild mit der Höhe $\frac{5}{6}$ cm vor.
Pia weiß, dass „durch $\frac{2}{3}$" eine Vergrößerung bewirkt, weil $\frac{2}{3}$ kleiner ist als 1.
Nun sucht sie nach einer passenden Multiplikation, die das Gleiche bewirkt.

- Welcher Satz aus Aufgabe 25 e) kann Pia helfen?
- Notiere die passende Rechnung und berechne das Ergebnis.
- Überprüfe – mit oder ohne „Copystar" –, ob das Ergebnis ungefähr stimmen kann.

b) Berechne mit deinem Weg aus a) auch andere Divisionsaufgaben.

(1) $\frac{5}{6} : \frac{2}{6}$ (2) $\frac{1}{6} : \frac{2}{3}$ (3) $\frac{1}{6} : \frac{1}{3}$ (4) $\frac{3}{8} : \frac{3}{8}$ (5) $\frac{8}{5} : \frac{8}{5}$

c) Zeichne zu den Aufgaben aus b) jeweils auch ein Pfeilbild.
Ergänze wie in 25 a) an den Pfeilen die Wörter „Vergrößern" und „Verkleinern".

d) Vergleicht eure Rechnungen und Pfeilbilder.
Schreibt eine allgemeine Merkregel für das Dividieren von Brüchen auf.

28 Und wie zurück?

a) Schreibe jede der Rechenaufgaben als Pfeilbilder wie im Bild links.
Finde zwei verschiedene Rückwege und beschrifte dazu die Rückpfeile.
Stelle auch die beiden Rückwege als Rechenaufgaben dar und löse sie.

(1) $\frac{3}{8} \cdot \frac{2}{3} = \frac{6}{24}$ (2) $\frac{1}{7} \cdot \frac{4}{3}$ (3) $\frac{2}{3} \cdot \frac{1}{4}$

Hinweis
Ihr könnt auch zwei Würfel nutzen, um die Brüche zu finden.

b) Denkt euch selbst eigene Aufgaben mit Brüchen aus, zu denen ihr zwei oder drei Rückwege als Pfeilbild und als Rechenaufgabe darstellt.

29 Ähnliche Aufgaben?

a) Berechne die Ergebnisse der folgenden Aufgaben. Prüfe dabei jeweils, ob man das Ergebnis einer Aufgabe aus einem anderen Ergebnis schon ableiten kann.

(1) $\frac{10}{9} : \frac{2}{3}$
$\frac{30}{9} : \frac{2}{3}$
$\frac{60}{9} : \frac{2}{3}$
$\frac{180}{9} : \frac{2}{3}$

(2) $\frac{4}{5} : \frac{3}{4}$
$\frac{4}{5} : \frac{6}{4}$
$\frac{4}{5} : \frac{3}{8}$
$\frac{4}{5} : \frac{3}{16}$

(3) $\frac{4}{5} : \frac{7}{8}$
$\frac{32}{35} : \frac{7}{8}$
$\frac{32}{35} : \frac{4}{5}$
$\frac{7}{8} : \frac{4}{5}$

Hinweis
Du kannst einen Teil des Bruchs vervielfachen oder Teile austauschen.

b) Denk dir selbst zwei Aufgabenblöcke aus, bei denen die Aufgaben miteinander zusammenhängen. Löse die Aufgaben selbst und lass sie dann deinen Nachbarn lösen.

c) Sverre hat $\frac{1}{4} : \frac{1}{8} = \frac{1}{32}$ gerechnet.
Überprüfe das Ergebnis, indem du überlegst, ob hier vergrößert oder verkleinert wird.

Checkliste — Die Welt im Museum – Vergrößern und Verkleinern

Ich kann … / Ich kenne …	Hier kann ich üben …
Ich kann Figuren mit einer vorgegebenen Zahl vergrößern oder verkleinern und kann erklären, wie man dabei vorgeht. Zeichne dieses Rechteck vergrößert ins Heft. Verwende die Vergrößerungszahl 4. Erkläre, worauf du dabei achten musst.	S. 176 Nr. 1, 2
Ich kann die Vergrößerungszahl bzw. die Verkleinerungszahl finden, wenn ich ein Original mit einem dazu gehörigen Bild vergleiche. Finde die Vergrößerungs- bzw. die Verkleinerungszahl:	S. 176 Nr. 3 S. 177 Nr. 4, 5 S. 178 Nr. 6
Ich kann Maßstäbe ungefähr einschätzen, wenn ich das Original mit einem Modell vergleiche. Schätze den Maßstab für das Modell des Rettungshubschraubers.	S. 178 Nr. 6, 7 S. 179 Nr. 9 S. 181 Nr. 10
Ich kann die Längen beim Vergrößern und Verkleinern mit einem gegebenen Maßstab umrechnen. ▪ Wie groß ist eine Modelllokomotive im Maßstab 1 : 8, wenn das Original 20 m lang ist? ▪ Wie lang ist ein Wagen im Original, wenn ein Modell mit dem Maßstab 1 : 50 eine Länge von 15 cm besitzt?	S. 179 Nr. 8 S. 180 Nr. 11
Ich kann bei der Verkleinerung sehr großer Gegenstände in mehreren Schritten den Maßstab bestimmen und dabei auch mit dem Wechsel von Einheiten umgehen. ▪ Verkleinere den Mond (3000 km Durchmesser) schrittweise so lange, bis er auf ein 30 cm breites Papier passt. Welcher Maßstab ergibt sich insgesamt? ▪ Auf einer Karte im Maßstab 1 : 150 000 ist eine Strecke 2,5 cm lang. Wie lang ist sie in Wirklichkeit?	S. 181 Nr. 12–14 S. 182 Nr. 15, 16 S. 183 Nr. 17
Ich kann vergrößern und verkleinern, indem ich geeignet mit verschiedenen Zahlen multipliziere. Am Kopiergerät ist ein Buchstabe, der 20 cm hoch ist, auf 25 cm zu vergrößern. Gib den Vergrößerungsfaktor als Prozentzahl an.	S. 183 Nr. 17–19 S. 184 Nr. 20, 21 S. 185 Nr. 22, 23
Ich kann mit Brüchen verkleinern und vergrößern und dazu mit Brüchen dividieren. ▪ Welche Multiplikation macht die Division durch $\frac{1}{6}$ rückgängig? Erkläre im Zusammenhang mit dem Vergrößern und Verkleinern beim Kopierer. ▪ Wie rechnet man $\frac{3}{8} : \frac{2}{9}$? Erkläre, warum man den umgekehrten Bruch benutzt.	S. 185 Nr. 22–24 S. 186 Nr. 25, 26 S. 187 Nr. 27–29

▶ Hinweis: Im Materialblock auf Seite 95 findest du diese Checkliste für deine Selbsteinschätzung. Zusätzliche Übungsaufgaben findest du im Internet unter 188-1.
(www.cornelsen.de/mathewerkstatt, Buchkennung: MWS040 235, Mediencode: 188-1)

Zahlen- und Bildmuster – Geschickt zählen und fortsetzen

In diesem Kapitel …

▶ untersuchst du Muster in Bildern und Zahlen.

▶ lernst du, wie man in Mustern Anzahlen geschickt bestimmen kann.

▶ findest du Wege, wie man Muster fortsetzen kann.

Einstieg

"In Bildern kann man manchmal Muster erkennen."

Erkunden A Wie kann ich geschickt zählen?

▶ Materialblock S. 99
Arbeitsmaterial
Muster in Bildern

1 Bildpunkte schnell zählen

a) Bestimme die Anzahl der Punkte in Tills Bild.
   Erkläre, wie du vorgegangen bist.

b) Merve sagt, sie kann die Anzahl der Punkte auf einen Blick erkennen.
   Was meint sie wohl damit:
   Wie kann man die Anzahl der Punkte auf einen Blick erkennen?

c) Finde verschiedene Möglichkeiten, die Anzahl der Punkte auf einen Blick zu sehen.
   Übertrage dazu Tills Bild in dein Heft.
   Markiere die Möglichkeiten mit unterschiedlichen Farben.

d) Probiere auch bei folgenden Bildern die Anzahl der Punkte auf einen Blick zu erkennen:

(1)    (2)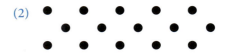

(3)    (4)

e) Zeichnet eigene Bilder mit Punktmustern.
   Tauscht eure Bilder untereinander und zählt die Punkte, so schnell ihr könnt.
   Erklärt, wie ihr vorgegangen seid.

f) Wann ist es leicht Punkte in Bildern zu zählen, wann ist es schwierig?
   Zeichne ein Bild, bei dem es leicht ist, und eines, bei dem es schwierig ist.

Erkunden B — Wie kann ich geschickt weiterzählen?

2 In Bilderfolgen weiterzählen

* **Neues Wort**
Eine **Bilderfolge** besteht aus mehreren Bildern in fester Reihenfolge. Alle Bilder haben ein gemeinsames Muster.

a) Wie geht die *Bilderfolge** weiter? Male die nächsten beiden Bilder in dein Heft.
Schreibe dazu, welche der beiden Erklärungen dir mehr geholfen hat.

b) Merve sagt, die Bilder wachsen Schritt für Schritt. Was meint sie?
Färbe deine Bilder der Bilderfolge so ein, wie Merve sich das vorstellt.

c) Wie kann Ole beschreiben, dass die Bilder wachsen?
Ergänze zwei weitere Bilder, so wie Ole sich das vorstellt.

d) Ergänze jeweils die nächsten beiden Bilder der beiden Bilderfolgen.

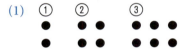   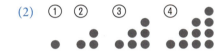

Beschreibe jeweils das Muster der Bilderfolge.
Erkläre dazu, was von Schritt zu Schritt gleich bleibt und was sich verändert.

e) ▪ Bestimme für die beiden Bilderfolgen bei d) die Anzahl der Punkte nach jedem Schritt.
Erkläre wie du vorgegangen bist.
▪ Wie viele Punkte hat jeweils das achte Bild der Bilderfolge?

f) Erfindet eigene Bilderfolgen und tauscht sie untereinander.
Sagt dann die Anzahl der Punkte für die nächsten Bilder voraus.
Überprüft eure Vermutung, indem ihr die nächsten beiden Bilder malt.

← nachgedacht g) Diskutiert untereinander: Wie kann man schnell erkennen, wie die Folge weitergeht?

* **Neues Wort**
Bei einer **Zahlenfolge** hängen die Zahlen durch eine Regel zusammen.

3 In Zahlenfolgen weiterzählen

Muster kann man auch in *Zahlenfolgen** entdecken.

a) Untersuche die Zahlenfolgen nach Mustern und setze sie fort.

(1) | 2 | 6 | 10 | 14 | (2) | 3 | 6 | 12 | 24 | (3) | 5 | 5 | 5 | 5 | (4) | 2 | 1 | 4 | 2 | 8 |

Tipp
Ihr könnt zu den Zahlenfolgen auch passende Punktebilder malen.

b) Wie gehen die Zahlenfolgen weiter? Formuliere zu jeder Zahlenfolge eine Regel.

c) Erfindet eigene Zahlenfolgen und formuliert zu jeder Folge eine Regel.
Tauscht eure Regeln untereinander. Euer Partner erstellt dann die Zahlenfolge.

4 Muster erkennen und Regeln finden

Muster und Regeln zu Bilderfolgen können ganz unterschiedlich aussehen.

a) Ole hat in der folgenden Bilderfolge ein Muster gesehen.
Kannst du auch ein Muster entdecken?

b) Ole hat folgende Regel entdeckt: „Alles wird verdoppelt und einer kommt hinzu".
Er hat einige Punkte farbig umrahmt, um das Muster besser erkennen zu können.

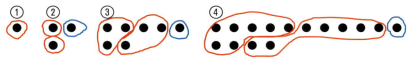

Erkläre, wie Oles Regel „Alles wird verdoppelt und einer kommt hinzu."
mit seiner Markierung in der Bilderfolge zusammenhängt.

▶ Materialblock S. 100
Arbeitsmaterial
Folgen und Regeln

c) Welche der Regeln **A**, **B**, **C** und **D** passen zu den Bilderfolgen (1), (2) und (3)?
Tipp: Nutze das Arbeitsmaterial aus dem Materialblock und markiere dort die Muster so wie Ole in b).

| **A** Es ist jedesmal ein größeres Quadrat und oben drauf noch eine Reihe Punkte. | **B** Es ist erst ein 1 mal 2 Rechteck, dann ein 2 mal 3 Rechteck usw. | **C** Es werden immer fünf Punkte dazugenommen. | **D** In der einen Zeile kommen immer zwei Punkte dazu, in der anderen Zeile immer drei. |

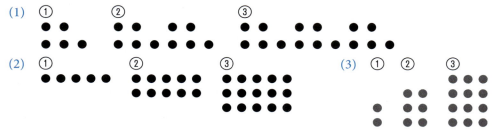

d) Kannst du noch andere Regeln für die drei Bilderfolgen bei c) finden?
Vergleiche deine Regeln mit den Regeln **A** bis **D**. Was ist gleich, was ist anders?

e) Passen die Regeln von Merve und Till zur gegebenen Bilderfolge?
Begründe deine Antwort.

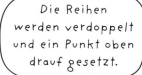 

„Die Reihen werden verdoppelt und ein Punkt oben drauf gesetzt."

„Es werden immer mehr Punkte dazu genommen. Erst 5 und dann 6 usw."

f) Schreibe zu der Bilderfolge aus e) mindestens eine passende neue Regel auf.

↶ nachgedacht

g) Wie kann man Regeln für Zahlenfolgen finden?
Kann es unterschiedliche Regeln für die gleiche Folge geben?

Erkunden C — Wie kann ich geschickt weiterrechnen?

Hinweis
6, 8, 10, …

Zahl an der 2. Stelle

5 Welche Zahl steht an welcher Stelle?

In der folgenden Tabelle ist eine Zahlenfolge vorgegeben.
Gleichzeitig ist auch die passende Bilderfolge eingetragen.

Stelle	1.	2.	3.	4.	5.	6.	7.	8.	…	10.	…	20.	…
Zahl	13	20	27	■	41	■	■	■		■		■	
Bild	⚫	⚫⚫	⚫⚫⚫										

a) Übertrage die Tabelle in dein Heft.
Ergänze die Zahlen und Bilder an der 4., 6., 7. und 8. Stelle.
Mit welcher Regel hast du die nächsten Zahlen gefunden?
Schreibe deine Regel in eigenen Worten auf.

b) ▪ Wie kannst du die 10. Stelle ausrechnen, ohne die 9. Stelle aufzuschreiben?
▪ Wie kannst du die 20. Stelle ausrechnen, ohne die Zahlen davor zu kennen?
Erkläre, wie du jeweils vorgegangen bist.

← **nachgedacht**   c) Warum ist es hilfreich, für Zahlenfolgen Rechenregeln aufzustellen?

6 Zahlen an hohen Stellen berechnen

a) Berechne für die Zahlenfolge 6, 8, 10, 12, … möglichst schnell die Zahl an der 50. Stelle. Schreibe auf, wie du die Zahl an der 50. Stelle berechnet hast.

Tipp
Ihr könnt euren Weg auch noch mit diesen beiden Zahlenfolgen testen:

40. Zahl von 3, 6, 9, 12, …

50. Zahl von 6, 13, 20, 27, …

b) Arbeitet nun in Gruppen und findet gemeinsam den besten Weg, Zahlen an hohen Stellen in Zahlenfolgen schnell zu berechnen.

So geht ihr vor:
1. Schritt: Bestimmt auf euren Wegen aus a) die Zahl an der 100. Stelle der Zahlenfolge 6, 8, 10, 12, …
2. Schritt: Überlegt gemeinsam, welcher Weg der schnellste ist.
3. Schritt: Testet euer gemeinsames Verfahren, indem ihr für die Folge 4, 7, 10, 13, … die Zahl an der 100. Stelle bestimmt.
4. Schritt: Schreibt euer Verfahren auf.

Wählt zum Schluss euren besten Rechner, der gegen die anderen Gruppen antritt.

c) Klassenwettkampf:
Aus jeder Gruppe tritt eine Person an.
Wer berechnet am schnellsten die Zahl an der 100. Stelle einer Zahlenfolge, die euch euer Lehrer oder eure Lehrerin nennt?

Führt den Wettkampf mehrmals durch.

Ordnen A — Wie kann man geschickt zählen?

1 Leichter zählen mit Mustern

Ole und Merve haben Muster in Punktebildern gefunden.
Ihre Muster nutzen sie, um einfacher die Punkte zu zählen.

a) Überlege für jedes Punktebild:
- Zu welcher Beschreibung passt die rote Markierung?
- Male jeweils auch zur anderen Beschreibung ein Bild in dein Heft.
- Welcher Weg ist schneller?

(1)

Ich habe ein Rechteck mit fünf mal vier Punkten. Das sind zusammen 20.

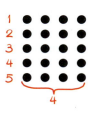

Ich sehe $4+4+4+4+4 = 20$ Punkte.

(2)

Ich habe zweimal die unteren beiden Reihe und zweimal die oberen beiden Reihen gezählt. Das macht $2 \cdot 4 + 2 \cdot 2$.

Ich sehe ein großes Quadrat minus ein kleines Quadrat.

(3)

Die Treppe kann man zu einem Rechteck umlegen. Dann kann man schneller zählen. Es sind also $5 \cdot 3 = 15$ Punkte.

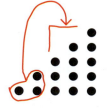

Ich sehe $1+2+3+4+5 = 15$ Punkte.

▶ Materialblock S. 97
Wissensspeicher
Muster beschreiben

b) Vergleicht eure Ergebnisse aus a) und übertragt zu jedem Punktebild eine passende Begründung und eine passende Rechnung in den Wissensspeicher.

c) Nun umgekehrt:
Erfinde Punktebilder zu den folgenden Rechenaufgaben:
(1) $4 \cdot 6$ (2) $1 + 3 + 5 + 7$ (3) $2 \cdot 4 + 2 \cdot 5$ (4) $9 - 3$

Ordnen B — Wie kann man geschickt weiterzählen?

2 Zahlenfolgen fortsetzen

Zahlenfolgen lassen sich unterschiedlich fortsetzen.

a) Male zu der Zahlenfolge 10, 14, 18, … eine Bilderfolge.
   Setze die Bilderfolge fort und erkläre das Muster.

b) Till, Ole, Pia und Merve haben sich für die Zahlenfolge aus a) unterschiedliche Lösungswege überlegt. Erkläre die Vorteile und die Nachteile der einzelnen Wege.

Till: „Ich denke mir eine Regel aus, wie man die Zahlen berechnen kann: Beginne mit der 10 und addiere immer 4 dazu."

Merve: „Ich schreibe mir auf, wie ich jede Zahl berechnen kann. Die Zahl, die sich verändert, markiere ich mit gelb."

$6 + 1 \cdot 4$
$6 + 2 \cdot 4$
$6 + 3 \cdot 4$
…

Ole: „Ich zeichne Bilder für die Zahlen der Zahlenfolge. Das sind ein Sechserrechteck und immer eine Viererreihe mehr."

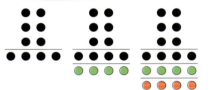

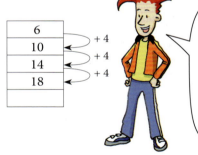

Pia: „In der Tabelle kann man die Beziehung zwischen den Zahlen besser erkennen. Ich habe die 6 als Startzahl. Dann kommen immer 4 dazu."

c)

Till: „Warum startest du nicht mit der 10?"

Pia: „Weil die Zahlen, die ich einsetze, zu den Stellen passen müssen, an denen die Zahlen stehen."

▶ Materialblock S. 97
  Wissensspeicher
  Folgen fortsetzen

- Was ist Merves Problem?
- Warum startet Pia mit der 6 und nicht mit der 10?
- Wo sieht man bei Ole und Till die Startzahl?

d) Bestimme für die Zahlenfolge 5, 8, 11, … die nächsten beiden Zahlen.
   Nutze dabei die vier Wege von Till, Ole, Pia und Merve.
   Markiere auch die veränderliche Zahl in Pias Weg.

e) Vergleicht eure Ergebnisse aus d) und übertragt sie in den Wissensspeicher.

f) Bestimme die nächsten beiden Zahlen der folgenden Zahlenfolgen:
   (1) 6, 10, 15, 21, …   (2) 1, 4, 9, 16, …   (3) 4, 8, 16, 32, …
   Welche Wege hast du genutzt? Begründe deine Auswahl.

Zahlen- und Bildmuster – Geschickt zählen und fortsetzen

Ordnen C

Wie kann man geschickt weiterrechnen?

3 Bilderfolge, Zahlenfolge und Term vergleichen

Folgen kann man unterschiedlich darstellen, die Tabelle zeigt hierfür ein Beispiel.

Stelle	1	2	3	
Bilderfolge	●● / ●●● / ●●	●●●● / ●●● / ●●●●	●●●●●● / ●●● / ●●●●●●	...
Zahlenfolge	8	14	20	...
Term	$2 + 1 \cdot 6$	$2 + 2 \cdot 6$	$2 + 3 \cdot 6$	...

a) ▪ Was ändert sich in der Bilderfolge von Stelle zu Stelle?
  ▪ Was ändert sich in der Zahlenfolge von Stelle zu Stelle?

b) Übertrage die Bilderfolge ins Heft und markiere in jedem Bild die Startzahl.
Wo in der Zahlenfolge und wo im Term findest du die Startzahl wieder?

c) Zeichne zur Zahlenfolge 7, 10, 13, 16, ... eine Bilderfolge.
Stelle einen Term zu jedem Bild auf.
Markiere wie Pia in Aufgabe 2 in jedem Term die veränderliche Zahl.

4 Punkteanzahl voraussagen

a)

Till und Pia fragen sich, wie viele Punkte die Bilder wohl weiter hinten haben, z. B. im 32. Bild. Dazu hat Till die Tabelle am Rand aufgestellt.

 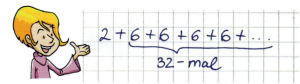

Pia hat auf zwei Wegen gerechnet.
Vergleiche die Wege von Till und Pia.
Warum ist der Weg von Pia schneller?
Begründe deine Antwort.

b) Wie ist Pia auf den Term gekommen? Erkläre dazu, wie sie die Startzahl bestimmt hat und was die Zahlen 32 und 6 in ihrem Term bedeuten.

c) Stelle für die folgende Bilderfolge einen Term auf, mit dem du Anzahl der Punkte im 50. Bild berechnen kannst. Erkläre, wie du den Term aufgestellt hast.

d) Vergleicht eure Ergebnisse aus c) und übertragt sie in den Wissensspeicher.

▶ Materialblock S. 98
Wissensspeicher
Zahlenfolgen

Ordnen

5 Hohe Stellen von Zahlenfolgen möglichst geschickt berechnen

Till, Merve, Ole und Pia wollten die 35. Stelle der Zahlenfolge 5, 9, 13, 17, … berechnen.
Dabei sind sie unterschiedlich vorgegangen.

▶ Materialblock S. 98
Wissensspeicher
Zahlenfolgen

a) Berechne auch die 50. und die 100. Stelle der Zahlenfolge auf den vier Wegen. Vergleicht und ergänzt eure Ergebnisse im Wissensspeicher.

b) ▪ Beschreibe die Vorteile und Nachteile der vier Wege.
   ▪ Welcher Weg gefällt dir am besten? Begründe deine Entscheidung.

c) ▪ Wo sieht man die Änderung von Stelle zu Stelle und wo sieht man die Startzahl bei den Lösungen von Merve, Pia und Ole.
   ▪ Kommt Till ohne diese beiden Zahlen aus?

d) Begründe, warum Pia und Merve schneller zum Ziel kommen als Ole und Till.

Hinweis
Das x wird wie ein Platzhalter verwendet.

e) ▪ Pia hat ein x in ihrer Rechnung stehen, sie rechnet aber mit 35. Warum schreibt Pia ein x in ihren Term? Erkläre, wie Pia das x nutzt.
   ▪ Hat Merve auch so etwas wie ein x benutzt?

f) Schreibe Terme zu den folgenden Zahlenfolgen auf und berechne jeweils die Zahl an der 100. Stelle.
   (1) 7, 11, 15, 19 …   (2) 5, 10, 15, 20, …   (3) 1, 4, 9, 16, …

g) ▪ Warum lässt sich zur Folge (3) kein Term mit Startzahl und Änderung aufstellen?
   ▪ Woran kann man bei Zahlenfolgen erkennen, ob man einen Term mit Startzahl und Änderung aufschreiben kann.

▶ Materialblock S. 98
Wissensspeicher
Zahlenfolgen

h) Vergleicht eure Ergebnisse aus f) und g) und übertragt sie in den Wissensspeicher.

Vertiefen 1

Muster in Bildern erkennen

Training

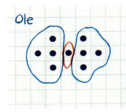

1 Muster in Bildern erkennen

a) Ole hat in Bild (1) ein Muster erkannt und es farbig markiert (siehe Rand). Beschreibe das Muster.

b) Zeichne die Bilder (1) bis (4) ab. Markiere die Muster, die du in den Bildern siehst.

c) Kannst du noch andere Muster erkennen? Zeichne die Bilder noch einmal ab und markiere erneut.

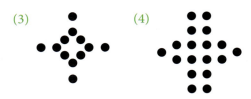

Training

2 Punkte zählen

a)

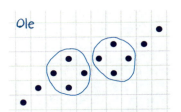

Es soll die Anzahl der Punkte in dem Muster links gezählt werden.
Ole hat nur einen Teil der Punkte markiert.
Wie wird Ole wohl die Anzahl der Punkte bestimmen?

b) Finde weitere Wege, die Punkte in dem Muster bei a) zu zählen.
Zeichne dazu das Punktebild ab und markiere, wie du gezählt hast.

3 Einfacher zählen

Lege bei den folgenden Punktebildern einige Punkte um, sodass die Punkte sich einfacher zählen lassen.
Zeichne jeweils das neue Punktbild.

(1)   (2)   (1) 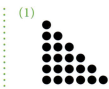   (2)

Training

4 Punktbilder zeichnen

Zeichne jeweils ein Punktebild und markiere die Muster zu folgenden Rechnungen.

(1) $2 + 4 + 6 + 8$ $2 \cdot 4 + 4 \cdot 3$
(2) $6 + 4 \cdot 3$ $4 \cdot 3 + 2 + 1$
(3) $3 + 2 + 1 + 1 + 2 + 3$ $1 \cdot 2 + 2 \cdot 3 + 3 \cdot 4$

Vertiefen 2 — Geschickt weiterzählen

Training

5 Zahlen und Bilder

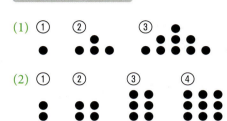

- Ergänze die Bilderfolgen jeweils um zwei Bilder und erkläre, wie man die Bilderfolgen weiter fortsetzen kann.
- Schreibe zu den Bilderfolgen die Zahlenfolgen auf.

Training

6 Bilder zu Zahlen

Zeichne zu den Zahlenfolgen passende Bilderfolgen.

(1) 5, 9, 13, 17, …
(2) 2, 5, 8, 11, 14, …
(3) 4, 8, 12, 16, …

1, 2, 4, 7, 11, 16, …
3, 6, 12, 24, …
1, 2, 5, 10, 17, …

7 Muster in Zahlenfolgen

a) Wähle aus den abgebildeten Karten einige Karten aus, sodass eine Zahlenfolge entsteht. Nimm dazu immer mindestens drei Karten.

b) Tauscht eure Zahlenfolgen untereinander aus und beschreibt, wie die Zahlenfolgen aufgebaut sind.

c) Sucht noch weitere Zahlenfolgen.

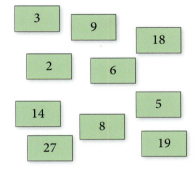

▶ Materialblock S. 101 Arbeitsmaterial *Quartett-Muster-Spiel*

8 Quartett-Muster-Spiel

Bei diesem Spiel für 2 bis 5 Personen müssen möglichst viele Quartette gefunden werden. Ein Quartett besteht dabei aus vier Karten, die zur gleichen Folge gehören.

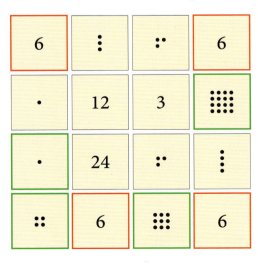

Spielregeln:
- Alle Karten eines Spiels werden gemischt.
- 16 Karten werden wie im Bild offen auf den Tisch gelegt.
- Wer vier Karten findet, die zur gleichen Folge gehören, sagt deutlich „Quartett".
- Wer als erstes „Quartett" sagt, muss das Muster der Folge erklären und bekommt die vier Karten. Kann der Spieler das Muster nicht erklären, muss er eine Runde aussetzen.
- Weggelegte Karten werden ersetzt, sodass wieder 16 Karten auf dem Tisch liegen. Sind keine neuen Karten mehr vorhanden, ist das Spiel beendet.
- Findet in drei Minuten niemand ein Muster, werden vier Karten dazugelegt.

Zusatzregel:
Ihr könnt auch gemischte Folgen aus Bildern und Zahlen suchen.

Vertiefen 3 Zahlenfolgen bestimmen

9 Löcher stopfen

Ergänze die Zahlenfolgen sinnvoll und notiere sie vollständig im Heft.
(1) 2, ■, 10, 14, ■, 22, …   4, 16, 12, 48, ■, ■, …
(2) 70, 95, 120, ■, 170, ■, …   ■, ■, ■, 750, 850, 950, …

10 Zahlenfolgenbäume

a) Ole hat Bäume gezeichnet, um möglichst viele Zahlenfolgen aus zwei Anfangszahlen zu erzeugen.
Erkläre Oles Bäume.

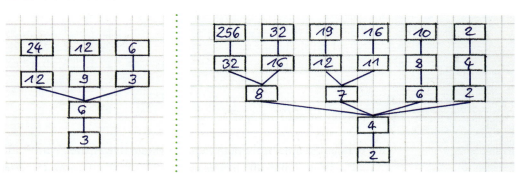

b) Führe einen der Zahlenfolgenbäume von Ole fort, indem du an jeden Ast ein weiteres Blatt anhängst.

c) Erfinde selbst eigene Zahlenfolgenbäume.

Training

11 Regeln zum Fortsetzen von Zahlenfolgen

- Nach welcher Regel könnten die Zahlenfolgen fortgesetzt werden?
- Gibt es möglicherweise mehrere Lösungen?
- Vergleiche mit deinem Nachbarn.

(1) 180, 200, 220, …   900, 800, 600, …
(2) 0, 1, 4, 9, 16, …   0, 3, 7, 12, 18, 25, 33, 42, …
(3) 612, 615, 605, 608, 598, …   1, 4, 10, 22, 46, …
(4) 2, 3, 5, 7, 11, 13, …   41, 37, 31, 29, …

12 Folgen im Zahlenrechteck

a) Till hat die Zahlen von 1 bis 30 in Rechteckform aufgeschrieben.
Er hat dabei entdeckt, dass man in dem Rechteck viele Zahlenfolgen entdecken kann.
Er hat z. B. 7, 14, 21, 28, … gefunden.
Welche Zahlenfolgen lassen sich noch finden?

b) Schreibe noch andere Zahlenrechtecke auf und suche Zahlenfolgen.
Beginne nicht mit 1, sondern z. B. mit 5, 9, …

Vertiefen

Problemlösen

13 Fibonacci-Folge

Der italienische Rechenmeister Leonardo von Pisa, schrieb im Jahre 1202 ein Rechenbuch für Kaufleute. In diesem Buch hat er eine Folge erfunden:

Er nahm zwei Einsen und addierte sie: $1 + 1 = 2$

Dann addierte er das Ergebnis zur letzten Eins: $1 + 2 = 3$

Dann addierte er 2 und 3, … $2 + 3 = 5$

     $3 + 5 = 8$

Leonardo von Pisa, genannt „Fibonacci"

Tipp
Die roten Zahlen sind die Anfangszahlen.

a) Wie geht es weiter?   1, 1, 2, 3, 5, 8, ??

b) Wähle andere Startzahlen und erzeuge weitere Zahlenfolgen, z. B. 3, 4, 7, 11, 18, …

c) ▪ Mit welcher Zahlenfolge erreichst du im vierten Schritt die 20?
    ▪ Welche zweistelligen Zahlen lassen sich nicht in vier Schritten erzeugen?

Training

14 Folgen würfeln

Spielmaterial
2 Würfel

3
$3 + 5 = 8$
$3 + 5 + 5 = 13$
$3 + 5 + 5 + 5 = 18$
…

5
$5 + 3 = 8$
$5 + 3 + 3 = 11$
$5 + 3 + 3 + 3 = 14$
…

a) Bei diesem Spiel für 2 bis 4 Personen werden aus zwei Würfelzahlen Zahlenfolgen gebildet, die möglichst nah an eine vorgegebene Zahl herankommen sollen.

Spielregeln:
▪ Ein Spieler gibt eine Zahl vor, z. B. 20.
▪ Dann würfelt jeder einmal mit zwei Würfeln.
▪ Eine Zahl wird als Startzahl der Folge gewählt, die andere als Änderung von Stelle zu Stelle. Die Änderung darf so oft zu der Startzahl addiert werden, bis man möglichst nah an die vorgegebene Zahl herangekommen ist.
▪ Wer am nächsten an die vorgegebene Zahl herankommt, hat gewonnen.

b) Spielt das Spiel mehrmals.
Erkläre, wie du die Startzahl und die Änderung ausgewählt hast.

c) Kannst du an den Zahlen vorher schon erkennen, wer gewinnt?

15 Kästchen zählen

(1)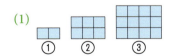

(2)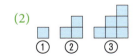

(3)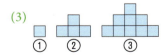

a) Übertrage die Bilderfolgen ins Heft und ergänze sie jeweils um zwei weitere Bilder.

b) Fülle zu jeder Bilderfolge eine solche Tabelle im Heft aus.

Bild	1	2	3	4	5	10	16
Anzahl der Kästchen							

c) Was kann man noch zählen in den Bilderfolgen?
Ergänze in den Tabellen dafür weitere Zeilen und fülle sie aus.

16 Was passt zum Term?

In Oles Gruppe sollte jeder aufschreiben, was er sich unter dem Term vorstellt.

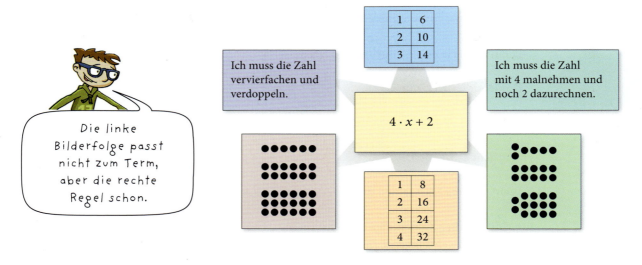

a) Erkläre, warum Ole Recht hat.

b) Passen die übrigen Tabellen und Bilderfolgen zu dem Term? Begründe deine Entscheidungen.

c) Überlegt euch selbst einen Term und findet dafür verschiedene Darstellungen. Tauscht sie dann untereinander aus und überprüft, ob alle Darstellungen richtig sind.

17 Zahlenfolgen am Telefon beschreiben

Pia hat sich eine Zahlenfolge ausgedacht.
Sie beschreibt Merve die Zahlenfolge am Telefon,
ohne die Zahlenfolge dabei direkt zu verraten.

a) Erkläre den Fehler, den Merve gemacht hat.

b) Erfindet selbst Zahlenfolgen und beschreibt sie. Tauscht die Beschreibungen untereinander aus und findet die Zahlenfolgen heraus.

c) ▪ Finde zu Pias Zahlenfolge aus a) einen passenden Term.
   ▪ Versuche zu allen von euch bei b) aufgestellten Zahlenfolgen passende Terme zu finden. Gelingt das bei allen Zahlenfolgen gleich gut?

Vertiefen 4   **Zahlenfolgen berechnen**

18 Muster in schönen Päckchen

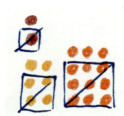

a) ▪ Kannst du Zahlenfolgen innerhalb der Päckchen erkennen?
   ▪ Stelle für jedes Päckchen die fünfte und sechste Rechnung auf.
   Helfen dir dabei die Zahlenfolgen?

(1) $2 - 1 = 1$
      $6 - 4 = 2$
      $12 - 9 = 3$
      $20 - 16 = 4$

(2) $1 + 4 = 5$
      $4 + 9 = 13$
      $9 + 16 = 25$
      $16 + 25 = 41$

(3) $1 + 3 = 4$
      $1 + 3 + 5 = 9$
      $1 + 3 + 5 + 7 = 16$
      $1 + 3 + 5 + 7 + 9 = 25$

b) Zu welchem der Päckchen (1), (2) oder (3) aus a) passen die Bilder am Rand?
   Erkläre, warum man an den Bildern das Päckchen gut erkennen kann.
   Male zu den anderen Päckchen auch Bilder.

Problemlösen

c) Wie lautet für jedes Päckchen bei a) die 50. Rechnung?
   Tipp: Nutze dazu die Bilder aus b).

19 Muster in Bildern fortsetzen

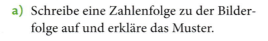
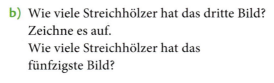

a) Schreibe eine Zahlenfolge zu der Bilderfolge auf und erkläre das Muster.

b) Wie viele Streichhölzer hat das dritte Bild?
   Zeichne es auf.
   Wie viele Streichhölzer hat das
   fünfzigste Bild?

c) Überprüfe, ob es in a) oder b) Bilder
   mit 23 oder 45 Streichhölzern gibt.
   Erkläre, wie du vorgegangen bist.

   ⋮ Zeichne eine neue Bilderfolge, sodass
   ⋮ es kein Bild mit 86 und keines mit
   ⋮ 121 Streichhölzern gibt.

20 Bauwerke aus kleinen Würfeln

         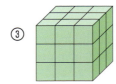

a) ▪ Aus wie vielen kleinen Würfeln besteht jedes der abgebildeten Bauwerke?
   ▪ Aus wie vielen kleinen Würfeln besteht das Bauwerk an der 50. Stelle der Folge?

b) ▪ Gib einen Term an, mit dem du die Anzahl an kleinen Würfeln an jeder Stelle der Folge
     berechnen kannst.
   ▪ Vergleicht eure Terme und überlegt, warum es möglicherweise Unterschiede gibt.

c) Links am Rand ist eine Pyramide aus kleinen Würfeln mit 2 Stufen abgebildet.
   Gib einen Term an, mit dem du die Anzahl der Würfel für eine Pyramide mit 2, 3, 4
   und dann mit x Stufen angeben kannst.

Zahlen- und Bildmuster – Geschickt zählen und fortsetzen

21 Die gleiche Folge, aber nicht der gleiche Term?

Ole, Till und Merve haben in der Bilderfolge verschiedene Muster entdeckt:

a) Ole, Till und Merve haben das 3. Bild der Folge gewählt, um ihre Muster zu zeigen. Wähle ein anderes Bild der Folge. Teile die Punkte so ein wie Till, Merve und Ole.

b) Pia hat zu den Mustern von Ole, Till und Merve jeweils einen Term gefunden.
- Warum passt zu Merves Erklärung der Term $x \cdot 2 + 1$?
- Warum passt zu Oles Erklärung der Term $x + x + 1$?
- Warum passt zu Tills Erklärung der Term $2 \cdot x + 1$?
- Welche Bedeutung hat jeweils das x?

c) Beantworte Pias Frage, ob die drei Terme das Gleiche bedeuten.
- Schreibe dazu die Bilderfolge als Zahlenfolge.
- Berechne dann mit den drei Termen die Zahlen, die an 8., 10. und 25. Stelle stehen.
- Kommst du bei den drei Termen immer auf das gleiche Ergebnis?

d) Bestimme mit Hilfe von Tills Idee die Zahl an der 50. Stelle. Erkläre wie du vorgegangen bist.

e) Zeichne eine passende Bilderfolge zu $3 \cdot x + 3$. Begründe, warum deine Bilderfolge zu dem Term passt.

f) Stelle zu der Bilderfolge, die du in e) erzeugt hast, einen weiteren Term auf. Bedeuten dein neuer Term und der Term $3 \cdot x + 3$ das Gleiche? Begründe.

22 Bilderfolgen fortsetzen

a) Berechne für jede der beiden Bilderfolgen die Punkteanzahl für das 68. Bild.

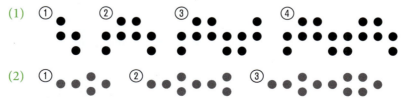

b) Überprüfe für beide Bilderfolgen bei a), ob es ein Bild mit 100 Punkten gibt.

Vertiefen

Training

23 Mauerfolgen bauen

Till hat eine Folge
mit Mauern gebaut:

a) Ole sagt, dass sich die benötigte Würfelzahl durch den Term $7 + 4 \cdot x$ beschreiben lässt. Hilf Ole, das zu begründen.

b) Beschreibe in Worten eine weitere Regel, mit der sich die Würfelzahl berechnen lässt, und lass sie von deinem Nachbarn in einen Term übersetzen.

Hinweis
Hier werden Holzwürfel benötigt.

c) Baue mit Holzwürfeln selbst Mauerfolgen und lasse deinen Nachbarn eine Regel finden. Tauscht dann die Rollen.

24 Große Mauern

Merve hat die folgende Mauerfolge gebaut.

①   ②   ③

a) Berechne, aus wie vielen Kästchen die 88. Mauer besteht.

b) Überprüfe, ob es in der Mauerfolge eine Mauer mit 2009 Kästchen gibt.

25 Rasengittersteine legen

Unterschiedlich lange Wege werden mit Rasengittersteinen ausgelegt.
Die Rasengittersteine bestehen aus Beton, die quadratischen Zwischenräume werden mit Rasen ausgefüllt. Ein Rasengitterstein enthält 8 mit Rasen gefüllte Quadrate.

①   ②    ③

a) Berechne, wie viele mit Rasen ausgefüllte Quadrate auf einem Weg zu finden sind, bei dem 15 Rasengittersteine hintereinander liegen.

b) Erkläre, warum man mit dem Term $8 \cdot x$ nicht die Anzahl der Quadrate bei x hintereinanderliegenden Rasengittersteinen beschreiben kann.

26 Zahlenfolgen und Terme vergleichen

a) Welche Zahlenfolge gehört zu welchem Term?
- (1) 10, 12, 14, 16, …
- (2) 10, 20, 30, 40, …
- (3) 0, 2, 4, 6, …
- (4) 8, 9, 10, 11, …

- (A) $10 \cdot x$
- (B) $2 \cdot x - 2$
- (C) $x + 7$
- (D) $2 \cdot x + 8$

b) Berechne für jede Folge die 20. Stelle.

Checkliste

Zahlen- und Bildmuster – Geschickt zählen und fortsetzen

Ich kann ... Ich kenne ...	Hier kann ich üben ...
Ich kann Muster in Bildern erkennen und Muster selbst erstellen. Welche Muster erkennst du?	S. 200 Nr. 1-4
Ich kann Muster in Bilderfolgen erkennen und sie fortsetzen. ① ② ③ Zeichne die nächsten beiden Bilder der Bilderfolge.	S. 201 Nr. 5 S. 203 Nr. 15 S. 205 Nr. 18, 19
Ich kann Muster in Zahlenfolgen mit Hilfe von Bildern oder in eigenen Worten beschreiben. Wie gehen die Zahlenfolgen weiter? Beschreibe in Worten und zeichne eine mögliche Bilderfolge. (1) 0, 3, 6, … (2) 2, 9, 16, …	S. 201 Nr. 6, 7, 8 S. 202 Nr. 10, 11 S. 204 Nr. 17 S. 205 Nr. 18 S. 206 Nr. 21
Ich kann Muster in Zahlenfolgen erkennen und fortsetzen. Setze die Zahlenfolgen fort. (1) 2, 5, 10, 17, … (2) 5, 10, 20, 40, …	S. 201 Nr. 7, 8, S. 202 Nr. 9, 10, 11 S. 203 Nr. 13, 14 S. 205 Nr. 18, 20 S. 207 Nr. 26
Ich kann zu gegebenen Termen Bilder- und Zahlenfolgen aufstellen. Wie lautet die Zahlenfolge zum Term $3 \cdot x + 5$? Zeichne eine Bilderfolge zum Term.	S. 204 Nr. 16 S. 206 Nr. 21 S. 207 Nr. 26
Ich kann in Bilderfolgen unterschiedliche Muster erkennen und dazu unterschiedliche Terme aufstellen. ① ② ③ Stelle zwei Terme zu der Bilderfolge auf.	S. 205 Nr. 19, 20 S. 206 Nr. 21, 22 S. 207 Nr. 23, 24, 25
Ich kann zu Zahlenfolgen Terme aufstellen und mit diesen Termen die Zahlen an hohen Stellen der Zahlenfolge berechnen. Gib zu der Zahlenfolge 7, 12, 17, 22… einen Term an und berechne die Zahl an der 77. Stelle.	S. 206 Nr. 21, 22 S. 207 Nr. 24, 25, 26

▶ *Hinweis:* Im Materialblock auf Seite 105 findest du diese Checkliste für deine Selbsteinschätzung. Zusätzliche Übungsaufgaben findest du im Internet unter 208-1.
(www.cornelsen.de/mathewerkstatt, Buchkennung: MWS040 235, Mediencode: 208-1)

Unser Klima – Diagramme verstehen und erstellen

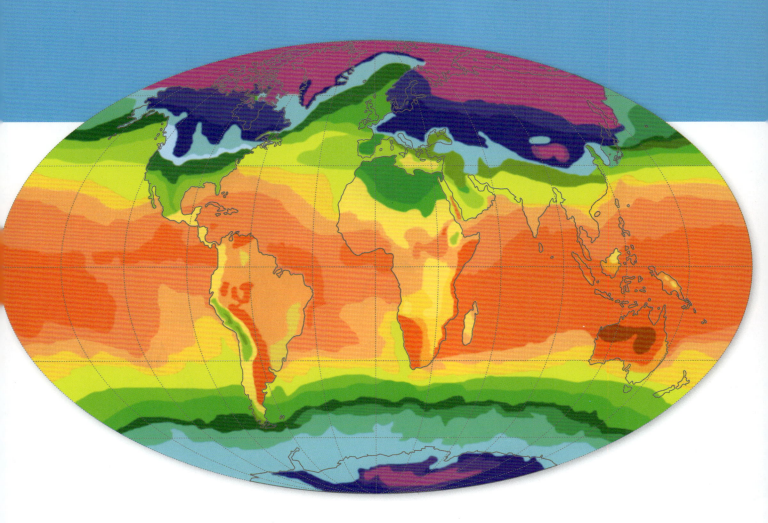

In diesem Kapitel ...

- ▶ lernst du, wie man Informationen aus einem Diagramm ablesen kann.
- ▶ lernst du, wie man mit Diagrammen einen Überblick über Daten erhält.
- ▶ erfährst du, wie ein Diagramm eine bestimmte Wirkung bekommen kann.

Unser Klima – Diagramme verstehen und erstellen

Unser Klima – Diagramme verstehen und erstellen

Erkunden A

▶ Materialblock
S. 113/114
Arbeitsmaterial
Klima

Im Materialblock findest du noch mehr Beschreibungen der Kinder und die Klimadiagramme.

Wie kann ich Informationen aus Diagrammen ablesen?

1 Unser Wetter – unser Klima

Das Wetter ist oft von Tag zu Tag ganz unterschiedlich, dennoch zeigt es immer wieder typische Muster, z. B. ist es bei uns im Sommer wärmer als im Winter.
Solche Muster für Temperaturen und Niederschläge über einen langen Zeitraum hinweg nennt man Klima.
Das Klima ist in den verschiedenen Teilen der Erde sehr unterschiedlich.

Die fünf Kinder erzählen vom Klima in ihrer Heimat.

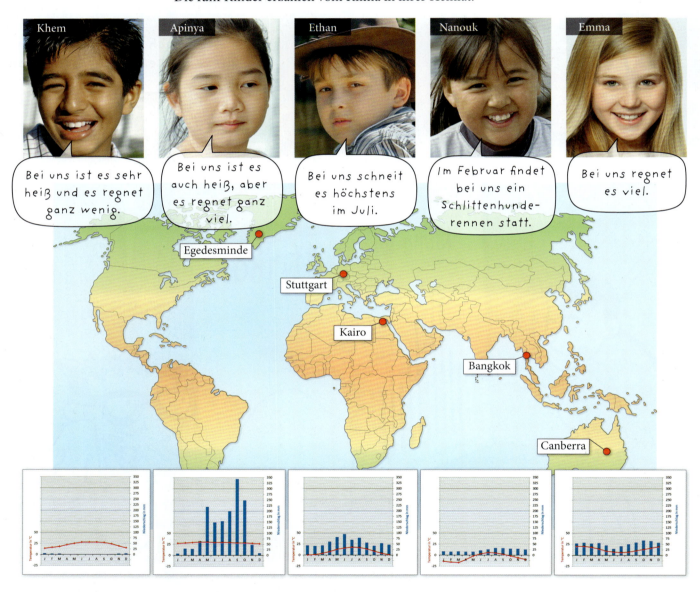

Die typischen Klimamuster kann man in Diagrammen ablesen.
Finde heraus, welches Kind in welcher Stadt lebt und welches Klimadiagramm dazu gehört.
Vielleicht helfen dir dabei folgende Fragen:
- Welche beiden Wettereigenschaften sind in dem Diagramm dargestellt?
- Wo ist es im Juli so kalt, dass es schneien könnte?
- Wo ist es immer heiß?

2 Reiseempfehlungen geben

Für die Oktoberferien überlegen sich Pia, Till, Merve und Ole, wohin sie gerne verreisen würden, wenn sie freie Wahl hätten.

Hinweis
Im Internet kann man Klimadiagramme zu vielen verschiedenen Städten in der Welt finden.
www 213-1.

a) Gib den vier Freunden einen Tipp, in welche Orte auf der Welt sie reisen könnten. Informationen hierzu findest du in den Klimadiagrammen bei Aufgabe 1 oder im Internet.

Tipp: Vielleicht helfen dir folgende Fragen:
- Wo sind im Oktober die Temperaturen am höchsten?
- Wo gibt es im Oktober die meisten Niederschläge?
- Wo gibt es im Oktober die wenigsten Niederschläge?
- Wo ist es im Oktober gleichzeitig heiß und regnerisch?

b) Stell dir vor, die vier Freunde könnten reisen, wann sie wollen.
In welchem Monat sollten sie dann am besten an ihren Wunschort fahren?

c) Beschreibe den Jahresverlauf von Temperatur und Niederschlag in allen fünf Orten. Nutze dazu die folgenden Wörter:

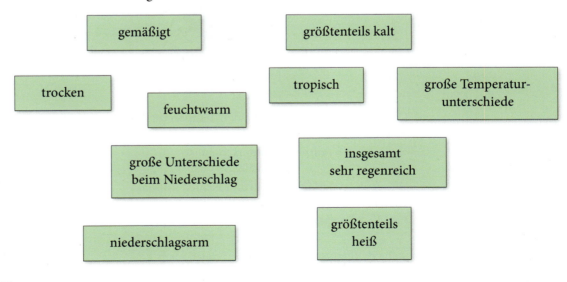

nachgedacht

d) Wohin würdest du selbst am liebsten reisen?
In welchem Monat würdest du reisen?

3 Abweichungen vom Klimadiagramm

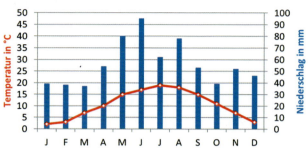

Klimadiagramm von Stuttgart

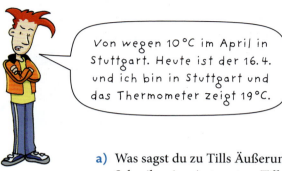

a) Was sagst du zu Tills Äußerung? Schreibe eine Antwort an Till.

b) In der Wetterstation von Stuttgart wurde im April täglich die Temperatur gemessen.

Tag	1.	2.	3.	4.	5.	6.	7.	8.	9.	10.	11.	12.	13.	14.	15.
Temperatur	3°C	3°C	5°C	6°C	7°C	8°C	7°C	9°C	8°C	8°C	9°C	10°C	11°C	12°C	14°C

Tag	16.	17.	18.	19.	20.	21.	22.	23.	24.	25.	26.	27.	28.	29.	30.
Temperatur	19°C	17°C	15°C	14°C	13°C	10°C	10°C	10°C	7°C	8°C	8°C	10°C	12°C	13°C	14°C

Das Klimadiagramm bei a) zeigt nur einen einzigen Wert für den Monat April. Diskutiert gemeinsam, welcher Wert in ein Klimadiagramm übernommen wird.

▶ Materialblock S. 114
Arbeitsmaterial
Klimadiagramme

4 Unterschiede von Temperaturen

a) Ole, Merve und Pia diskutieren über die Temperatur in Egedesminde (Grönland). Wer hat Recht, Ole oder Pia?

b) Ole hat eine Skizze zu den beiden Temperaturwerten −24°C und −16°C erstellt. Kläre anhand der Skizze, wie groß der Temperaturunterschied ist.

c) Wie groß ist der Temperaturunterschied im März zwischen Egedesminde und Bangkok? Erstelle eine Skizze wie Ole.

▶ Materialblock S. 114
Arbeitsmaterial
Klimadiagramme

d) Stelle deinem Nachbarn weitere Fragen nach Unterschieden von Temperaturen, die du mit den Klimadiagrammen aus Aufgabe 1 beantworten kannst. Erstelle dazu wie Ole jeweils Skizzen.

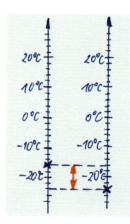

Erkunden

5 Auswirkungen des Verkehrs auf das Klima

Gut zu wissen
Kohlenstoffdioxid (CO_2), auch bekannt als Kohlendioxid, ist ein Gas. Es entsteht z. B., wenn man Holz oder Treibstoff wie Benzin verbrennt.

Die Art und Weise, wie Menschen sich fortbewegen, hat Auswirkungen auf das Klima. Das liegt vor allem am Kohlendioxid, das von Fahrzeugen ausgestoßen wird. Das Kohlendioxid in der Luft verändert das Klima, es wird wärmer.

a) Auf der Website der Bahn kann man berechnen lassen, wie viel Kohlendioxid verschiedene Verkehrsmittel bei einer Fahrt ausstoßen.
Ole hat für die Strecke Stuttgart–Berlin das Diagramm rechts erhalten.
Welche Informationen liefert dir das Diagramm?

b) Merve, Pia, Ole und Till haben sich darüber informiert, welche Verkehrsmittel die Deutschen für ihren Urlaub wählen. Für die Zeit von 2001 bis 2005 haben sie Daten in verschiedenen Darstellungen gefunden.
- Beschreibe die Wahl der Verkehrsmittel der Deutschen in einem Satz.
- Welche Darstellung zeigt welche Information am besten?

(1)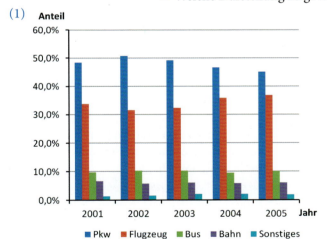

(2)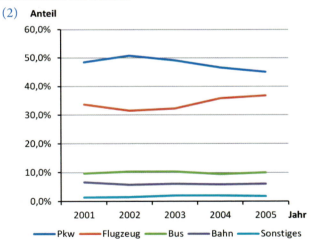

(3)

	2001	2002	2003	2004	2005
Pkw	48,5%	50,8%	49,2%	46,7%	45,2%
Flugzeug	33,7%	31,5%	32,3%	35,8%	36,8%
Bus	9,7%	10,3%	10,3%	9,5%	10,0%
Bahn	6,7%	5,8%	6,1%	5,9%	6,1%
Sonstiges	1,4%	1,6%	2,1%	2,1%	1,9%

(4)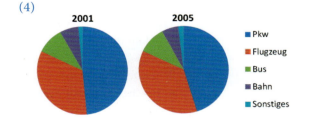

Unser Klima – Diagramme verstehen und erstellen

Erkunden B — Wie kann ich Daten geeignet darstellen und präsentieren?

6 Das Klima im Krüger-Nationalpark

Der Krüger-Nationalpark in Südafrika ist ein beliebtes Urlaubsziel.
Temperaturen und Niederschläge ändern sich dort oft sehr schnell.
Deshalb eignen sich manche Monate besser für einen Besuch als andere.

a) Merve hat folgende Informationen zum Krüger-Nationalpark gesammelt:

Monat	Jan	Feb	Mär	Apr	Mai	Jun	Jul	Aug	Sep	Okt	Nov	Dez
durchschnittlicher Niederschlag pro Monat (mm)	94	96	66	38	14	11	11	8	28	40	63	92

Während und direkt nach der Regenzeit (November bis April) verteilt sich das Wild überall im Park.
In der Trockenzeit sind die Tiere hauptsächlich an den Flüssen und Wasserlöchern.
Die durchschnittlichen Niederschlagsmengen pro Jahr liegen zwischen 740 mm im Südwesten und 440 mm im Nordosten. Die größte Menge davon fällt zwischen November und März. Die geringsten Niederschläge fallen zwischen Juli und August.

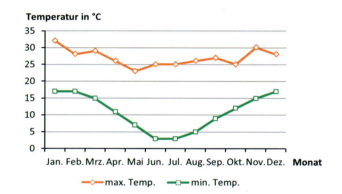

Beschreibe mit eigenen Worten das Wetter im Krüger-Nationalpark für jeden Monat.
Nutze dazu die Informationen aus der Tabelle, dem Text und dem Diagramm.

***Neues Wort**
Tabellenkalkulations-programme sind Computerprogramme wie z. B. Excel, mit denen man verschiedene Daten übersichtlich darstellen kann.

b) Stell dir vor, du bist ein Reiseveranstalter und willst den Niederschlag im Krüger-Nationalpark in einem Diagramm veranschaulichen.
Erstelle ein solches Diagramm mit einem *Tabellenkalkulationsprogramm**.

▶ **Ordnen A** Mit Hilfe der Aufgabe 5 auf Seite 220 kannst du lernen, wie Diagramme mit einem Tabellenkalkulationsprogramm erzeugt werden.

c) ■ Erstelle weitere Diagrammarten zum Niederschlag im Krüger-Nationalpark.
■ Vergleiche die Diagrammarten und wähle die Diagrammart aus, die die Niederschläge pro Monat am besten veranschaulicht. Begründe deine Entscheidung.

d) Erstelle mit Hilfe der folgenden Tabelle ein Diagramm zum Niederschlag in Stuttgart.

Monat	Jan	Feb	Mär	Apr	Mai	Jun	Jul	Aug	Sep	Okt	Nov	Dez
Niederschlag (mm)	28	28	35	35	51	63	64	49	42	46	38	35

Vergleiche den Niederschlag im Krüger-Nationalpark mit dem Niederschlag in Stuttgart. Was fällt dir auf?

nachgedacht

e) Schreibe eine Reiseempfehlung für den Krüger-Nationalpark:
■ Beschreibe Besonderheiten von Temperatur und Niederschlag.
■ Wann ist das Wetter im Krüger-Nationalpark für eine Reise besonders günstig?

Erkunden

7 Das Klima unterschiedlich darstellen

Merve hat in einem Reisebüro dieses Plakat gefunden:

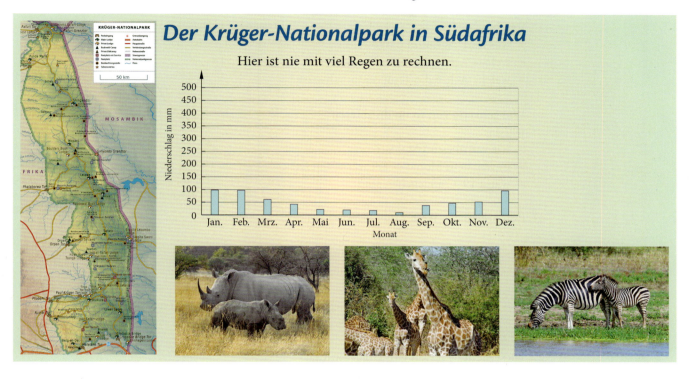

a) Merve ist sehr erstaunt über das Diagramm und die Überschrift.
Passt das Diagramm und die Überschrift zur Tabelle in Aufgabe 6a)?

b) Merve möchte zu den Niederschlagswerten aus der Tabelle in Aufgabe 6a) selbst ein Diagramm erstellen. Sie möchte damit verdeutlichen, dass die Unterschiede bei den Niederschlägen in den einzelnen Monaten sehr groß sind.
Beschreibe, wie Merves Diagramm aussehen sollte?

c) Erstelle selbst ein Diagramm zur Tabelle in Aufgabe 6a).

- Stelle das Diagramm so dar, dass die Unterschiede zwischen den Säulen sehr klein wirken.
  Schiebe dazu die 2. Achse zusammen.

- Stelle das Diagramm nun so dar, dass die Unterschiede zwischen den Säulen sehr groß wirken.
  Ziehe dazu die 2. Achse auseinander.

← nachgedacht

d) Stell dir vor, du bist ein Reiseveranstalter und möchtest für eine Fahrt in den Krüger-Nationalpark werben.
Würdest du das Diagramm eher zusammenschieben oder auseinanderziehen?
Begründe deine Antwort.

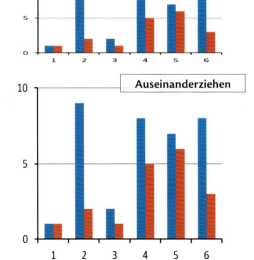

Unser Klima – Diagramme verstehen und erstellen

Ordnen A **Wie kann man Informationen aus Diagrammen ablesen?**

1 Werte in Diagrammen ablesen

a) Beschreibe …
- was im Diagramm dargestellt ist.
- welche Achse die Zeitachse ist.
- welche Achse die Temperaturachse ist.

b) Wie gehst du vor, wenn du ablesen willst …
- wie warm es im Mai ist?
- in welchem Monat es am wärmsten ist?
- wann 19 °C angegeben sind?

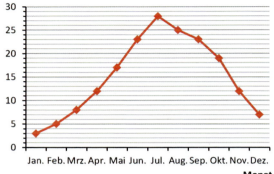

c) Beschreibe das Wetter im Jahresverlauf.

d) Bestimme den größten Temperaturunterschied an diesem Ort. Beschreibe, wie du dabei vorgegangen bist.

e) Was kannst du auf Grund des Diagramms zum Klima und zur Lage des Ortes sagen?

2 Verschiedene Arten von Diagrammen

(1) Liniendiagramm

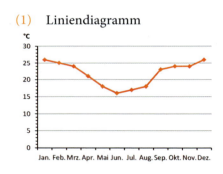

(2) Säulendiagramm

(3) Kreisdiagramm

a) Über welche Größe geben die Diagramme Auskunft?

b)
- Lies bei jedem der Diagramme ab: Was ist der größte *Wert**? Was ist der kleinste Wert?
- Bei welchem Diagramm kann man diese Fragen leicht beantworten, bei welchem nicht? Begründe deine Antwort.
- Wann tritt im Liniendiagramm der Wert 25 °C auf?

c) Beschreibe den Verlauf der Werte in den ersten beiden Diagrammen. Nutze dazu die Größe, über die man hier Auskunft erhält.

d) Ein Kreisdiagramm beschreibt keinen Verlauf. Wie kann man hier den Gesamteindruck beschreiben? Was ist anders als bei einem Liniendiagramm?

e) Vergleicht eure Antworten und übertragt sie in den Wissensspeicher.

* **Neues Wort**
Ein **Wert** einer Größe besteht aus einer Zahl und einer Einheit.

▶ Materialblock S. 107
Wissensspeicher
Diagramme lesen

Ordnen

3 Negative Zahlen in Diagrammen ablesen

Erinnere dich
Negative Zahlen sind Zahlen wie z. B. −2 oder −5,5.

Temperaturen können noch kälter sein als 0 °C. Sie werden mit negativen Zahlen beschrieben, die man an dem Minuszeichen davor erkennt.

a) Warum werden diese Zahlen wohl negative Zahlen genannt?
Schreibe Beispiele für positive und negative Zahlen auf.

b) Wie muss der Zahlenstrahl verändert werden, damit auch negative Zahlen eingetragen werden können?

c) Die Zahlengerade und das Thermometer sind oft unterschiedlich in der Form. Was haben sie gemeinsam?

▶ Materialblock S. 108
Wissensspeicher
Negative Zahlen darstellen

d) Lies in jedem der folgenden Bilder die angezeigten Zahlen ab.
Markiere alle abgelesenen Zahlen mit Bleistift sowohl auf der Zahlengeraden als auch auf dem Thermometer im *Wissensspeicher*.
Schreibe die abgelesenen Zahlen jeweils dazu.

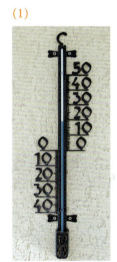

(1) (2) (3) (4)

(5)

e) Till, Merve und Pia haben in Bild (5) bei d) folgende Zahlen bei dem roten Pfeil abgelesen:
Till: 1,3   Merve: −1,3   Pia: 0,7
Wer hat richtig abgelesen?

Schreibe einige Tipps auf, worauf man beim Ablesen achten sollte.

f) ▪ Zeichne eine Zahlengerade und trage zwei positive und zwei negative Zahlen ein.
  ▪ Bestimme den Abstand zwischen jeweils zwei der Zahlen auf der Zahlengeraden:
    (1) zwischen den beiden positiven Zahlen
    (2) zwischen den beiden negativen Zahlen
    (3) einer positiven und einer negativen Zahl, z. B. 2 und −5.
  ▪ Schreibe auf, wie du den Abstand jeweils bestimmt hast.

▶ Materialblock S. 108
Wissensspeicher
Negative Zahlen darstellen

g) Vergleicht eure Ergebnisse zu c) bis f) und übertragt sie in den *Wissensspeicher*.
Korrigiert falls nötig die falschen Eintragungen von d).

Ordnen B — Wie kann man Daten geeignet darstellen und präsentieren?

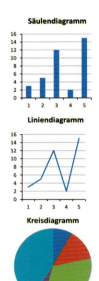

▶ Materialblock S. 109
Wissensspeicher
Geeignete Diagrammart wählen

4 Geeignete Diagrammart wählen

Je nachdem was man erreichen möchte, bieten sich bestimmte Diagrammarten an.

a) Welche Diagrammart würdest du jeweils wählen? Es können mehrere passen.

	Das möchte ich erreichen:	Hier ein Beispiel
(1)	Ich möchte darstellen, wie sich etwas im Laufe der Zeit verändert.	Zunahme des CO_2-Ausstoßes im Laufe der Jahre
(2)	Ich möchte verschiedene Verläufe vergleichen.	Körpergröße von verschiedenen Personen im Laufe der Zeit
(3)	Ich möchte darstellen, wie groß die Anteile an einem Ganzen sind.	Anteil der Parteien im Bundestag nach einer Wahl
(4)	Ich möchte Häufigkeiten darstellen.	Anzahl der Kinder, die in den einzelnen Monaten Geburtstag haben
(5)	Ich möchte einzelne Werte ablesen.	aktuelle Temperatur

b) Nenne jeweils ein Beispiel für eine konkrete Situation, bei der ein Säulendiagramm, ein Liniendiagramm, ein Kreisdiagramm am besten passt.

c) Vergleicht eure Lösungen und übertragt sie in den Wissensspeicher.

5 Diagramme mit einem Tabellenkalkulationsprogramm erstellen

▶ Materialblock S. 111/112
Methodenspeicher
Diagramme am Computer erstellen

a) Gib die Daten zum Niederschlag im Krüger-Nationalparks aus Aufgabe 6 a) auf Seite 216 in einer Tabellenkalkulation ein. Im Methodenspeicher findest du:
- wie man Zahlen oder Text eingibt
- wie man die Spaltenbreite verändern kann, um z. B. einen eingegebenen Text komplett sehen zu können

b) Erstelle zu den Werten zum Niederschlag aus a) ein Säulen-, ein Linien- und ein Kreisdiagramm.

Im Methodenspeicher findest du, wie man eine Tabelle markiert und ein Diagramm dazu erstellen kann.

c) Verändere dein Säulendiagramm aus b) auf zwei Arten:
(1) Stell dir vor, du bist ein Reiseveranstalter und möchtest, dass der Park das ganze Jahr über besucht wird. Verändere das Säulendiagramm so, dass es so aussieht, als wäre die Niederschlagsmenge im ganzen Jahr ähnlich.
(2) Stell dir vor, du gibst Freunden eine Reiseempfehlung und willst zeigen, dass die Unterschiede beim Niederschlag in den verschiedenen Monaten sehr groß sind. Wie solltest du jetzt das Säulendiagramm verändern?

6 Diagramme können unterschiedlich wirken

a) Drei Gruppen haben dieselben Werte zum CO_2-Ausstoß dargestellt, wollen aber Unterschiedliches zeigen.
Welche Gruppe hat welches Diagramm erstellt?
Begründe deine Meinung.

Gruppe 1:
Statistiker informieren möglichst neutral über die Entwicklung des CO_2-Ausstoßes.

Gruppe 2:
Umweltschützer wollen auf das schnelle und gefährliche Wachsen des CO_2-Ausstoßes hinweisen.

Gruppe 3:
Automobilhersteller möchten zeigen, dass der CO_2-Ausstoß nur gering gewachsen ist.

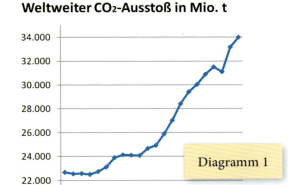

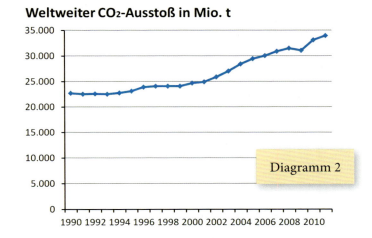

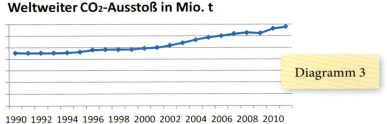

b) Beschreibe, wie die Diagramme auf den Leser wirken.
Wodurch kommt die Wirkung zustande?

▶ Materialblock S. 110
Wissensspeicher
Unterschiedliche Wirkung von Diagrammen

c) In Diagramm 3 fehlen die Werte an einer Achse.
Welche Werte müssen dort stehen?
Warum wurde die Achse nicht beschriftet?

d) Erstelle selbst drei Diagramme in einer Tabellenkalkulation mit unterschiedlichen Wirkungen. Nutze die folgenden Werte:

Jahr	1990	1995	2000	2005	2010
CO_2-Ausstoß weltweit, in Millionen Tonnen	22682	23108	24677	29340	33158

e) Vergleicht eure Überlegungen zu a) und b) und übertragt sie in den Wissensspeicher.

Vertiefen 1 — Einfache Diagramme lesen

1 Wahlen auswerten

Die Klasse 6a hat eine Klassensprecherwahl durchgeführt. Alle 32 Schülerinnen und Schüler hatten jeweils eine Stimme. Die Ergebnisse der Abstimmung wurden in eine Tabelle eingetragen. Peter und Johannes erhielten jeweils zwei Stimmen.

a) Übertrage die Tabelle ins Heft und ergänze die fehlenden Werte.
- Wie viele Stimmen hat Kerstin bekommen?
- Wer hat die Wahl gewonnen?

b) Um die Ergebnisse leicht zu überblicken, kann man sie auch im Diagramm darstellen. Übertrage das Diagramm in dein Heft und ergänze es.

2 Holzheizung untersuchen

Bei einer Pelletheizung werden Holzreste verbrannt. Pelletheizungen sind umweltfreundlicher als viele andere Heizungsarten.
In Deutschland wurden in den letzten Jahren immer mehr Pelletheizungen gebaut: Die Zahl von ca. 1000 Heizungen im Jahr 1999 stieg im Laufe der Jahre auf 3000, 8000, 13 000, 19 000, 28 000, 40 000 und schließlich im Jahr 2006 auf 67 000 an.

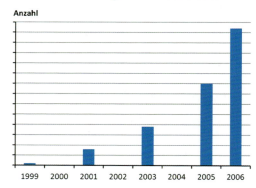

a) - Wie müsste die 2. Achse mit Zahlen beschriftet werden? Erkläre, wie du vorgehst.
- Übertrage das Diagramm in dein Heft und ergänze die fehlenden Säulen.

▸ weitergedacht b) Was denkst du, wie die Entwicklung bei Pelletheizungen weitergeht?

3 Werte in Klimadiagrammen ablesen

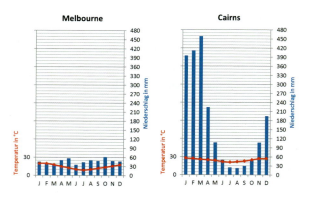

a) Die Großmutter von Lorena fährt im Januar und Februar zu ihren Verwandten nach Melbourne (Australien). Mit welchen Temperaturen muss sie in dieser Zeit rechnen? Wie viel Niederschlag wird wohl in dieser Zeit fallen?

b) Während dieser Zeit unternimmt die Großmutter mit ihren Verwandten einen Ausflug nach Cairns (Australien). Wie wird dort wohl das Wetter sein? Gib ihr möglichst genaue Informationen auf Grund des Klimadiagramms.

c) Beschreibe das Wetter in der Zeit in Melbourne und Cairns. Wie sicher kannst du dir bei der Beschreibung sein?

Vertiefen 2 — Negative Zahlen ablesen und Unterschiede berechnen

Training

4 Zahlen an der Zahlengeraden ablesen

a) Lies die markierten Zahlen an der Zahlengeraden ab.

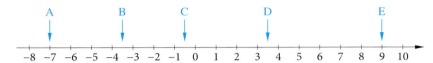

b) ▪ Bestimme den Abstand zwischen je zwei benachbarten Markierungen.
   ▪ Wie hast du die Abstände bestimmt?

c) Ist der Abstand zwischen A und D größer als der Abstand zwischen B und E?

Training

5 Städtetemperaturen ablesen

Am 1. Januar wurde in fünf Städten die Temperatur gemessen.

Berlin   Rom   Moskau   Stockholm   Lisabon

a) Lies für jede Stadt die gemessene Temperatur ab.

b) Wie groß ist der Temperaturunterschied …
   (1) zwischen Rom und Moskau?
   (2) zwischen Berlin und Stockholm?
   (3) zwischen Stockholm und Lissabon?

c) Die höchste Temperatur, die je in Deutschland gemessen wurde, ist 40 °C (2003).
Die niedrigste Temperatur, die je in Deutschland gemessen wurde, ist −46 °C (2001).
Die weltweit höchste Temperatur wurde im Iran gemessen: 71 °C (2007).
Die weltweit niedrigste Temperatur wurde in der Antarktis gemessen: −89 °C (1983).

Tipp
Wähle pro Kästchen 10 Grad.

▪ Zeichne eine geeignete Zahlengerade für alle oben genannten Temperaturen.
▪ Bestimme die Unterschiede zwischen der höchsten und der niedrigsten Temperatur in Deutschland und weltweit.

6 Wetterkarte ablesen

Auf der Wetterkarte im Bild rechts sind die Höchst- und Tiefsttemperaturen eines Tages angegeben.

a) Zeichne ein Thermometer wie im Bild links und trage die Werte dort ein.

b) ▪ Wo ist an diesem Tag der Temperaturunterschied am größten?
   ▪ Wie sieht man das am Thermometer?

Unser Klima – Diagramme verstehen und erstellen

Training

7 Extreme Unterschiede suchen

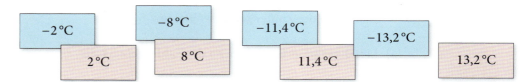

(1) Welche zwei dieser acht Temperaturen haben den größten Unterschied?
(2) Welche zwei dieser acht Temperaturen haben den kleinsten Unterschied?
(3) Hast du überprüft, ob es bei (1) und (2) eventuell mehrere Lösungen gibt?

8 Höhen und Tiefen von Orten

Wie die Temperaturen an einem Ort sind, hängt auch von seiner Höhe ab.
Die Höhe eines Ortes gibt an, wie viele Meter über dem Meeresspiegel er liegt. Der Meeresspiegel wird dabei als Vergleichshöhe gewählt, weil er überall in der Welt gleich hoch ist. Der Meeresspiegel wird mit NN (Normal-Null) abgekürzt.

a) Übertrage die Zahlengerade in dein Heft und ergänze die Beschriftung.

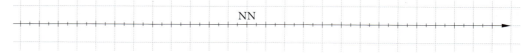

Trage die Höhenangaben der Orte aus der Tabelle in deinen Zahlenstrahl ein.
Wähle dabei pro Ort eine eigene Farbe.

Ort	Hamburg	Death Valley	Stuttgart	Karlsruhe	Amsterdam	See Genezareth
Höhen-angabe	10 m über NN	86 m unter NN	245 m über NN	120 m über NN	0 m über NN	212 m unter NN

b) Zwischen welchen Orten aus der Tabelle gibt es den größten Höhenunterschied?

Training

9 Zahlen auf der Zahlengerade eintragen

Zeichne für jede Teilaufgabe eine Zahlengerade ins Heft.

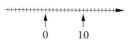

a) Wähle als Einteilung etwa in der Mitte die Null und zähle dann für jedes Kästchen eins weiter.
Trage die Zahlen −7; 9 und 14 ein.

Wähle die Einteilung der Zahlengerade so, dass du die folgenden Zahlen übersichtlich eintragen kannst:
−155,3; −250,25; −195,5; −212,4

b) Wähle als Einteilung etwa in der Mitte die Null und zähle dann für jedes Kästchen zehn weiter.
Trage die Zahlen −129; −50; 135 ein.

Wähle die Einteilung der Zahlengerade so, dass du die folgenden Zahlen übersichtlich eintragen kannst:
−9,8; −8,7; −7,3; −5,1

Vertiefen 3 Diagramme erklären und Diagramme zeichnen

wiederholen

Wissensspeicher S. 84:
Anteile von Anteilen bestimmen

10 Energieverbrauch im Haushalt untersuchen

a) Im Diagramm rechts zeigen die orangen Felder, wofür im Haushalt Energie verbraucht wird.
Erstelle mit einem Tabellenkalkulationsprogramm ein Kreisdiagramm, das die ungefähren Anteile des Energieverbrauchs in den Haushalten verdeutlicht.

b) Versuche zu erklären, warum die Bundesregierung die Wärmeisolierung von Häusern fördert.

c) Berechne den Anteil vom Anteil:
Wie viel Prozent aller Energie wird durch Warmwasser in Haushalten verbraucht?

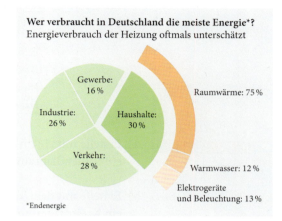

11 Windenergie in Deutschland untersuchen

a) Beantworte mit Hilfe des Diagramms folgende Fragen:
- Wie viele Windenergieanlagen gab es 2007?
- Wann gab es erstmals mehr als 10 000 Windenergieanlagen?
- In welchem Jahr wurden die meisten Windenergieanlagen gebaut?

b) Die Tabelle zeigt die Anzahl der Beschäftigten in der Windenergie-Industrie.
Erstelle mit einem Tabellenkalkulationsprogramm hierfür ein Säulendiagramm.

Beschäftigte der Windenergieindustrie									
Jahre	1993	1995	1997	1999	2001	2003	2005	2007	2009
Anzahl der Beschäftigten	3300	9600	9200	24 000	38 000	48 000	65 000	90 000	102 100

c) Lies aus deinem Säulendiagramm ab, in welchem Zeitraum sich die Anzahl der Beschäftigten verdoppelt hat. Woran erkennst du das?

12 Umfrageergebnisse darstellen

Bei einer Umfrage wurden verschiedene Personen gefragt, ob Windenergie-Anlagen für die Stromerzeugung zukünftig ausgebaut werden sollten.
Die folgende Tabelle zeigt das Ergebnis der Umfrage:

Ja, sollte ausgebaut werden	62 %
Derzeitiger Anteil reicht aus	28 %
Derzeitiger Anteil ist zu groß	4 %
Habe dazu keine Meinung	6 %

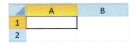

a) Erstelle mit einem Tabellenkalkulationsprogramm für die Umfrageergebnisse ein Säulendiagramm und ein Liniendiagramm.

b) Erstelle mit dem Tabellenkalkulationsprogramm für die Umfrageergebnisse auch ein Kreisdiagramm.

c) Auch die beiden folgenden Bilder stellen das Ergebnis der Umfrage dar.

(1)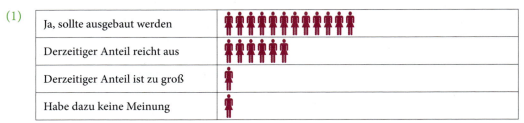

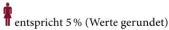 entspricht 5 % (Werte gerundet)

(2)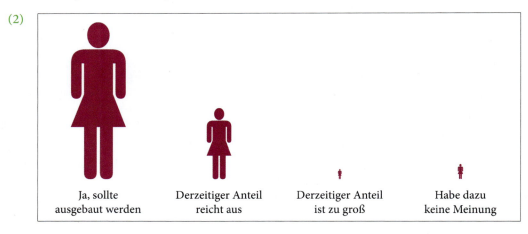

Vergleiche diese beiden Bilder mit deinen Diagrammen.
Dabei können dir folgende Fragen helfen:
- Wo kann man am schnellsten erkennen, welche Antwort am häufigsten gewählt wurde?
- Wo kann man die genauen Werte am besten ablesen?
- Welche Darstellung gibt am schnellsten einen ungefähren Eindruck vom Ergebnis der Umfrage?
- Welche Darstellung ist am ungenauesten?

d) Welche Diagrammart ist am sinnvollsten?

Vertiefen

13 Trinkwassermangel untersuchen

a)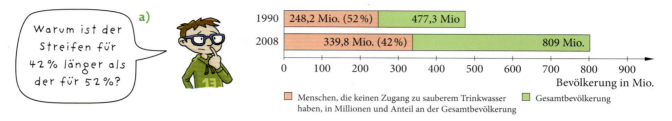

Warum ist der Streifen für 42% länger als der für 52%?

☐ Menschen, die keinen Zugang zu sauberem Trinkwasser haben, in Millionen und Anteil an der Gesamtbevölkerung
☐ Gesamtbevölkerung

Kannst du Ole eine Erklärung geben?

b) Beschreibe in einem Satz die Trinkwassersituation in Afrika südlich der Sahara.

14 Zinsen vergleichen

Banken werben damit, wie sich das Geld durch Zinsen vermehrt.
Beschreibe, welcher Eindruck bei den drei Werbeplakaten entsteht, und vergleiche.

(1)    (2)    (3)

▶ Materialblock S. 115
Arbeitsmaterial
Das Weltreise-Spiel

15 Die Weltreise – ein Rechenspiel

Bei diesem Spiel für 4 Personen müssen möglichst große Temperaturunterschiede gesucht werden.
Neben dem Spielplan aus dem Materialblock benötigt ihr Spielfiguren und 12 Karten mit je einem Monatsnamen.

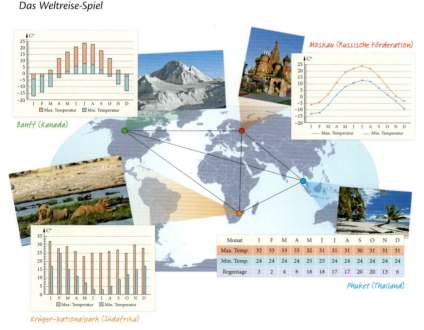

Spielregeln:
- Setzt eure Spielfigur auf einen beliebigen Ort, auf jedem Feld darf aber nur eine Spielfigur stehen.
- Pro Runde wird eine Monatskarte gezogen.
- Jeder wechselt zu dem Ort, wo der Temperaturunterschied zum eigenen Ort im gezogenen Monat möglichst groß ist.
- Wer in der Runde die größte Differenz hat, bekommt einen Punkt.

Wer nach 12 Runden die meisten Punkte hat, gewinnt das Spiel.

Checkliste

Unser Klima – Diagramme verstehen und erstellen

Ich kann ... / Ich kenne ...	Hier kann ich üben ...
Ich kann Zahlenwerte aus einem Diagramm ablesen. Welche Temperatur ist im März an diesem Ort zu erwarten? In welchem Monat sind es 6 °C?	S. 222 Nr. 1–3 S. 225 Nr. 10
Ich kann positive und negative Zahlen an einer Zahlengeraden ablesen und auf einer vorgegebenen Zahlengeraden eintragen. Welche Zahlen sind markiert? Übertrage die Zahlengerade ins Heft und markiere dort die Zahl –7,5 und 1,5.	S. 223 Nr. 4–6 S. 224 Nr. 8, 9
Ich kann eine Zahlengerade so einteilen, dass ich vorgegebene positive und negative Zahlen dort eintragen kann. Zeichne eine Zahlengerade, und wähle eine geeignete Einteilung, sodass du die Zahlen 45 und –25 eintragen kannst. Trage diese Zahlen auch ein.	S. 223 Nr. 5, 6 S. 224 Nr. 8, 9
Ich kann den Abstand von negativen und positiven Zahlen bilden und erklären. Bilde aus den vier Zahlen –4; 5; –7 und 3 alle möglichen Paare von zwei Zahlen. Bestimme für jedes Zahlenpaar den Abstand der beiden Zahlen voneinander.	S. 223 Nr. 4–6 S. 224 Nr. 7, 8
Ich kann ein Diagramm mit einem Tabellenkalkulationsprogramm erstellen. Erstelle zu den Daten in der Tabelle mit einem Tabellenkalkulationsprogramm ein Säulendiagramm und ein Liniendiagramm. | Alter (in Monaten) | 0 | 4 | 8 | 12 | 16 | 20 | 24 | |---|---|---|---|---|---|---|---| | Körpergröße (in cm) | 50 | 62 | 71 | 76 | 81 | 83 | 87 |	S. 225 Nr. 10, 11 S. 226 Nr. 12
Ich kann entscheiden, wann welcher Diagrammtyp sinnvoll ist. Du willst darstellen, wie sich der Gewinn eines Ladens in den letzten 12 Monaten entwickelt hat. Welcher Diagrammtyp passt am besten? Begründe.	S. 226 Nr. 12
Ich kann erklären, warum Diagramme zu gleichen Daten unterschiedlich wirken können. Die Diagramme zeigen die gleichen Daten. Warum wirken sie unterschiedlich? 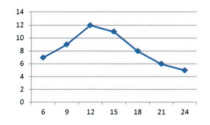 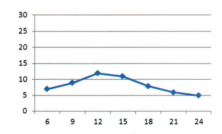	S. 226 Nr. 12 S. 227 Nr. 14

▶ *Hinweis:* Im Materialblock auf Seite 116 findest du diese Checkliste für deine Selbsteinschätzung. Zusätzliche Übungsaufgaben findest du im Internet unter mws 228-1.
(www.cornelsen.de/mathewerkstatt, Buchkennung: MWS040 235, Mediencode: 228-1)

Anhang

Stichwortverzeichnis

A
absolute Häufigkeit 52
Achsen 88
Ansatz 15, 108
Anteile 52, 150
Anteil vom Anteil 152

B
beschreibungsgleiche Terme 111
Bilderfolgen 193
Brüche addieren, subtrahieren 58, 59
Brüche dividieren 189
Brüche multiplizieren 153, 189
Brüche vergleichen 58, 59

D
Dezimalzahlen dividieren 130
Dezimalzahlen multiplizieren 130
Diagramme 218
Diagrammarten 218

E
Erweitern 55

G
gemeinsamer Nenner 56
gemischte Brüche 132
gleichwertige Brüche 54
Grad 86
größter gemeinsamer Teiler 35

H
Häufigkeit 52

K
kleinstes gemeinsames Vielfaches 35, 56
Koordinaten 88
Koordinatensystem 89
Kürzen 55

L
Lösungsplan (PADEK) 15

M
Maßstab 173
Modell 173

N
negative Zahlen 89, 219

P
PADEK (Lösungsplan) 15
Primzahlen 32
Problemlösen 15
Prozente / Prozentstreifen 57

Q
Quadratgitter 85
Quersumme 34

R
relative Häufigkeit 52
Richtung 82
Richtungsänderung 84
Runden 14, 133

S
Schätzen von Brüchen 55
Schätzen von Mengen 12
Streifentafel 54

T
Tabellenkalkulationsprogramm 216, 220
Taschenrechner 133
Teilbarkeitsregeln 34
Teiler 32
Term 108, 198
Termregeln 110

U
Überschlagen 14

V
Verfeinern / Vergröbern 54
Vergrößerungszahl 169, 172
Verkleinerungszahl 169
Vertauschungsgesetz 111

W
Wert einer Größe 218
Wert eines Terms 106
Winkel 86
Winkelarten 87

Z
Zahlenfolgen 197, 198
Zahlenforschung 33
Zerlegungsgesetz 111

Bildquellen

Titelbild Fotolia/Donnerbold

5 BildArt Volker Döring, Hohen Neuendorf
6 ff. (Vignette) Fotolia/S.Kobold
8/1, 2, 4 Cornelsen Verlagsarchiv
8/3 Fotolia/Gennadiy Poznyakov
8/5, 6 Peter Wirtz, Dormagen
10/1 Fotolia/by-studio
10/2, 11 Cornelsen Verlagsarchiv
12/1 www.sensi-glas.de
12/2 Peter Wirtz, Dormagen
12/3 Fotolia/Michel Bazin
12/4, 5, 13, 14 Cornelsen Verlagsarchiv
16 Fotolia, /1 victoria p., /2 st-fotograf, /3 kids.4pictures, /4 Marco Wydmuch, /5 Phototo, /6 WavebreakmediaMicro
17 Fotolia/Palenque
18 Fotolia/Dasha Rosato
20/1 Fotolia/Otto Durst
20/2 Cornelsen Verlagsarchiv
21 Fotolia/klick61
22 Fotolia/Andrey Kuzmin
23, 24 ff. (Vignette) BildArt Volker Döring, Hohen Neuendorf
26 Cornelsen Verlagsarchiv
30 Dr. Günter Liesenberg, Hönow
31/1 Cornelsen Verlagsarchiv
31/2 Fotolia/ivan kmit
32 Cornelsen Verlagsarchiv
34 Dr. Günter Liesenberg, Hönow
37 Cornelsen Verlagsarchiv
40 Ritter Sport, Deutschland
43/1, 3, 44 ff. (Vignette), 46/1, 3, 46/1, 3, 47/1, 2 Fotolia/prill mediendesign
43/2, 46/2 www.spielgeschenke.de
48 Cornelsen Verlagsarchiv
50 Fotolia, /1 Smileus, /2 Nikolay Zaburdaev
63/1 Cornelsen Verlagsarchiv
63 Fotolia, /2 arcpo, /3 prill mediendesign
65, 66, 70/1 Cornelsen Verlagsarchiv
70/2 Ulrich Dahl, Pressestelle TU, Berlin
70/3 Fotolia/Albo
70/4, 5, 71/1 Cornelsen Verlagsarchiv
71/2, 3 BildArt Volker Döring, Hohen Neuendorf
74, 75 Cornelsen Verlagsarchiv
76 StockFood, /1 Paula Hible, /2 Marc O. Finley
79 Fotolia/3dbrained
80 ff. (Vignette) Fotolia/Kraska
84–88 Cornelsen Verlagsarchiv
89 Fotolia/Graphikstart
90–92 Cornelsen Verlagsarchiv
93 J. P. Eichler, Potsdam
96/1 Stadt Karlsruhe, Liegenschaftsamt/2013/1580
96/2 Fotolia/Blackosaka
96/3 Amtliche Stadtkarte der Stadt Mannheim, Ausgabe 2010, FB Geoinformation und Vermessung
99/1 Stadt Freiburg, Vermessungsamt
99/2 Stadt Ulm, Abteilung Vermessung

100 Cornelsen Verlagsarchiv
101 Fotolia/Margit Power
102 ff. (Vignette) Fotolia/thongsee
106 Cornelsen Verlagsarchiv
109 Fotolia/Antje Lindert-Rottke
113/1 Fotolia/Reena
113/2 Cornelsen Verlagsarchiv
114 Fotolia, /1 Viktor, /2 Blend Images
115, 117/1 Cornelsen Verlagsarchiv
117/2 Fotolia/Agatha Brown
122 Fotolia, /1 Carson Liu, /2 yetishooter, /3 MAST
123 Fotolia/Dimitri Melnikow
124 ff. (Vignette) Fotolia/r.classen
128, 133 Cornelsen Verlagsarchiv
135 HORNBACH-Baumarkt-AG
138 Fotolia/Pascal THAUVIN
139, 140/1, 4 Cornelsen Verlagsarchiv
140 Fotolia, /1 pp77, /2 ispstock2
141/1 Fotolia/Foodlovers
141/2 Cornelsen Verlagsarchiv
143, 144 ff. (Vignette) © Luis Filella, Barcelona
146/1 agefotostock/Avenue Images/Ton Koene
146/2 CIRIC/Pascal BACHELET
148/1 picture-alliace/Tahir Safi/Landov
148/2 OKAPIA
149 Cornelsen Verlagsarchiv
154 VISUM/Zeitenspiegel/Pueschner
155 Otto Frick
156 Majority/Shafiqul Islam Shafiq
157/1 CIRIC/Pascal BACHELET
157/2 Cornelsen Verlagsarchiv
159/1 visualindia.deJ./Boethling
159/2 OKAPIA/NAS/John Shaw
161/1 Fotolia/sarsmis
161/2, 4 Cornelsen Verlagsarchiv
161/3 Wikipedia/CC 3.0/Kiba
163 Thomas Raupach, Hamburg
165/1, 166 ff. (Vignette) Fotolia/visualtektur
165/2 Fotolia/ix
170 Fotolia, /1 Aleksejs Pivnenko, /3 cristinaiochina, /4, 5 Albo
170/2 iStockphoto/RedHelga
170/6 Cornelsen Experimenta
171 Cornelsen Verlagsarchiv
172/1, 2 mauritius images/imagebroker
172/3 Fotolia
173/1 Cornelsen Verlagsarchiv
173/2 Okapia/imagebroker/XYZ PICTURES
173/3 picture alliance/dpa
173/4 Timo Leuders, Buchenbach
173/5 F1online/Fstop
174/1 iStockphoto/Juha Huiskonen
174/2 Cornelsen Verlagsarchiv
176 akg/2013 Mondrian/Holtzman Trust c/o HCR International USA
177/1 Libbrecht, Kenneth G., Kalifornien, USA
177/2 iStockphoto/NNehring
177/3 Cornelsen Verlagsarchiv
177/4 ESA

178 iStockphoto, /1 Jiří Hodeček, /6 NNehring
178 Fotolia, /2 Andrew Burgess, /3 paulrommer, /4 lifeonwhite.com
178/5 shutterstock/Daniel Wiedemann
178/7 Werksarchiv DG Flugzeugbau GmbH, Bruchsal
178/8 Aeronautica, Dipl.-Ing. St. B. Walter, Kaiserslautern
179/1 Kathrin Fischer, Eisleben
179 mauritius images, /2 Scott Camazine/Phototake, Inc., /4 Minden Pictures
179/3 Schleich GmbH
179/5 Fotolia/Carola Schubbel
179/6 ClipDealer/dennissteen
179/7 akg/ddrbildarchiv.de
179/8 Corbis/Denis Scott
179/9 Fotolia/Darren Green
179/10 picture alliance/dpa/dpaweb
180/1 Agentur Focus/SPL/Andrew Syred
180/2–8 Inter IKEA Systems B.V.
181/1 HNA
181 Fotolia, /2, 3 white, /4, 5 VRD
181/6, 182/1 Cornelsen Verlagsarchiv
182/2 NASA
183/1 S. Ruhmke, Berlin
183/2–5 Fotolia
183/6 Cornelsen Verlagsarchiv
184 Deutsche Bundesbank
187 Cornelsen Verlagsarchiv
188 Aeronautica, Dipl.-Ing. St. B. Walter, Kaiserslautern
189, 190 ff. (Vignette) BildArt Volker Döring, Hohen Neuendorf
195, 203, 207 Cornelsen Verlagsarchiv
210 ff. (Vignette) Cornelsen Verlagsarchiv
212/1 iStockphoto/atbaei
212 PantherMedia, /2 Kobchai Matasurawit, /3 Leah-Anne Thompson
212/4 mauritius images/imagebroker
212/5 Fotolia/Ramona Heim
215/1 Siemens AG
215/2 Zweirad-Profi/R. Jäger
215/3 Fotolia/Robert Wilson
215/4 Werner Krüger/Deutsche Lufthansa AG
217/1 Wikipedia/TomGonzales
217 iStockphoto, /2 Cay-Uwe Kulzer, /3 Ruud de Man, /4 Frank Leung
219 shutterstock, /1 Hunor, /3 BMJ
219/2 Fotolia/Valerii Zan
222 Schnittbild Hoval BioLyt Pelletskessel, Hoval Aktiengesellschaft
224 Cornelsen Verlagsarchiv
225 Fotolia/ConnyP
227 Fotolia, /1, 2 mirubi, 4 pavel Chernobrivets
227/3 panthermedia/Andy-Kim Möller

Inhaltsverzeichnis

1	**Kapitel: Verbrauch im Haushalt**	
2	Wissensspeicher – Größen 4	Vergleichsgegenstände zum Schätzen des Volumens
3	Wissensspeicher – Größen 5	Auf etwas Bekanntes zurückführen
4	Wissensspeicher – Größen 6	Angaben sinnvoll runden, Überschlagsrechnung
5	Methodenspeicher – Problemlösen 1	Schritte beim Problemlösen
6	Arbeitsmaterial	Ein einfacher Lösungsplan
7	Arbeitsmaterial	Runden und Rechnen mit unterschiedlicher Genauigkeit
8	Arbeitsmaterial	Verbrauch beim Waschen
9	Arbeitsmaterial	Pias Lösungsschritte
10	Arbeitsmaterial	Volumen durch Vergleichen schätzen
11	Arbeitsmaterial	Höhenangaben von Bergen runden
12	Arbeitsmaterial	Rundungsspiel
13	Arbeitsmaterial	Gute Gegenstände zum Vergleichen
14	Checkliste	
15	**Kapitel: Zahlen unter der Lupe**	
16	Wissensspeicher – Zahlen 3	Teiler und Zerlegungen finden
17	Wissensspeicher – Zahlen 4	Teilbarkeitsregeln, gemeinsame Teiler und Vielfache
18	Methodenspeicher – Problemlösen 2	Zahlen erforschen/Problemlösen
19	Arbeitsmaterial	Mal-Mauern aufbauen und vergleichen
20	Arbeitsmaterial	Mal-Mauern untersuchen
21	Arbeitsmaterial	Spielregeln „Reste-Rennen"/Vielfachentabelle
22	Arbeitsmaterial	Spielplan „Reste-Rennen"
23	Arbeitsmaterial	Das Teilerspiel
25	Checkliste	
26	**Kapitel: Freizeit von Mädchen und Jungen**	
27	Wissensspeicher – Brüche 4	Häufigkeiten beschreiben mit Anzahlen und Anteilen
28	Wissensspeicher – Brüche 5	Anteile vergleichen
29	Wissensspeicher – Brüche 6	Gleichwertige Brüche finden
30	Wissensspeicher – Brüche 7	Brüche schätzen
31	Wissensspeicher – Brüche 8	Einen gemeinsamen Nenner finden
32	Wissensspeicher – Brüche 9	Prozente – Brüche mit dem Nenner 100
33	Wissensspeicher – Brüche 10	Brüche addieren und subtrahieren
34	Arbeitsmaterial	Streifen für Anteile
35	Arbeitsmaterial	Streifentafel
36	Arbeitsmaterial	Anteile mit Hilfe von Streifen addieren
37	Arbeitsmaterial	Anteile vergleichen
39	Arbeitsmaterial	Anteile zusammenfassen
40	Arbeitsmaterial	Prozentstreifen
41	Arbeitsmaterial	Tagesstreifen/Zahlenmauern mit Brüchen
42	Arbeitsmaterial	Wochenplan
43	Checkliste	
44	**Kapitel: Orientierung auf Land und Wasser**	
45	Wissensspeicher – Grundbegriffe 4	Kompass und Winkel
46	Wissensspeicher – Grundbegriffe 5	Winkel messen und zeichnen mit dem Geodreieck
47	Wissensspeicher – Grundbegriffe 6	Koordinaten und Koordinatensysteme

Inhaltsverzeichnis

48	Wissensspeicher – Negative Zahlen 1	Koordinaten mit negativen Zahlen
49	Arbeitsmaterial	Bienenkarten
50	Arbeitsmaterial	Kapitän und Steuermann
51	Arbeitsmaterial	Richtungsänderungen bestimmen/angeben
52	Arbeitsmaterial	Bastelanleitung für eine Winkelscheibe
53	Arbeitsmaterial	Stadtplan von Manhattan
54	Arbeitsmaterial	Stadtpläne von Bochum
55	Arbeitsmaterial	Winkel messen und zeichnen mit dem Geodreieck
56	Arbeitsmaterial	Welche Richtung?/Leuchttürme
57	Arbeitsmaterial	Schatzkarte
58	Arbeitsmaterial	Stadtplan von Karlsruhe/Schiffe finden
59	Arbeitsmaterial	Stadtplan von Mannheim
60	Checkliste	
61	**Kapitel: Haushaltskosten gerecht aufteilen**	
62	Wissensspeicher – Terme 1	Ansätze mit Hilfe von Termen beschreiben
63	Wissensspeicher – Terme 2	Terme aufstellen und erklären
64	Wissensspeicher – Terme 3	Regeln für den Umgang mit Termen anwenden
65	Wissensspeicher – Terme 4	Beschreibungsgleiche Terme finden
66	Arbeitsmaterial	Das Klammerspiel
68	Arbeitsmaterial	Dinas Kosten berechnen
69	Arbeitsmaterial	Eine Rechnung – zwei Geschichten
71	Arbeitsmaterial	„Übersetzungs"-Übung
72	Arbeitsmaterial	Mensch ärgere Dich nicht – jeder zählt anders
73	Checkliste	
74	**Kapitel: Einen Raum renovieren**	
75	Wissensspeicher – Dezimalzahlen 4	Dezimalzahlen multiplizieren
76	Wissensspeicher – Dezimalzahlen 5	Dezimalzahlen dividieren
77	Wissensspeicher – Dezimalzahlen 6	Dezimalzahlen und gemischte Brüche
78	Wissensspeicher – Dezimalzahlen 7	Dezimalzahlen runden
79	Methodenspeicher – Hilfsmittel 1	Taschenrechner
80	Arbeitsmaterial	Aufenthaltsraum
81	Checkliste	
82	**Kapitel: Kinder weltweit**	
83	Wissensspeicher – Brüche 11	Anteile in Bezug zum Ganzen
84	Wissensspeicher – Brüche 12	Anteile von Anteilen bestimmen
85	Wissensspeicher – Brüche 13	Brüche multiplizieren
86	Arbeitsmaterial	Kinder in Entwicklungsländern
87	Arbeitsmaterial	Bilder und Situationen für das Multiplizieren
88	Checkliste	
89	**Kapitel: Die Welt im Museum**	
90	Wissensspeicher – Maßstab 1	Figuren richtig vergrößern
91	Wissensspeicher – Maßstab 2	Vergrößerung und Verkleinerung als Maßstab schreiben
92	Wissensspeicher – Maßstab 3	Vergrößern und Verkleinern in mehreren Schritten
93	Wissensspeicher – Maßstab 4	Vergrößern und Verkleinern mit Komma und Prozent
94	Arbeitsmaterial	Eiffelturm
95	Checkliste	

Inhaltsverzeichnis

96	**Kapitel: Zahlen- und Bildmuster**	
97	Wissensspeicher – Terme 5	Muster beschreiben und Folgen fortsetzen
98	Wissensspeicher – Terme 6	Zahlenfolgen beschreiben und berechnen
99	Arbeitsmaterial	Muster in Bildern
100	Arbeitsmaterial	Folgen und Regeln
101	Arbeitsmaterial	Quartett-Muster-Spiel
105	Checkliste	
106	**Kapitel: Unser Klima**	
107	Wissensspeicher – Daten 4	Diagramme lesen
108	Wissensspeicher – Negative Zahlen 2	Negative Zahlen darstellen
109	Wissensspeicher – Daten 5	Geeignete Diagrammart wählen
110	Wissensspeicher – Daten 6	Unterschiedliche Wirkung von Diagrammen
111	Methodenspeicher – Hilfsmittel 2	Diagramme am Computer erstellen
113	Arbeitsmaterial	Klimabeschreibungen und Klimadiagramme
115	Arbeitsmaterial	Das Weltreise-Spiel
116	Checkliste	

Verbrauch im Haushalt – Schätzen und Überschlagen

Seiten im **Materialblock**:

- ▶ Wissensspeicher   ab Seite MB 2
- ▶ Methodenspeicher   Seite MB 5
- ▶ Arbeitsmaterial   ab Seite MB 6
- ▶ Checkliste   Seite MB 14

Wissensspeicher   Vergleichsgegenstände zum Schätzen des Volumens

Zum Schätzen des Volumens von Gegenständen kann man Vergleichsgegenstände mit bekanntem Volumen nutzen. Deshalb ist es hilfreich, sich das Volumen einiger Gegenstände und einfache Umrechnungen zu merken.

Volumen in Liter	Volumen in Kubik…	Gegenstand
5 Milliliter (5 mℓ) = $\frac{5}{1000}$ Liter ($\frac{5}{1000}$ ℓ)		
200 Milliliter (200 mℓ) = ―― Liter (―― ℓ)		
1 Liter = _____ Milliliter (_____ mℓ)		
10 Liter = _____ Milliliter (_____ mℓ)		
200 Liter = _____ Milliliter (_____ mℓ)		

Diese Gegenstände haben ein Volumen von 10 mℓ, 100 mℓ oder 1000 mℓ:

Volumen in Liter	Volumen in Kubik…	Gegenstand
10 mℓ = _____ ℓ		
100 mℓ = _____ ℓ		
1000 mℓ = _____ ℓ		

zu O1, S. 12, Kapitel „Verbrauch im Haushalt", *mathewerkstatt* Bd. 2 (Kl. 6)

Wissensspeicher — Auf etwas Bekanntes zurückführen

Das Volumen eines Gegenstandes lässt sich oft mit dem Ansatz *auf etwas Bekanntes zurückführen* schätzen.

(1)
Problem: Welches Volumen hat ein Spülkasten?

Ansatz: Auf etwas Bekanntes zurückführen. Bekannt ist: _____

Rechnung: _____

Ergebnis: _____

(2)
Problem: Welches Volumen hat dieser Mini-Kühlschrank?

Ansatz: Auf etwas Bekanntes zurückführen. Bekannt ist: _____

Rechnung: _____

Ergebnis: _____

(3)
Problem: Welches Volumen hat ein Teelöffel?

Ansatz: Auf etwas Bekanntes zurückführen. Bekannt ist: _____

Rechnung: _____

Ergebnis: _____

zu O2, S. 12, Kapitel „Verbrauch im Haushalt", *mathewerkstatt* Bd. 2 (Kl. 6)

Wissensspeicher — Angaben sinnvoll runden, Überschlagsrechnung

Eine Zahl kann man auf verschiedene Stellen runden.
Auf welche Stelle man eine Zahl runden sollte, hängt vom Sachverhalt ab.

Beispiel: Die Einwohneranzahl von Münster wurde einmal mit 272 851 angegeben.

Gerundet auf Hunderter:	Gerundet auf Tausender:	Gerundet auf Zehntausender:	Gerundet auf Hunderttausender:
272 900	_____	_____	_____
272 851 zwischen 272 800 und 272 900	272 851 zwischen 272 000 und 273 000	272 851 zwischen 270 000 und 280 000	272 851 zwischen 200 000 und 300 000

Sinnvolle Rundung

(1) Münster ist eine Großstadt mit etwa _____ Einwohnern.

(2) Seit vielen Jahren liegt die Einwohnerzahl von Münster bei etwa _____.

(3) Münster lag 2010 mit seiner Einwohnerzahl von _____ knapp hinter Wiesbaden (276 000).

(4) Im Januar 2010 hatte Münster etwa _____ Einwohner.

Begründung

(A) Innerhalb eines Monats kann man die Einwohnerzahl nie ganz genau angeben.

(B) Die Einwohnerzahl schwankt jedes Jahr um ein paar Tausend.

(C) Viele deutsche Städte unterscheiden sich um ein bis zweitausend Einwohner.

(D) Ab 100 000 Einwohnern nennt man eine Stadt Großstadt.

So führt man eine Überschlagsrechnung durch

Wenn man durch Runden eine einfachere Rechnung durchführen kann, nennt man das Überschlagen.

Mein Beispiel:

zu O4/O5, S. 14, Kapitel „Verbrauch im Haushalt", *mathewerkstatt* Bd. 2 (Kl. 6)

Methodenspeicher Schritte beim Problemlösen

Beim Problemlösen kann man stets die gleichen Lösungsschritte verwenden.

Problem verstehen   **A**nsatz suchen   **D**urchführen

Ergebnis erklären   **K**ontrollieren

Beispiel: Pia hat sich mit folgendem Problem beschäftigt:

> Wie viel Wasser könnte ich jedes Jahr beim Zähneputzen sparen?

Schritte in Pias Lösung

zu O6, S. 15, Kapitel „Verbrauch im Haushalt", *mathewerkstatt* Bd. 2 (Kl. 6)

Arbeitsmaterial Ein einfacher Lösungsplan

Mein Beispiel: _____

Lösungsplan P A D E K	Mein Beispiel:
Problem verstehen: in eigenen Worten formulieren	
Ansatz suchen: Annahmen beschreiben und den Rechenweg planen	
Durchführen: Rechnung durchführen	
Ergebnis erklären	
Kontrollieren: Ergebnis, Rechnung und Ansatz prüfen	

MB 7 Arbeitsmaterial – Verbrauch im Haushalt

Arbeitsmaterial — Runden und Rechnen mit unterschiedlicher Genauigkeit

Tills Vater hat an der Wasseruhr abgelesen:

21.01. Zählerstand 14572 Liter

20.02. Zählerstand 23651 Liter

Wie viel wird Tills Familie in diesem Jahr für Wasser bezahlen, wenn 1000 Liter 149 Cent kosten?

Ansatz:
9000 l im Monat hochgerechnet auf 1 Jahr (mit Kosten)

Rechnung:
9000 · 12 = 10800,
also 10800 l im Jahr
ungefähr 150 Cent für 1000 l
108 · 150 = 16200,
also 16200 Cent = 162 Euro

Ergebnis:
Sie müssen jetzt 162 Euro bezahlen.

Nebenrechnung:

```
12 · 9000      108 · 150
 108000         108
                5400
               16200
```

Ansatz:
9000 l in 30 Tagen
Wie viel in 365 Tagen?

Rechnung:
9000 : 30 = 300
300 l am Tag
300 · 365 = 109500,
das sind etwa 110 000 l im Jahr.
Wasserpreis 149 Cent für 1000 l
110 · 149 = 16390,
also 16390 Cent = 163,90 €

Ergebnis:
Es sind 163,90 €

Nebenrechnungen:

```
365 · 300       149 · 110
109500           149
                 1490
                16390
```

Lies die Lösungen von Ole und Till durch und beurteile ihr Vorgehen anhand der folgenden Fragen:

(1) Wie haben Till und Ole die 9000 Liter bestimmt? Wie genau ist die Angabe?

(2) Warum meint Ole, er kann auch mit „ungefähr 150 Cent" rechnen?

(3) Till und Ole stellen sich ein Jahr verschieden vor. Worin besteht der Unterschied?

zu E4, S. 10, Kapitel „Verbrauch im Haushalt", *mathewerkstatt* Bd. 2 (Kl. 6)

Arbeitsmaterial   Verbrauch beim Waschen

Lies den Text „Verbrauch beim Waschen – Teil 1".

Verbrauch beim Waschen   Teil 1

In fast jedem Haushalt in Deutschland wird die Wäsche mit einer elektrischen Waschmaschine gewaschen. Das sind durchschnittlich 550 kg Wäsche pro Jahr.
Eine sehr sparsame moderne Waschmaschine für 7 kg Wäsche verbraucht im Normalprogramm 41 Liter Wasser. Für kleine Haushalte gibt es auch kleinere 5-Kilogramm-Waschmaschinen. Diese haben einen Wasserverbrauch von nur 7,7 Litern pro Kilogramm Wäsche.
Jumbolader sind Maschinen für 8 Kilogramm Wäsche pro Waschgang. Sparsame Jumbolader haben einen Wasserverbrauch von 10 500 Liter pro Jahr.

Finde die Fragen, die mit dem Text nicht beantwortet werden können.

(1) Wie viel Wäsche wird im Durchschnitt in einem deutschen Haushalt in zehn Jahren gewaschen?
(2) Wie viele Jumbolader gibt es in Deutschland?
(3) Wie viel Kilogramm Wäsche können mit 10 500 Liter Wasser gewaschen werden?
(4) Wie viel Wasser wird pro Jahr in Deutschland für Wäsche waschen verbraucht?
(5) Stimmt es, dass eine 5-Kilogramm-Maschine weniger Wasser verbraucht als eine 7-Kilogramm-Maschine?

Stelle eigene Fragen, die sich mit dem folgenden Text beantworten lassen.

Verbrauch beim Waschen   Teil 2

Aufgrund des technischen Fortschritts benötigen die Waschmaschinen heute viel weniger Wasser pro Waschgang als früher. So hat sich der durchschnittliche Verbrauch von 180 ℓ zu Beginn der 1980er Jahre über 130 ℓ zu Beginn der 1990er Jahre bis jetzt auf 50 ℓ verringert.
Wasser und Strom sind dafür verantwortlich, dass eine Waschmaschine nicht nur bei ihrem Kauf Geld kostet. Viele Familien achten daher beim Kauf einer neuen Waschmaschine nicht nur auf den Preis. Im Internet und im Fachgeschäft sind heute zu jeder Waschmaschine auch der Stromverbrauch und der Wasserverbrauch angegeben.

Merves Bruder hat eine alte 5-kg-Waschmaschine, die 70 Liter Wasser pro Waschgang verbraucht.

> Wie viel Wasser verbraucht er wohl dafür in einem Jahr?

Welche Information fehlt, um diese Frage zu beantworten?
Schätze die fehlenden Werte und berechne eine Antwort.

zu O3, S. 13, Kapitel „Verbrauch im Haushalt", *mathewerkstatt* Bd. 2 (Kl. 6)

MB 9 Arbeitsmaterial – Verbrauch im Haushalt

Arbeitsmaterial   Pias Lösungsschritte

Schneide die Schritte von Pias Lösung aus und lege sie in der richtigen Reihenfolge untereinander.
Ergänze auf den Schreiblinien die passenden Namen der Schritte:

Problem verstehen   **A**nsatz suchen   **D**urchführen   **E**rgebnis erklären   **K**ontrollieren

Wenn ihr die Reihenfolge der Schritte verglichen habt, dann klebe die Schritte
in den Methodenspeicher „Schritte beim Problemlösen" (MB 5).

Schritte in Pias Lösung

✂----

_____

Ich messe die Menge und rechne hoch.

✂----

_____

Da laufen fünf Zahnputzbecher Wasser durch den Hahn. Fünf Zahnputzbecher sind zusammen etwa 1 Liter. In einem Jahr mit 365 Tagen sind das dann 365 Liter.

✂----

_____

Beim Zähneputzen braucht man Wasser zum Mundausspülen. Häufig läuft aber auch unnötig Wasser, während man noch die Zähne putzt und den Mund ausspült. Wie viel Wasser läuft da im Jahr durch den Wasserhahn?

✂----

_____

365 Liter sind 36 Eimer mit frischem Wasser, die man im Jahr sparen könnte. Das kann schon sein, denn der Wasserhahn läuft ja übers Jahr insgesamt viele Minuten lang.

✂----

_____

Ich könnte also im ganzen Jahr 365 Liter frisches Trinkwasser sparen, wenn ich während des Zähneputzens den Wasserhahn zudrehe.

---

zu O6, S. 15, Kapitel „Verbrauch im Haushalt", *mathewerkstatt* Bd. 2 (Kl. 6)

Arbeitsmaterial — Volumen durch Vergleichen schätzen

Schätze und ergänze im ersten Schritt zunächst nur die fehlenden Werte auf den Pfeilen.
Ordne im zweiten Schritt die passenden Volumenangaben in die Kästchen ein.

| 5 ml | 200 ml | 1 ℓ | 1,5 ℓ | 10 ℓ | 30 ℓ | 120 ℓ | 200 ℓ |

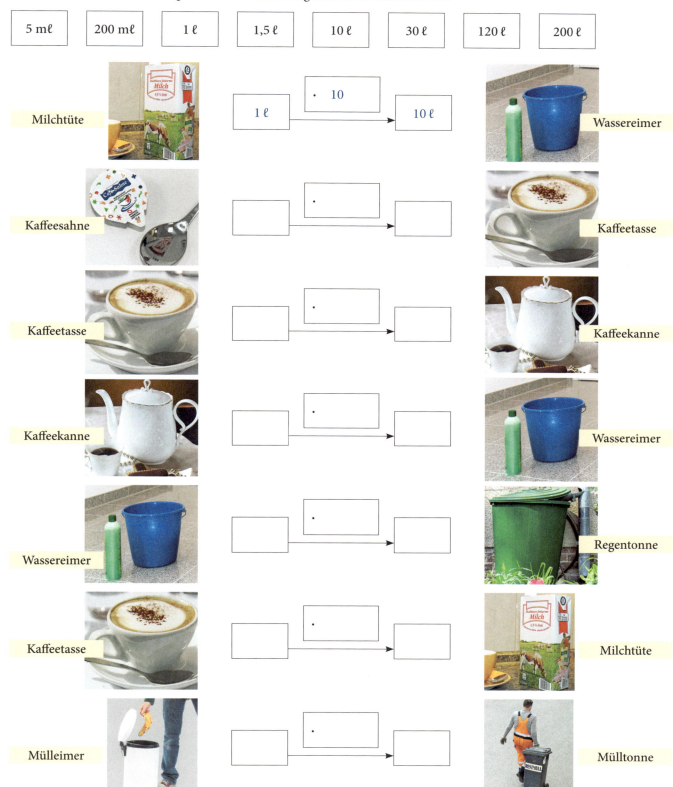

Arbeitsmaterial — Höhenangaben von Bergen runden

Der höchste Berg der Welt ist der Mount Everest in Nepal mit einer Höhe von 8848 m.
Zeichne auf dem Zahlenstrahl die Höhe des Berges ein.
Zeichne auch den nächstliegenden Zehner, den nächstliegenden Hunderter und
den nächstliegenden Tausender ein.

8000 — 9000

Runde die Höhenangaben auf die vorgegebene Stellenzahl.
Trage die gerundeten Werte in die Tabelle ein.

Berg	Höhe	gerundet auf		
		Zehner	Hunderter	Tausender
Mount Everest (Nepal)	8848 m			
Kilimandscharo (Tansania)	5896 m			
Montblanc (Frankreich)	4807 m			
Großglockner (Österreich)	3798 m			
Fuji (Japan)	3776 m			
Zugspitze (Bayern)	2962 m			
Feldberg (Baden-Württemberg)	1493 m			
Wasserkuppe (Hessen)	950 m			
Bungsberg (Schleswig-Holstein)	168 m			

zu V3, S. 17, Kapitel „Verbrauch im Haushalt", *mathewerkstatt* Bd. 2 (Kl. 6)

Arbeitsmaterial   Rundungsspiel (1 von 2)

Bei diesem Spiel für 2 bis 4 Spieler sollen immer drei Karten zusammengehörende Karten gefunden werden.
Zum Beispiel gehören die Karten „1893", „1890" und „gerundet auf Zehner" zusammen.

Spielregeln:
- Die Karten werden ausgeschnitten, gemischt und verdeckt auf den Tisch gelegt.
- Jeder deckt der Reihe nach eine Karte auf.
- Wer einen richtigen Dreier aus den offenen Karten bilden kann, also z. B. „1893 – gerundet auf Zehner – ist 1890", darf diese drei Karten behalten.

gerundet auf Tausender	gerundet auf Tausender	gerundet auf Tausender	gerundet auf Tausender
gerundet auf Hunderter	gerundet auf Hunderter	gerundet auf Hunderter	gerundet auf Hunderter
gerundet auf Zehner	gerundet auf Zehner	gerundet auf Zehner	gerundet auf Zehner
1892	1893	1894	1896
1805	1811	1814	1387

zu V5, S. 18, Kapitel „Verbrauch im Haushalt", *mathewerkstatt* Bd. 2 (Kl. 6)

MB 13 **Arbeitsmaterial – Verbrauch im Haushalt**

Arbeitsmaterial Rundungsspiel (2 von 2)

1897	1898	1385	1389
1890	1900	2000	1900
1800	1810	2000	1390
1900	2000	1400	1000

Arbeitsmaterial Gute Gegenstände zum Vergleichen

Schneide die Bilder der Gegenstände aus.
Ordne sie im Wissensspeicher auf Seite 2 der passenden Zeile zu.

Eimer   Milchtüte   Trinkglas   Badewanne   Teelöffel

zu O1, S. 12 und V5, S. 18, Kapitel „Verbrauch im Haushalt", *mathewerkstatt* Bd. 2 (Kl. 6)

MB 14 Checkliste – Verbrauch im Haushalt

Checkliste

Verbrauch im Haushalt – Schätzen und Überschlagen

Ich kann ... Ich kenne ...	So gut kann ich das ...	Hier kann ich üben ...
Ich kenne Beispiele für große und kleine Mengen und kann sie als Vergleich für das Schätzen verwenden. ■ Wie kann man sich 200 mℓ vorstellen? ■ Wie stellst du dir 1000 Liter vor? ■ Wie viel Wasser passt wohl in die Schüssel auf dem Bild?	⊙	S. 16 Nr. 1, 2
Ich kann eine Zahl auf Zehner, Hunderter, Tausender runden. Runde 10 581 auf Zehner, Hunderter und auf Tausender.	⊙	S. 17 Nr. 3, 4
Ich kann Rechnungen überschlagen, indem ich passend runde. Wie viele Mahlzeiten isst ein Mensch pro Jahr?	⊙	S. 18 Nr. 6 S. 19 Nr. 8
Ich kann zu Aufgabenstellungen einfachere Fragen formulieren. Till will herausfinden, wie viele Mathematikaufgaben er im Laufe seiner Schulzeit löst. Schreibe einige einfachere Fragen auf, die ihm dabei helfen können.	⊙	S. 19 Nr. 8, 9
Ich kenne verschiedene Schritte beim Problemlösen und kann sagen, bei welchem Schritt ich gerade bin. Erkläre in eigenen Worten, was die Buchstaben in der Abkürzung P A D E K bedeuten.	⊙	S. 20 Nr. 10–12
Ich kann Alltagsprobleme lösen, die mit dem Schätzen von Mengen und Größen zu tun haben. Wie viel Liter Müll fallen im Haushalt deiner Familie jedes Jahr an?	⊙	S. 21 Nr. 13–15

zur Checkliste, S. 22, Kapitel „Verbrauch im Haushalt", *mathewerkstatt* Bd. 2 (Kl. 6)

Zahlen unter der Lupe – Zahlen zerlegen und erforschen

Seiten im **Materialblock**:

- Wissensspeicher　　　　　　　ab Seite MB 16
- Methodenspeicher　　　　　　　Seite MB 18
- Arbeitsmaterial　　　　　　　ab Seite MB 19
- Checkliste　　　　　　　Seite MB 25

Wissensspeicher   Teiler und Zerlegungen finden

Teiler von Zahlen

Eine Zahl ist ein **Teiler** einer zweiten Zahl, wenn man die zweite Zahl ohne Rest durch diese Zahl teilen kann.
Die Zahl 5 ist z. B. ein Teiler von 15, weil man 15 ohne Rest durch 5 teilen kann.
Es gibt Zahlen mit sehr wenigen Teilern und solche mit sehr vielen Teilern.

Alle Teiler von:

1	
2	
3	
4	
5	
6	
7	
8	
9	
10	
11	
12	
13	
14	
15	

16	
17	
18	
19	
20	
21	
22	
23	
24	
25	
26	
27	
28	
29	
30	

Zahlen mit nur zwei Teilern heißen **Primzahlen**.
In den Tabellen oben sind die Primzahlen eingekreist.

So kann man Zahlen vollständig in ein Produkt von Primzahlen zerlegen:

$84 = 4 \cdot 21 = 2 \cdot 2 \cdot 21 = 2 \cdot 2 \cdot 7 \cdot 3$

Die Zerlegung einer Zahl kann verschieden aussehen. Beispiele:

180 = _____

180 = _____

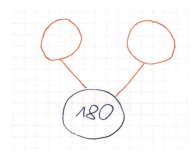

Bei verschiedenen Zerlegungen einer Zahl ist aber eines immer gleich:

_____

_____

zu O1/O2, S. 32, Kapitel „Zahlen unter der Lupe", *mathewerkstatt* Bd. 2 (Kl. 6)

Wissensspeicher — Teilbarkeitsregeln, gemeinsame Teiler und Vielfache

Teilbarkeitsregeln

Bei einigen Divisionsaufgaben kann man auch ohne zu rechnen an der letzten Ziffer erkennen, ob ein Rest entsteht oder nicht.

Teilbarkeitsregeln	Eigene Beispiele
Eine Zahl ist ohne Rest durch 2 teilbar, wenn …	
Eine Zahl ist ohne Rest durch 5 teilbar, wenn …	
Eine Zahl ist ohne Rest durch 10 teilbar, wenn …	

Beim Erkennen, ob eine Zahl durch 3 oder 9 teilbar ist, hilft die Quersumme.
Die Quersumme einer Zahl ist die Summe ihrer Ziffern.
Beispiel: Die Quersumme von 28 ist 10, denn 2 + 8 = 10.

Eine Zahl ist ohne Rest durch 3 teilbar, wenn …	
Eine Zahl ist ohne Rest durch 9 teilbar, wenn …	

Bei diesen Teilern funktioniert die Regel über die Endziffer oder die Quersumme nicht:	

So kann man gemeinsame Vielfache und gemeinsame Teiler zweier Zahlen darstellen

Manchmal sucht man Zahlen, die gleichzeitig Teiler von zwei anderen Zahlen sind (oder gleichzeitig Vielfaches von anderen Zahlen sind).

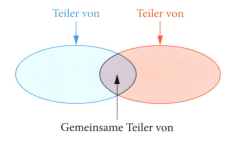
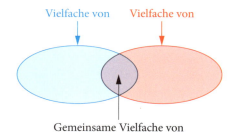

zu O4–O7, S. 34/35, Kapitel „Zahlen unter der Lupe", *mathewerkstatt* Bd. 2 (Kl. 6)

Methodenspeicher Zahlen erforschen/Problemlösen

Wenn man Zahlen erforschen will, kann man sich an fünf Schritten des Lösungsplans **P A D E K** orientieren:

Problem verstehen   **A**nsatz suchen   **D**urchführen   **E**rgebnis erklären   **K**ontrollieren

Im Schritt „Ansatz suchen" gibt es verschiedene hilfreiche Möglichkeiten:

Beispiele aufschreiben	eine andere Darstellung suchen
Beispiele ordnen	eine Vermutung formulieren und überprüfen

Problem: Was haben alle Zahlen mit drei Teilern gemeinsam?

Ich soll die Zahlen mit drei Teilern anschauen.
Zahlen mit drei Teilern sollen irgendwas Besonderes haben.

Ich suche mal ein Beispiel.

Die Teiler von 4 sind 1,2,4. Die passt.
Die Teiler von 6 sind 1,2,3,6. Die passt nicht.

Ich muss die Beispiele mal ordnen.

Zahl	1	2	3	4	5	6	7	8	9	10	11	12	13
Anzahl der Teiler	1	2	2	③	2	4	2	4	③	4	2	6	2

Was haben die 4 und die 9 gemeinsam?
$4 = 2 \cdot 2$ und $9 = 3 \cdot 3$, das sind Quadratzahlen.
Alle Quadratzahlen haben 3 Teiler. Zum Beispiel hat die 25 die Teiler 1, 5, 25.

Ich kontrolliere mal die 16. Die Teiler sind 1, 2, 4, 8, 16.
Warum hat die Quadratzahl 16 nicht 3 Teiler, sondern 5 Teiler?
$16 = 4 \cdot 4$: Klar, da sind noch mehr Teiler drin, weil 4 keine Primzahl ist.

So muss es sein: Zahlen mit drei Teilern sind Quadratzahlen von Primzahlen.
Beispielsweise $7 \cdot 7$ oder $5 \cdot 5$, aber nicht $6 \cdot 6$.

Arbeitsmaterial — Mal-Mauern aufbauen und vergleichen

In einer Mal-Mauer steht über zwei Zahlen immer das Ergebnis der Multiplikation der beiden Zahlen darunter, z. B. 5 · 7 = 35.

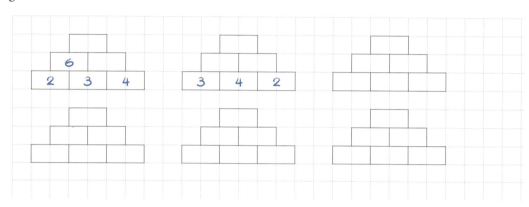

Till trägt die Zahlen 2, 3 und 4 auf verschiedene Weise in die unterste Zeile ein.
Welche Auswirkungen hat das auf das Ergebnis im obersten Stein?
Notiere deine Beobachtungen.

_____
_____
_____

Überprüfe deine Beobachtung mit anderen Zahlen, die du wieder auf verschiedene Weise in die unterste Zeile einträgst.

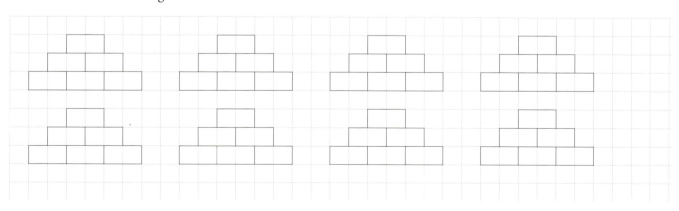

Arbeitsmaterial – Zahlen unter der Lupe

Arbeitsmaterial Mal-Mauern untersuchen

Merve untersucht, wie viele verschiedene Mal-Mauern sie finden kann, in denen oben 10, 100, usw. steht. Schau dir an, was Merve schon aufgeschrieben hat. Führe ihre Forschung weiter.

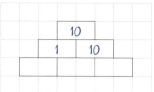

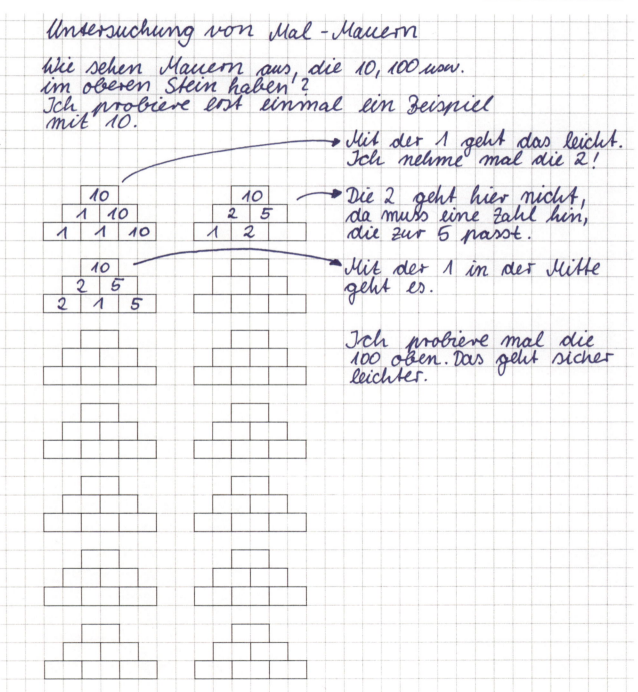

Untersuchung von Mal-Mauern

Wie sehen Mauern aus, die 10, 100 usw. im oberen Stein haben?
Ich probiere erst einmal ein Beispiel mit 10.

→ Mit der 1 geht das leicht. Ich nehme mal die 2!

→ Die 2 geht hier nicht, da muss eine Zahl hin, die zur 5 passt.

→ Mit der 1 in der Mitte geht es.

Ich probiere mal die 100 oben. Das geht sicher leichter.

Arbeitsmaterial   Spielregeln „Reste-Rennen"

Spielt mit bis zu 4 Personen das Spiel „Reste-Rennen". Ihr benötigt dazu neben dem Spielplan auf der folgenden Seite verschiedenfarbige Spielfiguren und drei 10er-Würfel.

Spielregeln:
- Jeder stellt seine Figur auf das Startfeld im Spielplan.
- Wer an der Reihe ist, würfelt mit einem Würfel und legt ihn in eines der vorderen drei Felder.
- Dann würfelt der gleiche Spieler mit dem zweiten Würfel, legt ihn ab und dann auch mit dem dritten.
- Dann wird die entstandene Aufgabe berechnet und die eigene Figur um so viele Schritte gesetzt, wie der Rest angibt.
- Wer beim ersten Werfen den Rest 0 herausbekommt, darf nochmals würfeln.
- Steht die Figur nach dem Setzen auf einem roten oder blauen Feld oder an einer Leiter, gelten die Regeln im Bild rechts:

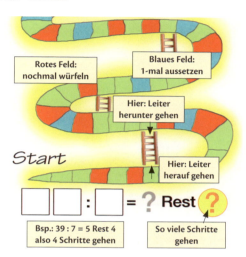

Arbeitsmaterial   Vielfachentabelle

Mit dieser Vielfachentabelle kannst du den Rest bei einer Divisionsaufgabe bestimmen.
Beispiel: Welcher Rest entsteht bei 67 : 9?
Die Neunerreihe steht unter der 9. In Zeile 7 kann man ablesen: 63 : 9 = 7.
Also ist 67 : 9 = 7 Rest 4.

	0	1	2	3	4	5	6	7	8	9
1		1	2	3	4	5	6	7	8	9
2		2	4	6	8	10	12	14	16	18
3		3	6	9	12	15	18	21	24	27
4		4	8	12	16	20	24	28	32	36
5		5	10	15	20	25	30	35	40	45
6		6	12	18	24	30	36	42	48	54
7		7	14	21	28	35	42	49	56	63
8		8	16	24	32	40	48	56	64	72
9		9	18	27	36	45	54	63	72	81
10		10	20	30	40	50	60	70	80	90
11		11	22	33	44	55	66	77	88	99
12		12	24	36	48	60	72	84	96	108
13		13	26	39	52	65	78	91	104	117
14		14	28	42	56	70	84	98	112	126
15		15	30	45	60	75	90	105	120	135
16		16	32	48	64	80	96	112	128	144
17		17	34	51	68	85	102	119	136	153
18		18	36	54	72	90	108	126	144	162
19		19	38	57	76	95	114	133	152	171
20		20	40	60	80	100	120	140	160	180
21		21	42	63	84	105	126	147	168	189
22		22	44	66	88	110	132	154	176	198
23		23	46	69	92	115	138	161	184	207
24		24	48	72	96	120	144	168	192	216
25		25	50	75	100	125	150	175	200	225

	0	1	2	3	4	5	6	7	8	9
26	26	52	78	104	130	156	182	208	234	
27	27	54	81	108	135	162	189	216	243	
28	28	56	84	112	140	168	196	224	252	
29	29	58	87	116	145	174	203	232	261	
30	30	60	90	120	150	180	210	240	270	
31	31	62	93	124	155	186	217	248	279	
32	32	64	96	128	160	192	224	256	288	
33	33	66	99	132	165	198	231	264	297	
34	34	68	102	136	170	204	238	272	306	
35	35	70	105	140	175	210	245	280	315	
36	36	72	108	144	180	216	252	288	324	
37	37	74	111	148	185	222	259	296	333	
38	38	76	114	152	190	228	266	304	342	
39	39	78	117	156	195	234	273	312	351	
40	40	80	120	160	200	240	280	320	360	
41	41	82	123	164	205	246	287	328	369	
42	42	84	126	168	210	252	294	336	378	
43	43	86	129	172	215	258	301	344	387	
44	44	88	132	176	220	264	308	352	396	
45	45	90	135	180	225	270	315	360	405	
46	46	92	138	184	230	276	322	368	414	
47	47	94	141	188	235	282	329	376	423	
48	48	96	144	192	240	288	336	384	432	
49	49	98	147	196	245	294	343	392	441	
50	50	100	150	200	250	300	350	400	450	

zu E5/E6, S. 29 und V9, S. 38, Kapitel „Zahlen unter der Lupe", *mathewerkstatt* Bd. 2 (Kl. 6)

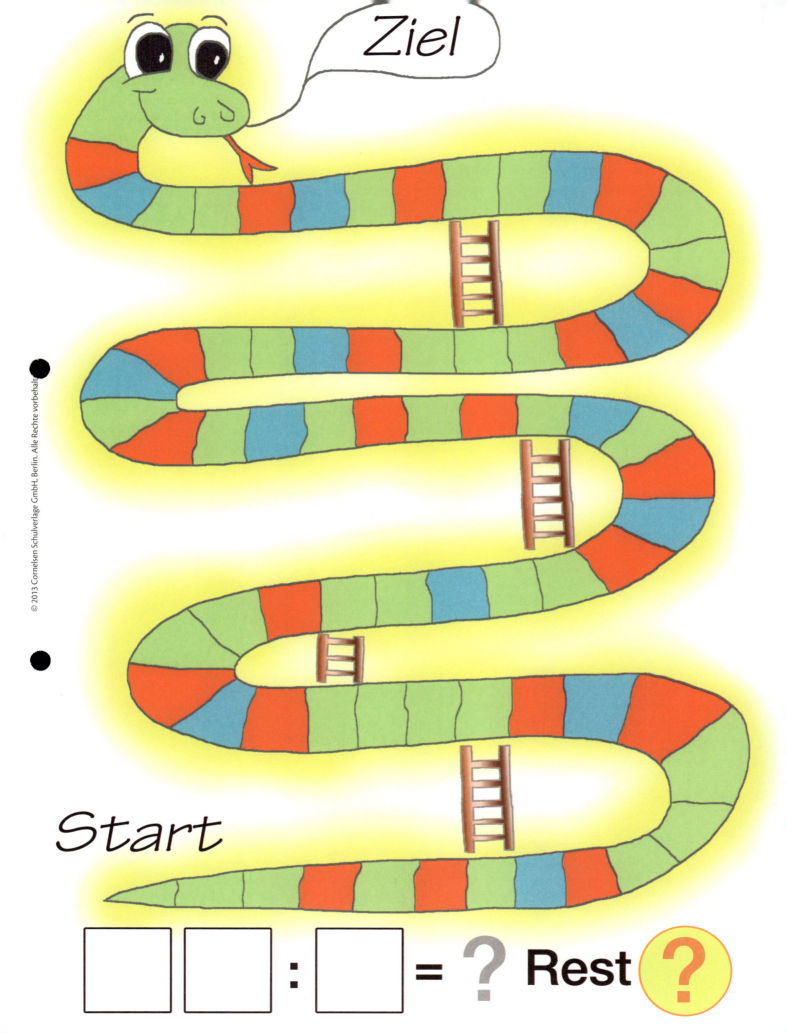

Arbeitsmaterial   Das Teilerspiel (1 von 2)

Mit diesem Spiel kann man lernen, gemeinsame Teiler und Vielfache zu finden.

Spielregeln:
- Spielt zwei gegen zwei. Mischt und verteilt die Karten. Zwei bleiben übrig.
- Alle vier Spieler legen eine Karte verdeckt auf den Tisch, ohne miteinander zu sprechen.
- Die vier Karten werden aufgedeckt.
  Jede Zweiergruppe nennt eine Zahl, die ihre beiden Zahlen teilt.
- Die Zweiergruppe mit der *größeren dritten Zahl* hat gewonnen.

Zweite Spielvariante: Beide Zweiergruppen suchen eine Zahl, die von beiden Zahlen auf den Karten geteilt wird, wobei die *kleinste dritte Zahl* gewinnt.

1	2	3	4	5
6	7	8	9	10
11	12	13	14	15
16	17	18	19	20

zu V20, S. 41, Kapitel „Zahlen unter der Lupe", *mathewerkstatt* Bd. 2 (Kl. 6)

Arbeitsmaterial Das Teilerspiel (2 von 2)

21	22	23	24	25
26	27	28	29	30
31	32	33	34	35
36	37	38	39	40
41	42	43	44	45
46	47	48	49	50

zu V20, S. 41, Kapitel „Zahlen unter der Lupe", *mathewerkstatt* Bd. 2 (Kl. 6)

Checkliste – Zahlen unter der Lupe

Zahlen unter der Lupe – Zahlen zerlegen und erforschen

Ich kann ... / Ich kenne ...	So gut kann ich das ...	Hier kann ich üben ...
Ich kann zu einer Zahl kleiner als 100 alle Teiler angeben. Nenne alle Teiler von 25.	◎	S. 36 Nr. 1, 2, 3
Ich kann erklären, was eine Primzahl ist, und Beispiele angeben. Wie viele Teiler hat eine Primzahl. Gib ein Beispiel an.	◎	S. 36 Nr. 3, 4 S. 37 Nr. 6
Ich kann eine Zahl vollständig in ein Produkt von Primzahlen zerlegen. Stelle die Zahl 90 als Produkt aus Primzahlen dar.	◎	S. 36 Nr. 3 S. 37 Nr. 5
Ich kann Produkte mit der Potenzschreibweise abgekürzt schreiben. ▪ Berechne $2^3 \cdot 5^3$. Erkläre was die Schreibweise bedeutet. Erkläre das Ergebnis. ▪ Schreibe mit Hilfe von Potenzen $2 \cdot 2 \cdot 3 \cdot 3 \cdot 3 \cdot 4 \cdot 4 \cdot 4 \cdot 4$.	◎	S. 39 Nr. 10–13
Ich kann feststellen, ob eine Zahl durch 2, 3, 5 oder 10 teilbar ist, ohne die Division auszuführen. ▪ Woran erkennst du, ob 14 362 634 durch 2 oder durch 3 teilbar ist? ▪ Bilde mit den Ziffern 0, 1, 2, 3 eine Zahl, die durch 2, 3 und 5 teilbar ist.	◎	S. 41 Nr. 18
Ich kann zu zwei Zahlen den größten gemeinsamen Teiler (ggT) und das kleinste gemeinsame Vielfache (kgV) finden. Finde zu 10 und 15 den größten gemeinsamen Teiler und das kleinste gemeinsame Vielfache.	◎	S. 41 Nr. 19, 20
Ich kann Zahlen erforschen, indem ich Beispiele untersuche, Vermutungen formuliere und sie überprüfe. Untersuche, woran man erkennt, ob eine Zahl durch 4 teilbar ist. Beschreibe, wie du vorgehst.	◎	S. 38 Nr. 8, 9 S. 40 Nr. 17
Ich kann Probleme mit Zahlen lösen, indem ich nach dem Lösungsplan P A D E K vorgehe. Wie lautet die kleinste Zahl, die man ohne Rest durch 3, 4, 5 und 6 teilen kann? Gehe nach dem Lösungsplan P A D E K vor.	◎	S. 38 Nr. 8, 9 S. 40 Nr. 17

zur Checkliste, S. 42, Kapitel „Zahlen unter der Lupe", *mathewerkstatt* Bd. 2 (Kl. 6)

Freizeit von Mädchen und Jungen – Anteile vergleichen und zusammenfassen

Seiten im Materialblock:

- Wissensspeicher　　　　　　　　ab Seite MB 27
- Arbeitsmaterial　　　　　　　　ab Seite MB 34
- Checkliste　　　　　　　　　　Seite MB 43

Wissensspeicher Häufigkeiten beschreiben mit Anzahlen oder Anteilen

Um die Ergebnisse von verschiedenen Gruppen zu vergleichen, wurde untersucht, wer häufiger getroffen hat.

Die Häufigkeiten kann man auf zwei Wegen vergleichen.

Häufigkeit als Anzahlen

Häufigkeit als Anteile

Treffer der Mädchen:

Treffer der Jungen:

So vergleicht man mit Anzahlen

_____

_____

_____

_____ Häufigkeit

gibt man als _____ an.

Wenn man _____

_____

_____

_____

_____

So vergleicht man mit Anteilen

_____

_____

_____

_____ Häufigkeit

gibt man als _____ an.

Wenn man _____

_____

_____

_____

_____

zu O1, S. 52, Kapitel „Freizeit von Mädchen und Jungen", *mathewerkstatt* Bd. 2 (Kl. 6)

MB 28 Wissensspeicher – Anteile vergleichen   Brüche 5

Wissensspeicher   Anteile vergleichen

Zum Vergleichen von Anteilen gibt es viele Wege

Weg	Beispiel
Ich zeichne gleich lange Streifen und vergleiche die Länge des markierten Teils.	
Ich denke mir eine passende Situation zu den Brüchen aus.	
Ich vergleiche mit $\frac{1}{2}$, denn man sieht leicht, ob ein Bruch größer oder kleiner als $\frac{1}{2}$ ist.	
Bei **gleichen Zählern** vergleiche ich die Nenner: Je größer der Nenner, desto kleiner der Bruch.	

● **So kann man Brüche mit der Streifentafel vergleichen**

- Der **Nenner** gibt an, in wie viele Stücke das Ganze eingeteilt ist.
  Beispiel:
  Für den Bruch $\frac{7}{8}$ wähle ich also den _____-Streifen.

- Der **Zähler** gibt an, wie viele der Stücke markiert werden.
  Beispiel:
  Für den Bruch $\frac{7}{8}$ markiere ich also _____ Stücke.

$\frac{3}{4}$ ist _____ als $\frac{7}{8}$, denn

_____

_____

_____

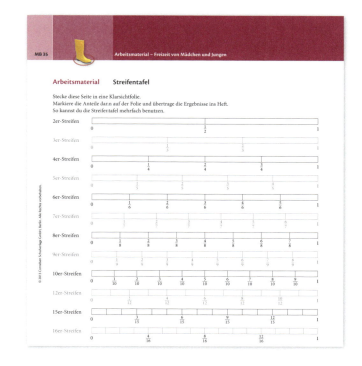

zu O3/O4, S. 53/54 bzw. O9, S. 56, Kapitel „Freizeit von Mädchen und Jungen", *mathewerkstatt* Bd. 2 (Kl. 6)

Wissensspeicher — Gleichwertige Brüche finden

Was sind gleichwertige Brüche?

Bei $\frac{2}{3}$ und $\frac{4}{6}$ sind in der Streifentafel die markierten Teile gleich lang. Diese Brüche beschreiben damit den gleichen Anteil.
Man sagt „$\frac{2}{3}$ ist **gleichwertig** zu $\frac{4}{6}$".

$$\frac{2}{3} = \frac{4}{6}$$

Mein Beispiel:

So findet man gleichwertige Brüche durch Verfeinern und Vergröbern von Anteilen

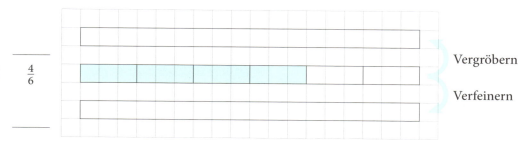

Im Beispiel oben wird jedes Sechstel des 6er-Streifens in drei Stücke verfeinert.

Dadurch entstehen insgesamt _____ gleich große

Stücke, von denen sind _____ markiert.

Also ist $\frac{4}{6} =$ ——.

Im Beispiel oben werden immer zwei Stücke des 6er-Streifens zu einem neuen Stück vergröbert.

Dadurch entstehen insgesamt _____ gleich große

Stücke, von denen sind _____ markiert.

Also ist $\frac{4}{6} =$ ——.

So findet man gleichwertige Brüche durch Erweitern und Kürzen

Beim **Erweitern** werden Zähler und Nenner mit der gleichen Zahl
_____ .

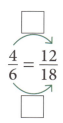

Im Beispiel wurde der Bruch $\frac{4}{6}$

mit _____ erweitert.

Beim **Kürzen** werden Zähler und Nenner mit der gleichen Zahl
_____ .

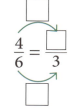

Im Beispiel wurde der Bruch $\frac{4}{6}$

durch _____ gekürzt.

So gehören Erweitern und Kürzen sowie Verfeinern und Vergröbern zusammen

Erweitern und _____

gehören zusammen, weil

_____

_____

Kürzen und _____

gehören zusammen, weil

_____

_____

zu O5/O6, S. 54/55, Kapitel „Freizeit von Mädchen und Jungen", *mathewerkstatt* Bd. 2 (Kl. 6)

Wissensspeicher   Brüche schätzen

Brüche schätzen heißt, einen einfacheren Bruch zu finden, der ungefähr genauso groß ist.

So kann man mit der Streifentafel schwierige Brüche durch einfache Brüche schätzen

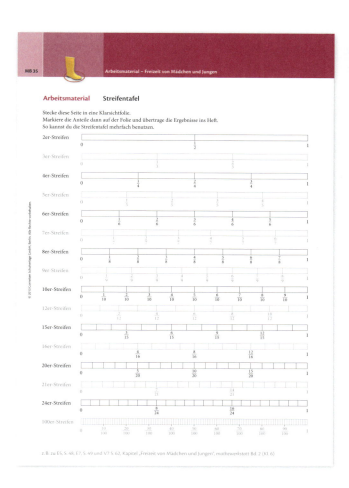

So kann man einen schwierigen Bruch durch einen einfacheren Bruch zu schätzen

Man zeichnet ein ungefähres Bild und sucht einen passenden Bruch.	Man überlegt, wie oft der Zähler ungefähr in den Nenner passt und nimmt dann …	Man rundet Zähler und Nenner auf Zehnerzahlen und überlegt, dass z. B. $\frac{50}{70}$ so groß ist wie $\frac{5}{7}$.
Beispiel für $\frac{26}{91}$: ungefähr hier: 26 — 91 also: $\frac{1}{3}$	Beispiel für $\frac{26}{91}$: $\frac{26}{91}$ „ungefähr 4 mal", also $\frac{1}{4}$	Beispiel für $\frac{26}{91}$: $\frac{26}{91} \approx \frac{30}{90} = \frac{3}{9}$
Mein Beispiel:	Mein Beispiel:	Mein Beispiel:

zu O7, S. 55, Kapitel „Freizeit von Mädchen und Jungen", *mathewerkstatt* Bd. 2 (Kl. 6)

Wissensspeicher — Einen gemeinsamen Nenner finden

Zwei Brüche kann man sehr gut vergleichen, wenn beide Brüche den gleichen Nenner haben. Wenn zwei Brüche nicht den gleichen Nenner haben, dann kann man sie in gleichwertige Brüche umwandeln, die einen gemeinsamen Nenner haben.
Es gibt viele Wege, einen gemeinsamen Nenner zu finden:

So findet man mit der Streifentafel einen gemeinsamen Nenner

Man sucht in der Streifentafel einen Streifen, der für beide Brüche einen gleichwertigen Bruch angibt.

Beispiel: $\frac{3}{8}$ und $\frac{1}{6}$

$\frac{3}{8} = \text{———}$ $\frac{1}{6} = \text{———}$

Vergleichen: $\frac{3}{8}$ ☐ $\frac{1}{6}$

So findet man mit Hilfe der Vielfachenreihen einen gemeinsamen Nenner

Man schreibt die Vielfachenreihen der beiden Nenner auf und sucht eine Zahl, die bei beiden auftritt.

Beispiel: $\frac{3}{8}$ und $\frac{1}{6}$	Mein Beispiel:
Achterreihe: _____	
Sechserreihe: _____	
Gemeinsame Zahlen: _____	
Kleinste gemeinsame Zahl: _____	
Erweitern: $\frac{3}{8}$ = —— und $\frac{1}{6}$ = ——	
Vergleichen: $\frac{3}{8}$ ☐ $\frac{1}{6}$	

So findet man durch Rechnen einen gemeinsamen Nenner

Man bildet das Produkt der beiden Nenner. *Aber Achtung:* Hier werden die Nenner oft sehr groß.

Beispiel: $\frac{3}{8}$ und $\frac{1}{6}$	Mein Beispiel:
Gemeinsamer Nenner: $8 \cdot 6 =$ _____	
Erweitern: $\frac{3}{8}$ = —— und $\frac{1}{6}$ = ——	
Vergleichen: $\frac{3}{8}$ ☐ $\frac{1}{6}$	

zu O8, S. 56, Kapitel „Freizeit von Mädchen und Jungen", *mathewerkstatt* Bd. 2 (Kl. 6)

Wissensspeicher — Prozente – Brüche mit dem Nenner 100

Wenn Brüche den gleichen Nenner haben, kann man sie einfach vergleichen. Deswegen hat man sich auf einen Nenner geeinigt, der oft genommen wird: 100. Brüche mit dem Nenner 100 schreibt man auch als Prozent.

$$\frac{30}{100} = 30\,\%$$

lies: 30 Prozent

So kann man sich Prozente und Brüche gut vorstellen

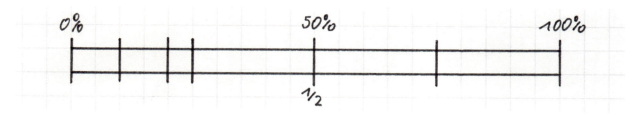

Meine Sammlung der wichtigsten Brüche als Prozente:

(1) $\frac{1}{2}$ = _____ %   (2) $\frac{2}{2}$ = _____ %   (3) $\frac{1}{4}$ = _____ %   (4) $\frac{3}{4}$ = _____ %   (5) $\frac{1}{5}$ = _____ %

(6) $\frac{1}{10}$ = _____ %   (7) $\frac{1}{100}$ = _____ %   (8) = _____ %   (9) = _____ %   (10) = _____ %

So kann man Prozente in Brüche umwandeln

Aus einer Prozentzahl wird schnell ein Hundertstelbruch.
Den Hundertstelbruch kann man oft kürzen.

Beispiel: $60\,\% = \frac{60}{100} = \square$ Mein Beispiel:

So kann man Brüche in Prozente umwandeln

Für Brüche mit den Nennern 2, 4, 5, 10, 20, 25 und 50 kann man die Prozente durch Erweitern finden.

Beispiel: $\frac{3}{5} = \frac{\square}{100} = \square\,\%$ Mein Beispiel:

Für Brüche, deren Nenner ein Vielfaches von 100 ist, kann man die Prozente durch Kürzen finden.

Beispiel: $\frac{16}{200} = \frac{\square}{100} = \square\,\%$ Mein Beispiel:

Wissensspeicher   Brüche addieren und subtrahieren

Die Addition und die Subtraktion von Brüchen kann man unterschiedlich darstellen.

Aufgabe mit Ergebnis	Bild	Situation
	(grün/orange Raster)	
$\frac{1}{2} - \frac{1}{3} = \frac{1}{6}$		

So rechnet man die Aufgabe $\frac{1}{3} + \frac{1}{4}$

Schritt 1:

Rechnung:

Schritt 2:

Rechnung:

Schritt 3:

Rechnung:

So rechnet man die Aufgabe $\frac{2}{3} - \frac{1}{4}$

Schritt 1:

Rechnung:

Schritt 2:

Rechnung:

zu O11–O14, S. 58/59, Kapitel „Freizeit von Mädchen und Jungen", *mathewerkstatt* Bd. 2 (Kl. 6)

Arbeitsmaterial — Streifen für Anteile

Wähle zuerst den passenden Streifen und färbe dann den entsprechenden Anteil.
Welcher der beiden Anteile ist jeweils größer?

Streifen für Aufgabe 2, Schulbuch S. 46

Papierkorbball:

4er-Streifen
10er-Streifen

Vergleich: 3 von 4 ist _____ als 5 von 10.

Ringe werfen:

4er-Streifen
10er-Streifen

Vergleich: 2 von 4 ist _____ als 4 von 10.

Schuhe in Kreis werfen:

4er-Streifen
10er-Streifen

Vergleich: 1 von 4 ist _____ als 6 von 10.

Streifen für Aufgabe 3, Schulbuch S. 47

Papierkorbball:

10er-Streifen
100er-Streifen

Vergleich: 9 von 10 ist _____ als 10 von 100.

Ringe werfen:

4er-Streifen
10er-Streifen

Vergleich: 3 von 4 ist _____ als 5 von 10.

zu E2, S. 46 bzw. E3, S. 47, Kapitel „Freizeit von Mädchen und Jungen", *mathewerkstatt* Bd. 2 (Kl. 6)

Arbeitsmaterial   Streifentafel

Stecke diese Seite in eine Klarsichtfolie.
Markiere die Anteile dann auf der Folie und übertrage die Ergebnisse ins Heft.
So kannst du die Streifentafel mehrfach benutzen.

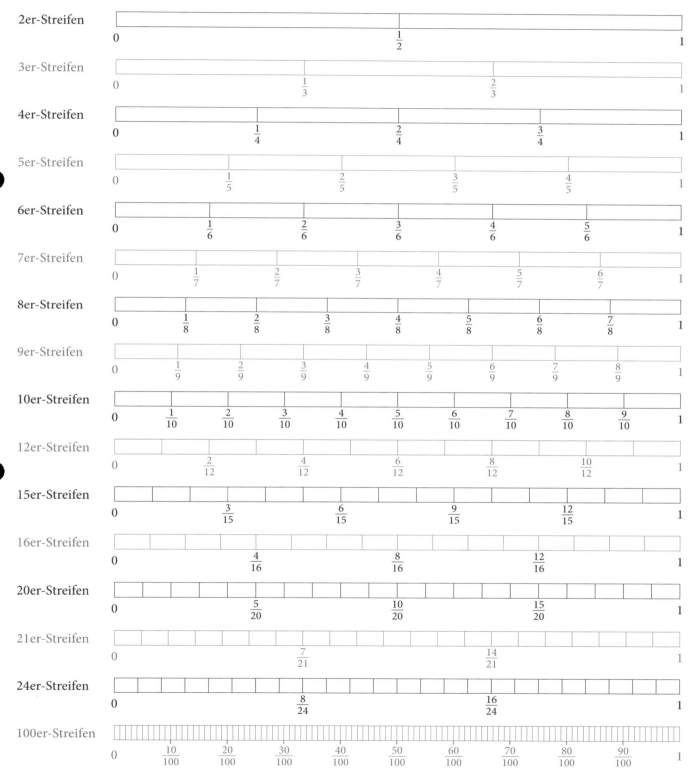

z. B. zu E5, S. 48, E7, S. 49 und V7 S. 62, Kapitel „Freizeit von Mädchen und Jungen", *mathewerkstatt* Bd. 2 (Kl. 6)

Arbeitsmaterial Anteile mit Hilfe von Streifen addieren

Trage jeden Anteil zunächst in den passenden Streifen ein.
Addiere dann beide Anteile im 24er-Streifen und ergänze das Ergebnis.

(1) $\frac{1}{3} + \frac{1}{6} =$ (2) $\frac{3}{24} + \frac{1}{6} =$ (3) $\frac{3}{4} + \frac{1}{8} =$

zu E11, S. 51, Kapitel „Freizeit von Mädchen und Jungen", *mathewerkstatt* Bd. 2 (Kl. 6)

Arbeitsmaterial   Anteile vergleichen (Seite 1 von 2)

- Versuche bei jeder Karte zu entscheiden, welcher Anteil größer ist.
- Lege Karten zusammen, die die gleichen Brüche darstellen.

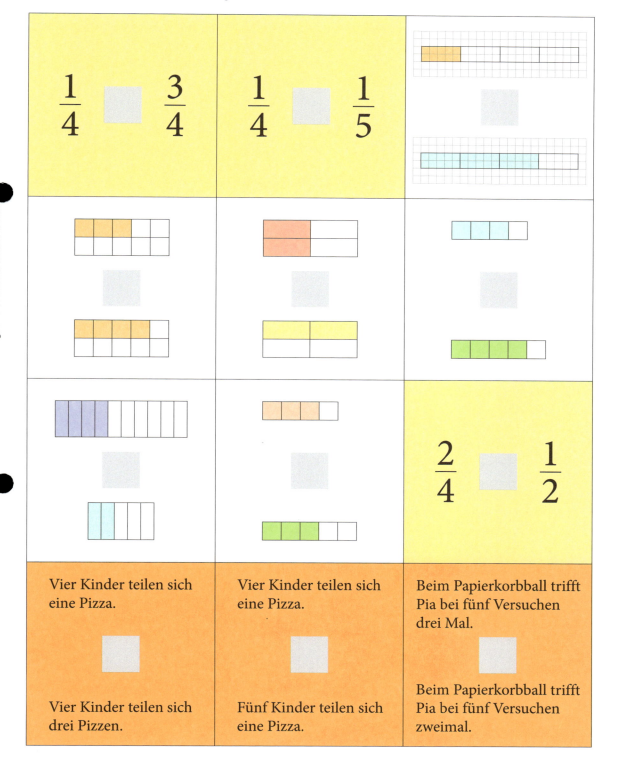

zu O2, S. 53, Kapitel „Freizeit von Mädchen und Jungen", *mathewerkstatt* Bd. 2 (Kl. 6)

Arbeitsmaterial   Anteile vergleichen (Seite 2 von 2)

$\dfrac{3}{5}$ ☐ $\dfrac{2}{5}$	$\dfrac{4}{5}$ ☐ $\dfrac{3}{4}$	
$\dfrac{4}{10}$ ☐ $\dfrac{2}{5}$		
$\dfrac{3}{10}$ ☐ $\dfrac{4}{10}$		
$\dfrac{3}{4}$ ☐ $\dfrac{3}{5}$		

Arbeitsmaterial — Anteile zusammenfassen

Schneide die Karten aus.
Lege die Karten zusammen, die zur gleichen Aufgabe gehören.
Finde die passenden Karten für den Wissensspeicher „Brüche addieren und subtrahieren" (MB 33) und klebe sie dort ein.

Bestimmt bei den zusammengehörigen Karten das Ergebnis.

$\frac{1}{2} + \frac{1}{4}$	$\frac{1}{2} - \frac{1}{3}$		
$40\% + 30\%$	$\frac{3}{24} + \frac{4}{24}$		
Max isst 50% einer Pizza, Moritz isst ein Viertel der Pizza. Wie viel essen sie zusammen?	Montagnachmittag geht die Hälfte der Klasse in eine AG. Ein Drittel der Klasse geht in die Fußball-AG. Welcher Anteil der Klasse verteilt sich auf die anderen AGs?	Ich will $\frac{1}{8}$ des Samstags für die Schule lernen und $\frac{1}{6}$ des Samstags Fußball spielen. Welcher Anteil des Tages ist damit verplant?	$\frac{2}{5}$ Liter Mineralwasser wird mit $\frac{3}{10}$ Liter Himbeersirup vermischt. Wie viel Liter Getränk entstehen?

zu O11, S. 58, Kapitel „Freizeit von Mädchen und Jungen", *mathewerkstatt* Bd. 2 (Kl. 6)

Arbeitsmaterial   Prozentstreifen

Wenn du Prozentzahlen in Brüche bzw. Dezimalzahlen umwandeln möchtest oder umgekehrt, dann kannst du die Prozentstreifen verwenden.

Arbeitsmaterial — Tagesstreifen

Untersuche deine eigene Zeiteinteilung. Erstelle dazu einen eigenen Tagesstreifen für deinen typischen Wochentag und einen anderen für deinen typischen Samstag.

Farben:	
Schule	🟥
Feste Termine (z. B. Sportverein)	🟩
Freizeit	🟨
Essen, Waschen, Anziehen	🟦
Schlafen	⬛

Ein typischer _____

0 1 2 3 4 5 6 7 8 9 10 11 12 13 14 15 16 17 18 19 20 21 22 23 24 Uhr

Meine Pflichtanteile: _____   Mein Freizeitanteil: _____

Ein typischer _____

0 1 2 3 4 5 6 7 8 9 10 11 12 13 14 15 16 17 18 19 20 21 22 23 24 Uhr

Meine Pflichtanteile: _____   Mein Freizeitanteil: _____

Arbeitsmaterial — Zahlenmauern mit Brüchen

Fülle die Zahlenmauern richtig aus.
Beachte dabei, dass die Summe der Zahlen in zwei benachbarten Steinen die Zahl im Stein darüber ergibt.

(1) 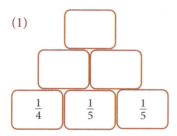   (2) 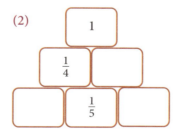   (3)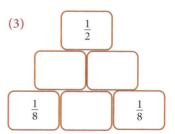

Finde für die folgende Zahlenmauer mehrere Lösungen.

(4) 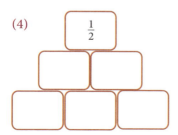   (4) 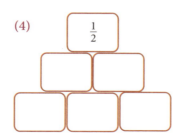   (4)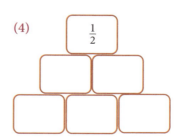

zu V36, S. 71 bzw. V45, S. 74, Kapitel „Freizeit von Mädchen und Jungen", *mathewerkstatt* Bd. 2 (Kl. 6)

Arbeitsmaterial Wochenplan

Erstelle einen Wochenplan für deine typische Schulwoche.
Färbe dazu mit jeweils der gleichen Farbe die verschiedenen Phasen eines Tages,
wie z. B. Schlafen, Essen, Schule.

Welcher Anteil der Woche bleibt dir für deine Freizeit?

	Montag	Dienstag	Mittwoch	Donnerstag	Freitag	Samstag	Sonntag
0:00							
1:00							
2:00							
3:00							
4:00							
5:00							
6:00							
7:00							
8:00							
9:00							
10:00							
11:00							
12:00							
13:00							
14:00							
15:00							
16:00							
17:00							
18:00							
19:00							
20:00							
21:00							
22:00							
23:00							
24:00							

zu V56, S. 77, Kapitel „Freizeit von Mädchen und Jungen", *mathewerkstatt* Bd. 2 (Kl. 6)

Checkliste

Freizeit von Mädchen und Jungen – Anteile vergleichen und zusammenfassen

Ich kann ... Ich kenne ...	So gut kann ich das ...	Hier kann ich üben ...
Ich kann entscheiden, wann ich Häufigkeiten besser mit Anzahlen und wann mit Anteilen vergleiche. 27 von 36 befragten Jungen und 30 von 45 befragten Mädchen lesen gerne Comics. Wer liest lieber Comics: die Mädchen oder die Jungen? Vergleiche einmal mit den Anteilen und einmal mit den Anzahlen.	◎	S. 60 Nr. 1,2 S. 61 Nr. 3–5
Ich kann verschiedene Wege nutzen, um Anteile zu vergleichen. Erkläre auf zwei Wegen (z. B. in der Streifentafel), warum $\frac{3}{5}$ größer als $\frac{2}{4}$ ist. Suche für die Brüche gleiche Nenner und erkläre, welcher größer ist.	◎	S. 62 Nr. 6–9 S. 67 Nr. 21–23
Ich kann mit Bildern oder Situationen zu einem Bruch gleichwertige Brüche finden. Wie viel Fünftel sind $\frac{6}{15}$? ▪ Finde den passenden Bruch in der Streifentafel. ▪ Begründe dein Ergebnis durch eine passende Situation.	◎	S. 63 Nr. 10,11
Ich kann durch Erweitern und Kürzen zu einem Bruch gleichwertige Brüche finden. Finde jeweils den passenden Bruch durch Rechnen: (1) $\frac{6}{15} = \frac{\square}{5}$ (2) $\frac{17}{40} = \frac{\square}{120}$	◎	S. 64 Nr. 12–14 S. 65 Nr. 15–17
Ich kann schwierige Brüche durch einfache Brüche schätzen. Finde für den Bruch $\frac{45}{80}$ einen einfachen Bruch, der etwa genau so groß ist.	◎	S. 66 Nr. 18–20
Ich kann einen Anteil als Bruch und als Prozentzahl darstellen. ▪ Wie viel Prozent sind $\frac{3}{5}$? ▪ Wie kann 35 % als Bruch dargestellt werden?	◎	S. 68 Nr. 24–27 S. 69 Nr. 28–31 S. 70 Nr. 32–35
Ich kann Brüche mit Hilfe eines Bildes addieren und subtrahieren. Beschreibe, wie du $\frac{3}{5} + \frac{2}{3}$ und $\frac{2}{3} - \frac{1}{4}$ mit der Streifentafel löst.	◎	S. 71 Nr. 36, 38 S. 72 Nr. 39–40
Ich kann Situationen, in denen Anteile zusammengefasst werden, durch Aufgaben beschreiben und umgekehrt. ▪ $\frac{3}{8}$ ℓ Kirschsaft wird mit $\frac{1}{2}$ ℓ Bananensaft gemischt. Passt der gemischte Saft in einen Ein-Liter-Krug? ▪ Finde eine Situation, die zu $\frac{1}{4} - \frac{1}{8}$ passt.	◎	S. 71 Nr. 37, 38 S. 72 Nr. 39–41 S. 75 Nr. 50–52 S. 76 Nr. 53–55 S. 77 Nr. 56
Ich kann Brüche durch Rechnen (ohne Bild) addieren und subtrahieren. Beschreibe, wie du $\frac{1}{5} + \frac{2}{3}$ und $\frac{2}{3} - \frac{1}{10}$ durch Rechnen löst.	◎	S. 73 Nr. 42–44 S. 74 Nr. 45–49

zur Checkliste, S. 78, Kapitel „Freizeit von Mädchen und Jungen", *mathewerkstatt* Bd. 2 (Kl. 6)

Orientierung auf Land und Wasser – Die Lage von Orten beschreiben und finden

Seiten im **Materialblock**:

▶ Wissensspeicher   ab Seite MB 45
▶ Arbeitsmaterial   ab Seite MB 49
▶ Checkliste   Seite MB 60

Wissensspeicher — Kompass und Winkel

Grundbegriffe 4

Ein Kompass ist eine Kreisscheibe, die in 360 gleiche Teile geteilt ist. Jeder Teil entspricht einem Grad (kurz: 1°).

Grad-Zahlen benutzt man auch, um die Größe von Winkeln anzugeben.

Grad-Zahlen lassen sich oft besser als Himmelsrichtungen verwenden, weil

_____

_____ .

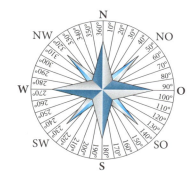

Himmels-richtungen	Grad-Zahlen
Norden/N	
Nordosten/NO	
Osten/O	
Südosten/SO	
Süden/S	
Südwesten/SW	
Westen/W	
Nordwesten/NW	

Mit **Winkeln** lassen sich Drehungen beschreiben.

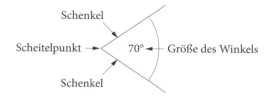

Ein Winkel besitzt zwei _____ .

Der Schnittpunkt der beiden _____

heißt _____ .

Man unterscheidet verschiedene Winkelarten:

Winkelart	Größe	Beispiel
rechter Winkel	genau 90°	
	zwischen 90° und 180°	
gestreckter Winkel		
überstumpfer Winkel		
Vollwinkel		

zu O1–O3, S. 86/87, Kapitel „Orientierung auf Land und Wasser", *mathewerkstatt* Bd. 2 (Kl. 6)

Wissensspeicher   Winkel messen und zeichnen mit dem Geodreieck

So misst man mit dem Geodreieck Winkel

1. Anlegen
Das Geodreieck mit der langen Kante an einen der beiden Schenkel des Winkels anlegen.
Der Nullpunkt des Geodreiecks muss auf dem Scheitelpunkt des Winkels liegen.
Der andere Schenkel muss unter dem Geodreieck liegen.

2. Länge der Schenkel prüfen
Beim Ablesen der Winkelgröße muss darauf geachtet werden, ob der Winkel größer oder kleiner als 90° ist.
In diesem Bild beträgt die Winkelgröße 60° und wird an der äußeren Skala abgelesen.

3. Ablesen
In diesem Beispiel wird an der inneren Skala abgelesen.
Der Winkel beträgt 120°.

So zeichnet man mit dem Geodreieck Winkel

1. Schritt
Den ersten Schenkel zeichnen und den Scheitelpunkt markieren.

2. Schritt
Das Geodreieck mit der langen Kante an den Schenkel anlegen.
Der Nullpunkt des Geodreiecks muss genau auf dem Scheitelpunkt liegen. Dann die Winkelgröße mit der richtigen Skala markieren.
In diesem Beispiel wird ein Winkel von 120° gezeichnet.

3. Schritt
Die Markierung mit dem Scheitelpunkt verbinden.

zu O4, S. 87, Kapitel „Orientierung auf Land und Wasser", *mathewerkstatt* Bd. 2 (Kl. 6)

MB 47 — Wissensspeicher – Koordinaten und Koordinatensysteme — **Grundbegriffe 6**

Wissensspeicher   Koordinaten und Koordinatensysteme

Die Zahlen, mit denen man die Lage eines Ortes angibt, nennt man **Koordinaten**.
Landkarten werden meist durch Quadratgitter eingeteilt.
Die Koordinaten kann man an den Achsen ablesen.
Ein Ort ergibt sich also immer aus zwei Koordinaten, z. B. (3|2).

Die erste Zahl in der Klammer liest man auf der _____ Achse ab,

die zweite Zahl in der Klammer liest man auf der _____ Achse ab.

Es gibt mehrere Arten, das Quadratgitter zu beschriften.

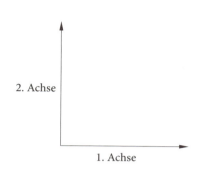

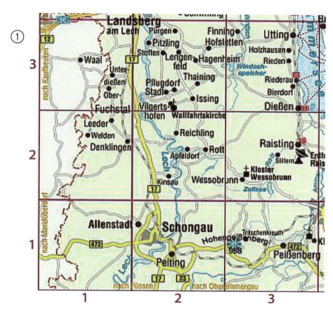

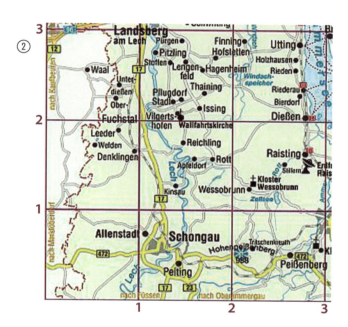

Der Ort Waal liegt in der Karte ① an der Stelle (____|____).

Der Ort Waal liegt in der Karte ② an der Stelle (____|____).

Vorteile der Beschriftung von ①: _____

Vorteile der Beschriftung von ②: _____

Das Gitter, in dem man die Koordinaten von Orten ablesen kann, nennt man **Koordinatensystem**.

Eingetragen sind die Punkte:

A mit den Koordinaten (3|1)

B mit den Koordinaten (1|3)

C mit den Koordinaten (____|____)

D mit den Koordinaten (____|____)

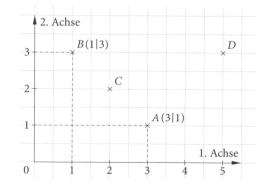

zu O5/O6, S. 88/89, Kapitel „Orientierung auf Land und Wasser", *mathewerkstatt* Bd. 2 (Kl. 6)

Wissensspeicher   Koordinaten mit negativen Zahlen

Manchmal ist es in einem Koordinatensystem nötig, auch Punkte links und unterhalb des Nullpunktes (0|0) mit Zahlen zu bezeichnen.
Dazu kann man negative Zahlen verwenden. Das sind Zahlen mit einem Minus davor, z. B.

_____.

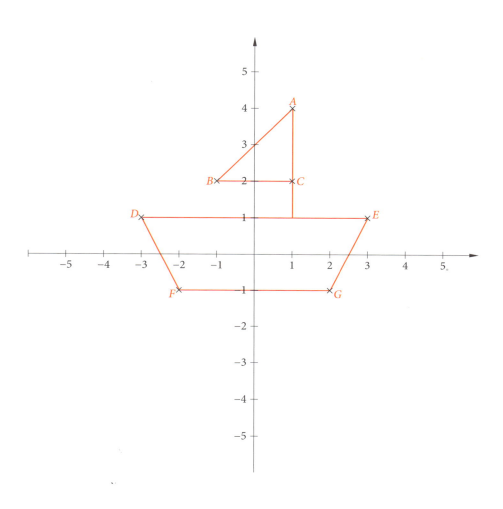

A (____|____)

B (____|____)   C (____|____)

D (____|____)   E (____|____)

F (____|____)   G (____|____)

zu O7, S. 89, Kapitel „Orientierung auf Land und Wasser", *mathewerkstatt* Bd. 2 (Kl. 6)

Arbeitsmaterial   Bienenkarten

Stecke diese Seite in eine Folientasche. So kannst du die Bienenkarten mehrfach verwenden.

Arbeitet zu zweit und klärt zu Beginn, wo sich euer Bienenstock befindet und wo die Sonne steht. Wenn ihr die Sonne nicht seht, sucht euch zur Orientierung einen anderen festen Punkt.

1. Die *erste* Biene versteckt einen Gegenstand so im Raum, dass die zweite Biene nicht sehen kann, wo er versteckt wird.
2. Dann kommt die *erste* Biene auf direktem Weg zum Bienenstock zurück und zählt dabei jeden Schritt.
3. Danach markiert die *erste* Biene die Anzahl der Schritte und die Richtung des versteckten Gegenstandes auf der Folie.
4. Anschließend gibt die *erste* Biene ihre Bienenkarte der zweiten Biene. Die *zweite* Biene sucht mit Hilfe der Bienenkarte den versteckten Gegenstand.

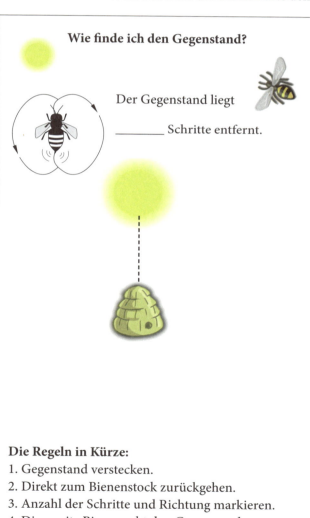

zu E1, S. 82, Kapitel „Orientierung auf Land und Wasser", *mathewerkstatt* Bd. 2 (Kl. 6)

Arbeitsmaterial Kapitän und Steuermann

Setzt euch für das Spiel Rücken an Rücken: Einer ist der Kapitän, der andere ist der Steuermann.

Spielregel:
1. Der Kapitän wählt einen Zielort und zieht vom Startort Toulon eine Linie zum Zielort. Der Steuermann darf den Zielort nicht sehen.
2. Der Kapitän legt seinen Kompass mit dem Mittelpunkt auf den Startort und richtet ihn nach Norden aus.
   An der gezeichneten Linie kann er am Rand des Kompasses die Richtung ablesen.
3. Nun sagt der Kapitän dem Steuermann die Richtung an.
4. Der Steuermann trägt mit dem Kompass die Richtung in seine Karte ein und liest den Zielort ab.
5. Tauscht anschließend die Rollen.

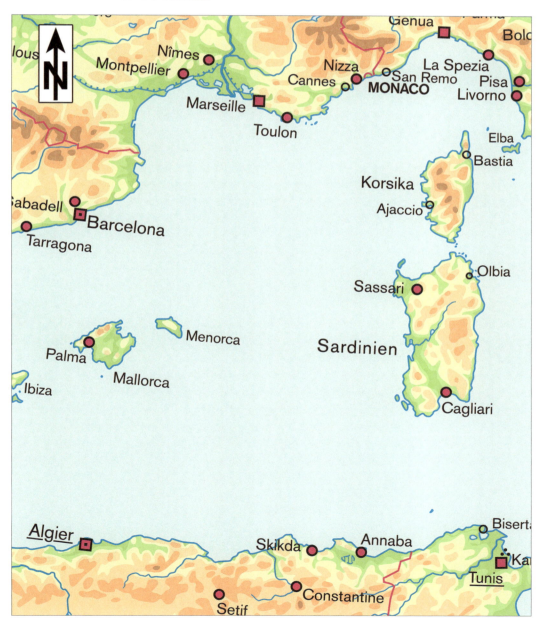

zu E2, S. 83, Kapitel „Orientierung auf Land und Wasser", *mathewerkstatt* Bd. 2 (Kl. 6)

Arbeitsmaterial — Richtungsänderungen bestimmen

Bestimme mit Hilfe des Kompasses die Richtungsänderung.

Das Schiff wurde um _____ Grad gedreht.

Arbeitsmaterial — Richtungsänderungen angeben

Zeichne ein Schiff und eine Richtung für das Schiff ein.
Denke dir einen Zielort und eine Drehung aus und ergänze in (1) und (2) unten den ersten Satz.
Tausche dann deine Aufträge mit einem Nachbarn und ergänze seine Aufträge unten im zweiten Satz.
Überprüft anschließend die Ergebnisse.

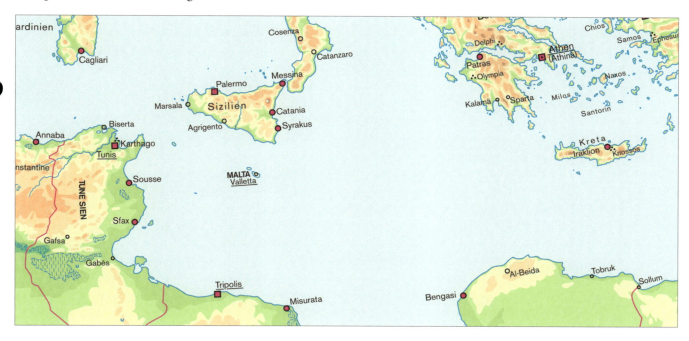

(1) Das Schiff soll nach _____ fahren. Die Drehung beträgt _____ Grad.

(2) Das Schiff soll um _____ Grad gedreht werden. Das Schiff fährt nach _____.

zu E3, S. 84, Kapitel „Orientierung auf Land und Wasser", *mathewerkstatt* Bd. 2 (Kl. 6)

Arbeitsmaterial — Bastelanleitung für eine Winkelscheibe

Kopiere diese Seite auf Folie und schneide die beiden Scheiben aus.
Schneide die beiden Winkelscheiben an den markierten Stellen bis zum Kreismittelpunkt ein.
Stecke beide Winkelscheiben wie im Bild unten ineinander.

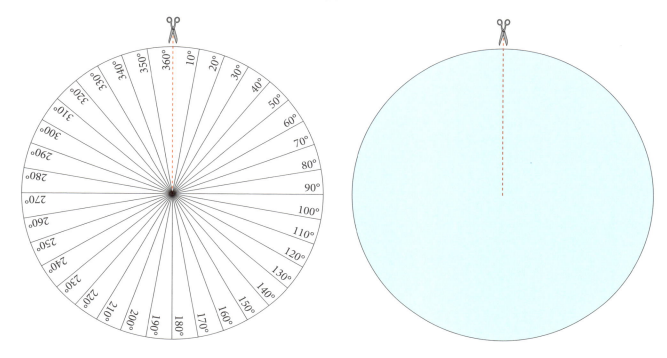

So fügst du die ausgeschnittenen Teile für die Winkelscheibe zusammen:

1.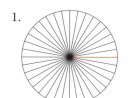
2.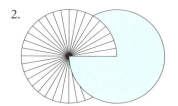
3.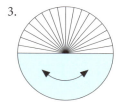

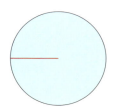

Auf der einen Seite der Winkelscheibe kann nun der Winkel abgelesen werden.

zu E3, S. 84, Kapitel „Orientierung auf Land und Wasser", *mathewerkstatt* Bd. 2 (Kl. 6)

Arbeitsmaterial   Stadtplan von Manhattan

Arbeitet zu zweit. Sucht eine Kreuzung aus und schreibt sie so auf einen Zettel, dass niemand es sieht. Tauscht anschließend eure Zettel aus und sucht die Kreuzung des anderen.
Überprüft, ob der andere die ausgesuchte Kreuzung gefunden hat.

zu E4, S. 85, Kapitel „Orientierung auf Land und Wasser", *mathewerkstatt* Bd. 2 (Kl. 6)

Arbeitsmaterial — Stadtpläne von Bochum

Gib die Lage der U-Bahn Stationen „Rathaus" und „Bergbau-Museum" für die Karten ① und ② an.

Die Lage der U-Bahn Station „Rathaus" lautet für ①: (_____|_____) und für ②: (_____|_____).

Die Lage der U-Bahn Station „Bergbau-Museum" lautet für ①: (_____|_____) und für ②: (_____|_____).

Gib die Lage des Hauptbahnhofs und des Bahnhofs West an.
Erweitere hierfür die Beschriftung des Quadratgitters in Karte ③ so, dass man die Lage der beiden Bahnhöfe angeben kann.

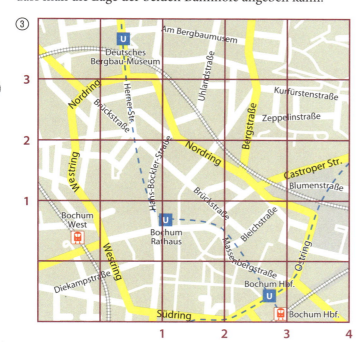

Lage des Hauptbahnhofes: (_____|_____)   Lage des Bahnhofs West: (_____|_____)

Arbeitsmaterial   Winkel messen und zeichnen mit dem Geodreieck

Schneide die Bilder aus und klebe sie an die richtige Stelle in den Wissensspeicher auf Seite MB 46 ein.

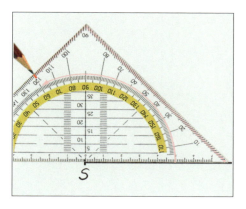
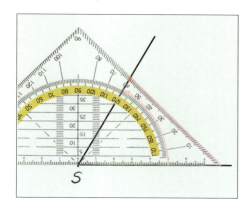
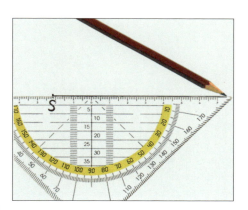
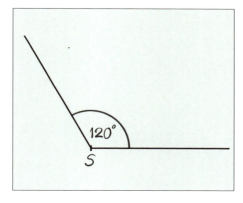
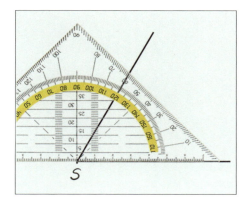
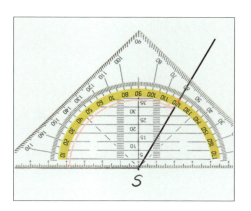

zu O4, S. 87, Kapitel „Orientierung auf Land und Wasser", *mathewerkstatt* Bd. 2 (Kl. 6)

Arbeitsmaterial   Welche Richtung?

Gib jeweils den Winkel für die Richtungsänderung an. Nutze dazu die Winkelscheibe.

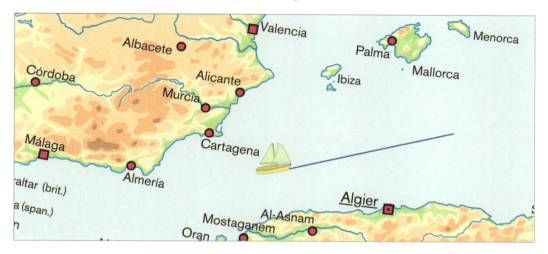

a) Der Winkel der Richtungsänderung nach Palma beträgt _____.

b) Der Winkel der Richtungsänderung nach Algier beträgt _____ Grad.

c) Mein Zielort ist _____. Die Drehung beträgt _____.

d) Die Drehung beträgt _____. Mein Zielort ist _____.

Arbeitsmaterial   Leuchttürme

In welchem Winkel überstreichen die Leuchttürme (rote Punkte) jeweils das Wasser?
Zeichne für jeden Leuchtturm den Winkel ein und miss ihn dann aus.
Tipp: Zeichne dafür zu jedem Leuchtturm die zwei Schenkel ein, die den Anfang und das Ende des Winkels markieren.

Der Winkel des linken Leuchtturms beträgt _____.

Der Winkel des rechten Leuchtturms beträgt _____.

zu V3/V7, S. 91/92, Kapitel „Orientierung auf Land und Wasser", *mathewerkstatt* Bd. 2 (Kl. 6)

Arbeitsmaterial   Schatzkarte

Setzt euch mit der Schatzkarte Rücken an Rücken.
- Startpunkt ist am roten Kreuz.
- Jeder überlegt sich einen Ort, an dem der Schatz vergraben wurde, und markiert die Stelle in seiner Karte.
- Jeder schreibt die Richtungs- und Entfernungsangaben zu diesem Ort auf einen Zettel.
- Tauscht eure Angaben untereinander aus und versucht den Schatz des anderen zu finden.
- Vergleicht eure Karten.
  Wenn jeder den Schatz des anderen finden konnte, waren die Angaben gut.
  Falls nicht, überlegt gemeinsam, welche Informationen fehlten oder ungenau waren.

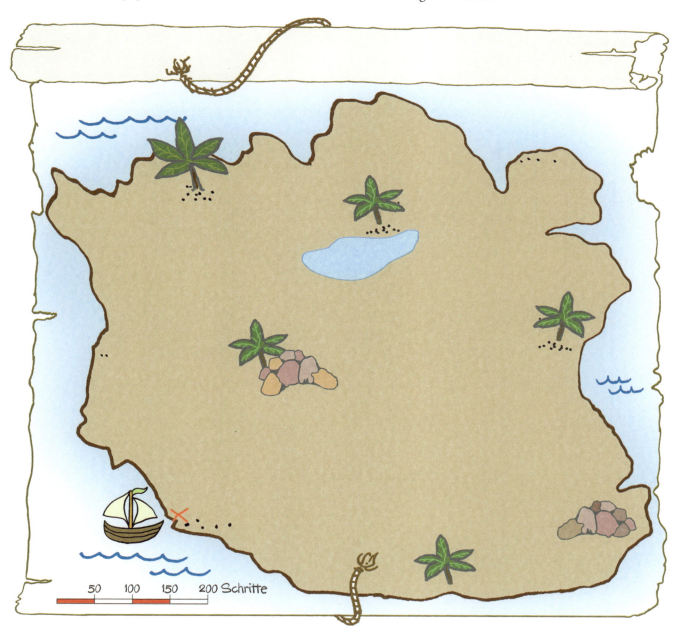

zu V6, S. 92, Kapitel „Orientierung auf Land und Wasser", *mathewerkstatt* Bd. 2 (Kl. 6)

MB 58 Arbeitsmaterial – Orientierung auf Land und Wasser

Arbeitsmaterial   Stadtplan von Karlsruhe

a) Zeichne ein Quadratgitter über den Kartenausschnitt.

b) Suche dir zwei Straßen oder besondere Orte und gib deren Koordinaten an.

   1.: (____|____)   2.: (____|____)

   Tauscht dann eure Koordinaten aus und sucht die Straßen oder Orte des anderen.

c) Die Orte lauten:

   _____

   _____.

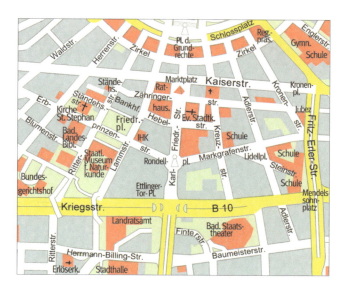

Arbeitsmaterial   Schiffe finden

Spielt zu zweit. Jeder hat ein 1er-, ein 2er-, zwei 3er- und ein 4er-Schiff.
- Zeichnet eure Schiffe verdeckt in das rechte Feld.
  Die Schiffe sollen waagerecht oder senkrecht liegen und dürfen sich nicht berühren.
- Erratet abwechselnd die Lage der gegnerischen Schiffe.
  Nennt dazu die Koordinaten des Ortes, an dem ihr ein Schiff vermutet, beispielsweise (−3|−5).
  Jeden eurer eigenen Tipps tragt ihr in euer linkes Feld ein.
  Die Tipps eures Gegenspielers tragt ihr in euer rechtes Feld ein.
- War der Tipp ein Treffer, dürft ihr noch einmal tippen.
- Wer als erster alle gegnerischen Schiffe gefunden hat, gewinnt das Spiel.

zu V15/V20, S. 96/S. 98, Kapitel „Orientierung auf Land und Wasser", *mathewerkstatt* Bd. 2 (Kl. 6)

Arbeitsmaterial   Stadtplan von Mannheim

Im Zentrum von Mannheim gibt es Adressen aus Buchstaben und Zahlen.

a) Finde heraus, wo sich im Stadtplan von Mannheim „C3" und „B4" befinden, und zeichne sie ein.

b) Welche Bezeichnungen könnten die anderen Häuserblocks in Mannheim tragen? Zeichne ein Koordinatensystem in den Stadtplan ein und beschrifte es so, dass man schnell sieht, welcher Block welche Hausnummer hat.
Tipp: Überlege zuerst wo der Nullpunkt ist.

c) Finde heraus, wie die Mannheimer tatsächlich ihre Hausnummern verteilt haben.

_____

_____

_____

Erkläre den Unterschied zu deiner Nummerierung:

_____

_____

_____

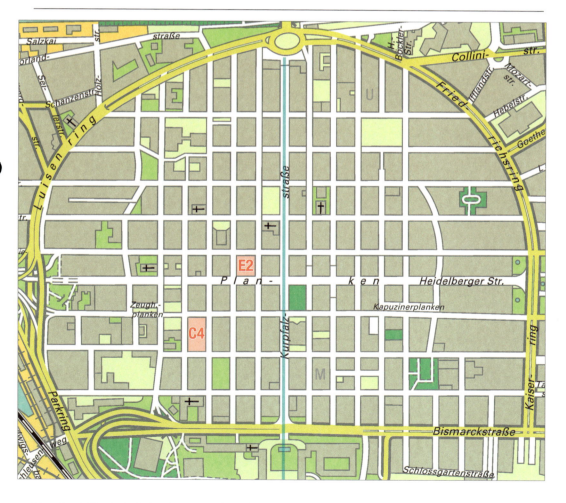

zu V17, S. 96, Kapitel „Orientierung auf Land und Wasser", *mathewerkstatt* Bd. 2 (Kl. 6)

Checkliste

Orientierung auf Land und Wasser –
Die Lage von Orten beschreiben und finden

Ich kann … / Ich kenne …	So gut kann ich das …	Hier kann ich üben …
Ich kann Winkel nutzen, um Richtungen und Richtungsänderungen anzugeben. Ein Schiff ist auf dem Weg nach Messina. Um wie viel Grad muss es sich drehen, um nach Neapel zu kommen? (Nutze deine durchsichtige Winkelscheibe.)	◎	S. 90 Nr. 2 S. 91 Nr. 3, 4 S. 92 Nr. 5
Ich kann Winkel messen. Wie groß sind die beiden Winkel?	◎	S. 92 Nr. 7 S. 93 Nr. 8 S. 94 Nr. 10, 11
Ich kann Winkel zeichnen. Zeichne einen spitzen Winkel und einen Winkel mit der Größe 120°.	◎	S. 92 Nr. 7 S. 93 Nr. 8 S. 95 Nr. 14
Ich kann zu einem Winkel die Winkelart benennen. Nenne zu den folgenden Winkelgrößen den Winkeltyp: 23°, 232°, 3°, 360°, 123°	◎	S. 94 Nr. 12 S. 95 Nr. 13
Ich kann Koordinaten in ein Koordinatensystem eintragen und daraus ablesen. Wie lauten die Koordinaten der beiden Punkte? Trage die Punkte (3|2), (0|0,7) und (−1|4) in ein Koordinatensystem ein.	◎	S. 96 Nr. 15-17 S. 97 Nr. 18, 19 S. 98 Nr. 20, 21 S. 99 Nr. 22
Ich kann Koordinaten nutzen, um die Lage von Orten anzugeben und zu finden. Nimm dir eine Karte deiner Stadt und gib die Koordinaten deines Hauses an.	◎	S. 96 Nr. 15, 17 S. 99 Nr. 22

zur Checkliste, S. 100, Kapitel „Orientierung auf Land und Wasser", *mathewerkstatt* Bd. 2 (Kl. 6)

Haushaltskosten gerecht aufteilen – Rechnungen darstellen und diskutieren

Seiten im **Materialblock**:

- Wissensspeicher ab Seite MB 62
- Arbeitsmaterial ab Seite MB 66
- Checkliste Seite MB 73

MB 62 Wissensspeicher – Ansätze mit Hilfe von Termen beschreiben Terme 1

Wissensspeicher   Ansätze mit Hilfe von Termen beschreiben

Bei P A D E K ist der Ansatz ein Weg, den man sich überlegt,
um ein Problem zu lösen.
Bei manchen Problemen sind mehrere Wege (Ansätze) möglich.

Beispiel für ein Verteilungsproblem
Vier Studenten wollen sich die Ausgaben für Essen (72 €) und Getränke (60 €) teilen.
Sie haben aber nicht alle gleich viel gegessen und getrunken.
Dina ist als einzige immer da und hat oft Besuch.
Wie viel soll Dina bezahlen?

So kann man mit P A D E K **das Verteilungsproblem bearbeiten**

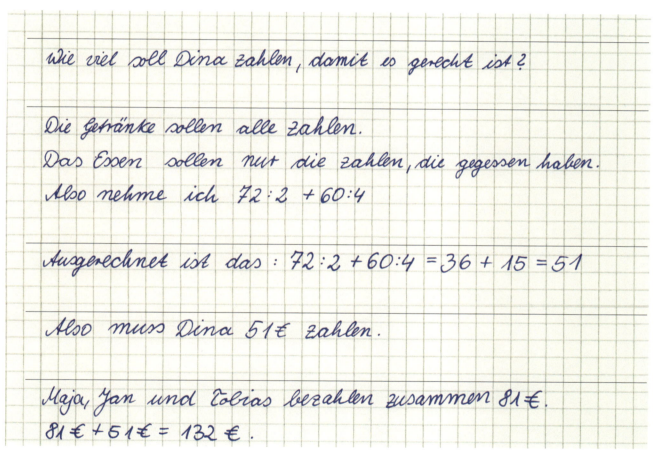

Wie viel soll Dina zahlen, damit es gerecht ist?

Die Getränke sollen alle zahlen.
Das Essen sollen nur die zahlen, die gegessen haben.
Also nehme ich 72 : 2 + 60 : 4

Ausgerechnet ist das : 72 : 2 + 60 : 4 = 36 + 15 = 51

Also muss Dina 51 € zahlen.

Maja, Jan und Tobias bezahlen zusammen 81 €.
81 € + 51 € = 132 €.

So kann man Terme nutzen um Ansätze zu beschreiben

Ein **Term** stellt eine Rechnung ohne Ergebnis dar.
So kann man auch mehrere Rechenschritte in einem Ansatz sehen.

Pias Term aus dem Beispiel: _____

Pia hat den Term in diesem P A D E K -Schritt aufgestellt:
_____

zu O1, S. 108, Kapitel „Haushaltskosten gerecht aufteilen", *mathewerkstatt* Bd. 2 (Kl. 6)

Wissensspeicher   Terme aufstellen und erklären

Um zu einer Situation einen Term aufzustellen oder einen Term für eine Situation zu erklären, geht man Schritt für Schritt vor.

So stellt man schrittweise einen neuen Term auf

Beispiel: Till bekommt zwei Meerschweinchen. Sie sollen zusammen im gleichen Käfig leben. Wie viel muss er im ersten Jahr für alles bezahlen?

Käfig, Haus, Näpfe:	50 €
Fressen pro Tier im Monat:	10 €
Streu, Heu pro Tier im Monat:	5 €

Meine Zwischenaufgaben: *Term:*   *Fragen im Kopf:*

①

②

③

So erklärt man schrittweise einen Term für eine Situation

Beispiel: Pia berechnet die Kosten für ihre Katze im ersten Jahr. Erkläre ihren Term.

Katzenklo, Napf:	30 €
Futter im Monat:	15 €
Katzenstreu pro Woche:	2 €

Meine Zwischenaufgaben: *Term:*   *Fragen im Kopf:*

① (52 · 2)

② (12 · 15)

③ (52 · 2) + (12 · 15)

④ (52 · 2) + (12 · 15) + 30

zu O2/O3, S. 109, Kapitel „Haushaltskosten gerecht aufteilen", *mathewerkstatt* Bd. 2 (Kl. 6)

Wissensspeicher — Regeln für den Umgang mit Termen anwenden

Damit jeder weiß, was in einem Term zuerst gerechnet werden soll, wurden Regeln für den Umgang mit Termen festgelegt:

Punkt-vor-Strich-Regel:

_____ und _____ werden immer vor _____ und _____ gerechnet.
So kann man Klammern sparen.

Klammer-Regel:

Klammern _____

_____

_____

Richtungsregel:

Wenn nur + und – oder nur · und : vorkommen, dann

_____

_____

_____

Beispiel-Term: $5 + 10 \cdot 30$

falsch gerechnet:
$5 + 10 \cdot 30$
$= 15 \cdot 30$
$= 450$

Beispiel-Term: $30 \cdot (10 - 5)$

falsch gerechnet:
$30 \cdot (10 - 5)$
$= 300 - 5$
$= 295$

Beispiel-Term: $30 - 10 + 5$

falsch gerechnet:
$30 - 10 + 5$
$= 30 - 15$
$= 15$

richtig gerechnet:

richtig gerechnet:

richtig gerechnet:

So kann man sich die Termregeln gut merken

Wissensspeicher Beschreibungsgleiche Terme finden

Beschreibungsgleiche Terme nennt man Terme, die das gleiche Bild oder die gleiche Situation beschreiben.

Das sind zwei beschreibungsgleiche Terme zu dem Bild links:

_____ und _____

Situation zu den Termen: _____

_____

So kann man mit dem Vertauschungsgesetz in beschreibungsgleiche Terme umformen

In manchen Termen kann man Teile vertauschen und erhält damit beschreibungsgleiche Terme.

Beispiel zur Addition: _____ = _____   Mein Bild zur Begründung:

Beispiel zur Multiplikation: _____ = _____

Gegenbeispiel zur Subtraktion: _____ ≠ _____

Gegenbeispiel zur Division: _____ ≠ _____

So kann man mit dem Zerlegungsgesetz in beschreibungsgleiche Terme umformen

Terme mit Klammern und Multiplikationen kann man so zerlegen:

Beispiel: $4 \cdot (5 + 3) =$ _____   Mein Bild zur Begründung:

Mein Beispiel: _____ = _____

Gegenbeispiel: $4 + (5 \cdot 3) \neq$ _____

zu O6/O7, S. 111, Kapitel „Haushaltskosten gerecht aufteilen", *mathewerkstatt* Bd. 2 (Kl. 6)

Arbeitsmaterial   Das Klammerspiel (Seite 1 von 2)

Schneidet auf der folgenden Seite die Termstreifen und Rechenzeichen aus und spielt damit das Klammerspiel mit 2 bis 4 Spielern. Findet so viele Klammerterme wie möglich und berechnet ihren Wert.

Spielregeln:

1. Zuerst wird ein Termstreifen aufgedeckt. Falls noch Rechenzeichen fehlen, bestimmt ihr reihum, welche eingetragen werden sollen.

2. Alle schreiben zu jedem Term möglichst viele Klammerterme auf und berechnen ihre Werte. Die Runde endet, wenn alle fertig sind.

3. ■ Für jeden Term mit richtig berechnetem Wert gibt es einen Punkt.
   ■ Wer für den gleichen Wert mehr Klammern als jemand anderes braucht, bekommt einen halben Punkt.
   ■ Wenn der gleiche Wert schon einmal auf dem eigenen Zettel steht, gibt es keinen Punkt.
   ■ Wer falsch rechnet, bekommt keinen Punkt.

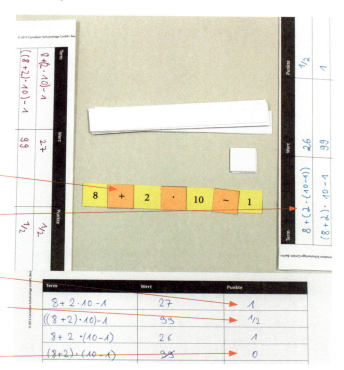

Term	Wert	Punkte

zu E5, S. 106, Kapitel „Haushaltskosten gerecht aufteilen", *mathewerkstatt* Bd. 2 (Kl. 6)

Arbeitsmaterial   Das Klammerspiel (Seite 2 von 2)

Schneide alle Termstreifen und Rechenzeichen aus.

100	−	10	·	5	−	3	
24	:	3	+	9	−	4	·
2	·	2	+	2	:	2	+
21	−	1	·	10	+	10	−
2	·	34	−	17	+	2	
30		6		4		2	
2		20		4		3	·
4		2		10		2	+
2		12		3		4	−
1		6		3		2	
8		2		10		1	

Arbeitsmaterial – Haushaltskosten gerecht aufteilen

Arbeitsmaterial Dinas Kosten berechnen

Pia und Till haben ihre Lösungswege aufgeschrieben. Wer hat einen Term benutzt? Kreise den Term ein.

Unterteile die Schritte der Lösungswege mit waagrechten Strichen (vgl. MB 5). Schreibe dann zu beiden Lösungswegen die Schritte von **P A D E K**.

Problem verstehen
Ansatz suchen
Durchführen
Ergebnis erklären
Kontrollieren

Tills Weg:

Wie viel soll Dina zahlen, damit es gerecht ist?

Die Getränke sollen alle zahlen.
Das Essen sollen nur die zahlen, die gegessen haben.

Also nehme ich 72:2 + 60:4
Ausgerechnet ist das: 72:2 + 60:4 = 36 + 15 = 51

Also muss Dina 51€ zahlen.

Maja, Jan und Tobias bezahlen zusammen 81€.
81€ + 51€ = 132€.

Pias Weg:

Wie viel soll Dina zahlen, damit es gerecht ist?

Die Getränke sollen alle zahlen, also 60:4 = 15.
Das Essen zahlt nur, wer gegessen hat, also 72:2 = 36.
Zusammen 15 + 36 = 51

Dina zahlt 51€.

Die drei bezahlen 81€.
81€ + 51€ = 132€

Bei welchem Lösungsweg konntest du den **P A D E K**-Schritt **Ansatz suchen** leichter zuordnen? Woran liegt das?

zu O1, S. 108, Kapitel „Haushaltskosten gerecht aufteilen", *mathewerkstatt* Bd. 2 (Kl. 6)

Arbeitsmaterial — Eine Rechnung – zwei Geschichten (Seite 1 von 2)

Pia beschreibt einen Term mit Worten. Dabei wird der Term mit jeder Zeile komplizierter.
Ole und Merve erzählen zum gleichen Term zwei verschiedene Geschichten.
Erfinde für die freien Felder eine Fortsetzung für Merves Geschichte.

(1)	15	Ich denke mir die Zahl 15.	Ich möchte mit meiner Schwester Lena einkaufen gehen und nehme 15 € von meinem Taschengeld.	Herr Berger hat im Keller eine Kiste mit 15 Flaschen Mineralwasser.
(2)	15 + 25	Ich zähle 25 dazu.	Unsere Mutter gibt uns noch 25 € extra mit.	
(3)	(15 + 25) : 2	Die Summe teile ich durch 2.	Weil wir getrennt voneinander einkaufen wollen, teilen wir das Geld durch 2.	
(4)	(15 + 25) : 2 − 3	Vom Rest ziehe ich 3 ab.	Weil ich Hunger habe, kaufe ich mir von meinem Teil des Geldes für 3 € etwas zu Essen.	

zu V7, S. 115, Kapitel „Haushaltskosten gerecht aufteilen", *mathewerkstatt* Bd. 2 (Kl. 6)

Arbeitsmaterial — Eine Rechnung – zwei Geschichten (Seite 2 von 2)

Pia beschreibt einen Term mit Worten. Dabei wird der Term mit jeder Zeile komplizierter.
Ole und Merve erzählen zum gleichen Term zwei verschiedene Geschichten.
Erfinde für die freien Felder in der folgenden Tabelle eine Fortsetzung, die zu den anderen Aussagen in der gleichen Zeile passt.

(1)	40	Ich denke mir die Zahl 40.		In einem Bus sitzen vierzig Fahrgäste.
(2)		Ich addiere 3 mal 8 dazu.	Im darauffolgenden Monat zahle ich auf mein Sparkonto drei Mal je 8 € ein.	
(3)		Von dieser Zahl ziehe ich 12 ab.		
(4)				An der Haltestelle „Stadtmitte" steigt die Hälfte der Fahrgäste aus.

Arbeitsmaterial „Übersetzungs"-Übung

Schreibe jeweils den passenden Term oder den passenden Text in die Tabelle.

Text	Term
„Ich addiere 19 und 45 und multipliziere das Ergebnis mit 3."	
„Ich addiere 19 zum Dreifachen von 45."	
„Ich multipliziere 45 mit 3 und zähle 19 dazu."	
	$(3 + 19) \cdot 45$
„Ich multipliziere 5 mit 7, zähle 3 dazu und multipliziere das Ergebnis mit 4."	
	$(7 + 3 \cdot 4) \cdot 5$
	$5 \cdot 7 + 3 \cdot 4$
	$5 + 7 \cdot 3 + 4$
	$(5 + 7) \cdot (3 + 4)$

zu V9, S. 116, Kapitel „Haushaltskosten gerecht aufteilen", *mathewerkstatt* Bd. 2 (Kl. 6)

Arbeitsmaterial Mensch ärgere Dich nicht – jeder zählt anders

Wie viele Punkte sind insgesamt auf dem Spielbrett von „Mensch ärgere dich nicht"?
Finde möglichst viele Terme, mit denen man diese Anzahlen ausrechnen kann.

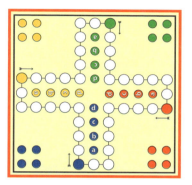

Term: _____

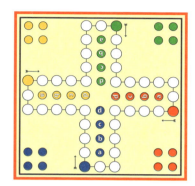

Term: _____

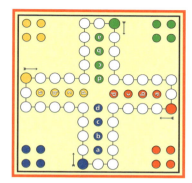

Term: _____

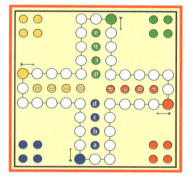

Term: _____

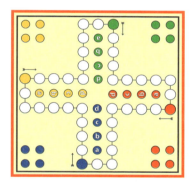

Term: _____

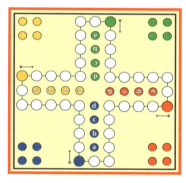

Term: _____

Kontrolliere mit Hilfe des Zerlegungsgesetzes und des Vertauschungsgesetzes,
ob deine Terme beschreibungsgleich sind.

zu V23, S. 121 Kapitel „Haushaltskosten gerecht aufteilen", *mathewerkstatt* Bd. 2 (Kl. 6)

Checkliste

Haushaltskosten gerecht aufteilen – Rechnungen darstellen und diskutieren

Ich kann ... / Ich kenne ...		So gut kann ich das ...	Hier kann ich üben ...
Ich kann zu einem Verteilungsproblem verschiedene Ansätze finden und es mit P A D E K lösen. Zehn Freunde übernachten zusammen im Wanderheim. Das 6-Bett-Zimmer kostet insgesamt 48 €, das 4-Bett-Zimmer kostet insgesamt 40 €. Wie viel soll jeder bezahlen?		◎	S. 112 Nr. 2 S. 113 Nr. 4
Ich kann zu einer Situation einen Term aufschreiben und damit zeigen, wie gerechnet werden soll. Bei einem Ausflug zum Vergnügungspark kostet der Bus für 30 Personen zusammen 240 €. Der Eintritt kostet pro Person 20 €. Mit welchem Term kann man die Kosten für vier Personen berechnen?		◎	S. 113 Nr. 3 S. 114 Nr. 5, 6 S. 115 Nr. 7 S. 116 Nr. 8
Ich kann zu einem Term eine passende Situation aufschreiben. Erfinde eine Situation zum Thema Taschengeld, die zum Term $3 \cdot 14 + 9 \cdot 16$ passt.		◎	S. 112 Nr. 1 S. 113 Nr. 3 S. 114 Nr. 5 S. 115 Nr. 7 S. 116 Nr. 8
Ich kann an einem Beispiel erklären, wozu man die Punkt-vor-Strich-Regel braucht, und kann diese Regel anwenden. Erkläre am Beispiel $26 + 4 \cdot 5$, wozu man die Punkt-vor-Strich-Regel braucht.		◎	S. 116 Nr. 8 S. 117 Nr. 13
Ich weiß, wann man bei Termen Klammern setzen muss und wann man sie weglassen kann. Berechne den Wert des Terms $2 \cdot 3 + 4$ und finde eine passende Situation. Setze Klammern in den Term so ein, dass er dann den Wert 14 hat. Wie musst du nun die Situation ändern, damit sie zum neuen Term passt?		◎	S. 117 Nr. 10–13
Ich kann zu einem Bild oder einer Situation beschreibungsgleiche Terme finden. Erkläre, was beschreibungsgleich bedeutet. Finde zu dem Bild drei verschiedene Terme.	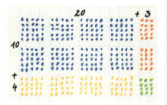	◎	S. 118 Nr. 14, 15 S. 119 Nr. 16, 17 S. 121 Nr. 23
Ich kann einen Term mit dem Zerlegungsgesetz und dem Vertauschungsgesetz in beschreibungsgleiche Terme umformen. Forme $17 \cdot 92 + 17 \cdot 8$ in beschreibungsgleiche Terme um. Welches Gesetz benutzt du? Welche Terme sind beschreibungsgleich? Finde sie, ohne den Wert zu berechnen. (1) $777 + 333 \cdot 555$ (2) $777 \cdot 333 + 777 \cdot 555$ (3) $777 \cdot (333 + 555)$		◎	S. 119 Nr. 16, 17 S. 120 Nr. 18, 19 S. 121 Nr. 20–22

zur Checkliste, S. 122, Kapitel „Haushaltskosten gerecht aufteilen", *mathewerkstatt* Bd. 2 (Kl. 6)

Einen Raum renovieren – Mit Dezimalzahlen rechnen

Seiten im **Materialblock**:

- Wissensspeicher ab Seite MB 75
- Methodenspeicher Seite MB 79
- Arbeitsmaterial Seite MB 80
- Checkliste Seite MB 81

Wissensspeicher   Dezimalzahlen multiplizieren

Wenn zwei Dezimalzahlen multipliziert werden sollen, rechnet man erst ohne Komma und überlegt dann, wo das Komma im Ergebnis stehen muss.

So multipliziert man 1,3 und 2,5

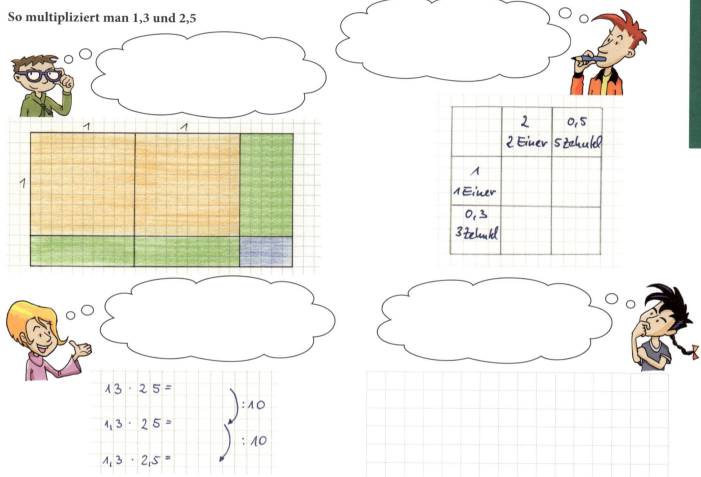

Ergebnis: 1,3 · 2,5 = _____   E | z | h

So multipliziert man 1,36 und 2,41

Pias Weg – Schrittweise durch 10 teilen:

136 · 241 = _____

Ergebnis: 136 · 241 = _____

Merves Weg – Überschlagen:

136 · 241 = _____

Meine Überschlagsrechnung:

Ergebnis: 136 · 241 = _____

zu O1, S. 130, Kapitel „Einen Raum renovieren", *mathewerkstatt* Bd. 2 (Kl. 6)

Wissensspeicher   Dezimalzahlen dividieren

Beim Dividieren muss man zählen, wie oft die Zahl, durch die zu teilen ist,
in die Zahl passt, die geteilt wird.

So dividiert man 3,6 : 1,2

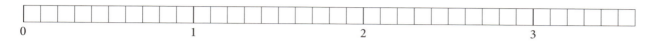

Ergebnis: 1,2 passt ___-mal in 3,6, also ist 3,6 : 1,2 = ___

Man kann einfachere Aufgaben suchen, die das gleiche Ergebnis haben.

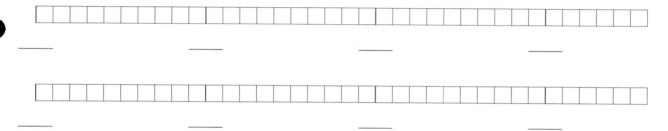

3,6 : 1,2 = _____ und 36 : 12 = _____ und 360 : 120 = _____

Die drei Aufgaben haben das gleiche Ergebnis, weil _____
_____

So dividiert man zwei Dezimalzahlen schriftlich, am Beispiel von 0,3 : 0,5

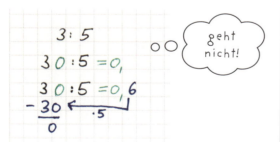

Meine Erklärung zu dieser Rechnung:

Meine Beispiel-Rechnungen:

1,8 : 3,6

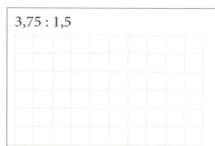

3,75 : 1,5

37 : 5

zu O2/O3, S. 131, Kapitel „Einen Raum renovieren", *mathewerkstatt* Bd. 2 (Kl. 6)

Wissensspeicher Dezimalzahlen und gemischte Brüche

Wenn man ein Problem bearbeiten will, muss man oft entscheiden, welche Rechnung man durchführen muss, ob man zum Beispiel dividieren oder multiplizieren muss.

Beispiel	Hier muss man …	Meine Rechnung:
① In den 2 m breiten Vorraum zum Aufenthaltsraum soll ein Teppichstück gelegt werden. Das Geld reicht noch für genau 5 m² des gewünschten Teppichs. Wie lang kann der Streifen sein?		
② Die Decke des Raumes soll mit einer eigenen Farbe gestrichen werden. Wie groß ist die Fläche?		
③ Der Hausmeister hat 5 alte Tische geschenkt, die nun farbig lackiert werden. Fünf Kinder wollen gleichzeitig streichen – deshalb soll der 2-kg-Topf Farbe aufgeteilt werden. Wie viel Farbe bekommt jedes Kind?		

So kann man sich gemischte Brüche vorstellen

Man nennt Zahlen wie „zweieinhalb" gemischte Brüche.
Gemischte Brüche kann man wie andere Zahlen auch ganz unterschiedlich darstellen:

… als Zahl:

… als Rechnung:

Meine Zahl:

… als Bild:

… auf dem Zahlenstrahl:

zu O4/O5, S. 132, Kapitel „Einen Raum renovieren", *mathewerkstatt* Bd. 2 (Kl. 6)

Wissensspeicher — Dezimalzahlen runden

Um eine Dezimalzahl zu runden, kann man prüfen, zwischen welchen einfacheren Dezimalzahlen sie liegt.

Runden auf Zehntel:

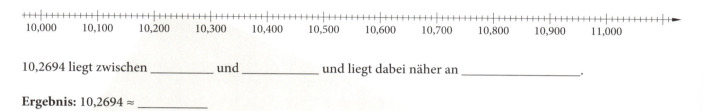

10,2694 liegt zwischen _____ und _____ und liegt dabei näher an _____.

Ergebnis: 10,2694 ≈ _____

Runden auf Hundertstel:

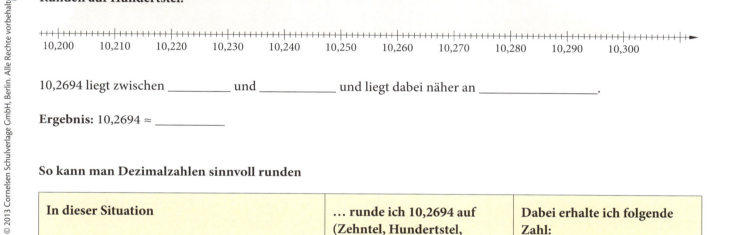

10,2694 liegt zwischen _____ und _____ und liegt dabei näher an _____.

Ergebnis: 10,2694 ≈ _____

So kann man Dezimalzahlen sinnvoll runden

In dieser Situation	… runde ich 10,2694 auf (Zehntel, Hundertstel, Tausendstel oder):	Dabei erhalte ich folgende Zahl:
(1) Preis in Euro		
(2) Preis in Cent		
(3) Größe eines Zimmers in Quadratmeter		
(4) Volumen eines Eimers in Liter		
(5) Gewicht eines Goldnuggets in Gramm		
(6) Gewicht eines LKW in Tonnen		

zu O8, S. 133, Kapitel „Einen Raum renovieren", *mathewerkstatt* Bd. 2 (Kl. 6)

Methodenspeicher Taschenrechner

Ich möchte …	Beispiel	So tippe ich das in meinen Taschenrechner ein
… eine Dezimalzahl eingeben.	3,76	3 ☐ 7 ☐
… eine Multiplikationsaufgabe lösen.	5,23 · 7,24 =	☐☐☐☐☐☐ ☐☐☐☐
… eine Divisionsaufgabe lösen.	7,6 : 1,3 =	☐☐☐☐☐☐ ☐☐
… einen Bruch eingeben.		
… eine Rechnung mit Klammern lösen.		
… eine Zahl speichern, sodass ich später noch einmal damit rechnen kann.	0,19 speichern	
… eine gespeicherte Zahl wieder aufrufen.		
… die zuletzt eingegebene Zahl löschen.		

Beim Problemlösen hilft mir der Taschenrechner bei folgenden P A D E K -Schritten:

_____

zu O6/O7, S. 133, Kapitel „Einen Raum renovieren", *mathewerkstatt* Bd. 2 (Kl. 6)

MB 80    Arbeitsmaterial – Einen Raum renovieren

Arbeitsmaterial   Aufenthaltsraum

Der Aufenthaltsraum der Schule soll verschönert werden.
- Berechne die Kosten für die Magnettafel.
- Bestimme die Anzahl der notwendigen Fußleisten.

Grundfläche des Aufenthaltsraumes:

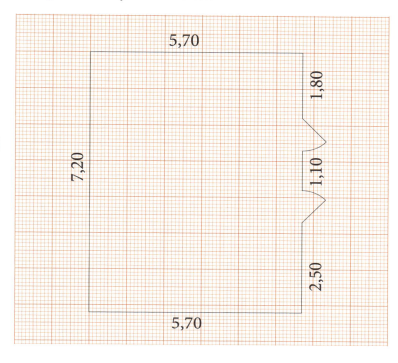

Fläche der Magnettafel:

Die Magnettafel hat eine Fläche von _____ m².

Sie kostet _____ €.

Länge der Fußleisten:

Wand:

Fußleisten: 2,4 m

zu E2/E3, S. 126/127, Kapitel „Einen Raum renovieren", *mathewerkstatt* Bd. 2 (Kl. 6)

Checkliste

Einen Raum renovieren – Mit Dezimalzahlen rechnen

Ich kann ... Ich kenne ...	So gut kann ich das ...	Hier kann ich üben ...
Ich kann zwei Dezimalzahlen multiplizieren. Berechne im Kopf. (1) 1,5 · 0,3 (2) 0,7 · 0,2	◎	S. 134 Nr. 1–4 S. 135 Nr. 5
Ich kann die Multiplikation zweier Dezimalzahlen an einem Bild und an einem Malkreuz erläutern. ■ Zeichne zur Multiplikationsaufgabe 3,8 · 0,4 ein Bild und gibt das Ergebnis der Aufgabe an. ■ Fülle das nebenstehende Malkreuz und erkläre daran das Ergebnis zu 1,1 · 1,4. | 1	0,4 | | 1 | | | | 0,1 | | |	◎	S. 135 Nr. 6, 8
Ich kann bei Aufgaben in Texten erklären, ob ich multiplizieren oder dividieren muss, und kann die Aufgaben dann lösen. ■ Wie groß ist eine Rasenfläche, wenn sie 12,5 m lang und 9,8 m breit ist? ■ Eine Wand eines Zimmers soll tapeziert werden, sie ist 3,60 m breit. Wie viele Tapetenbahnen sind erforderlich, wenn eine Bahn 0,5 m breit ist?	◎	S. 135 Nr. 7 S. 136 Nr. 9 S. 138 Nr. 19 S. 139 Nr. 22 S. 140 Nr. 24–26
Ich kann zwei einfache Dezimalzahlen schriftlich multiplizieren oder schriftlich dividieren. Rechne schriftlich. (1) 2,48 : 0,4 (2) 3,8 · 0,4	◎	S. 136 Nr. 9 S. 138 Nr. 16–19 S. 139 Nr. 23 S. 140 Nr. 24–26
Ich kann abschätzen, wie groß das Ergebnis beim Multiplizieren oder Dividieren zweier Dezimalzahlen ungefähr ist. Runde die Zahlen und gib das Ergebnis ungefähr an. (1) 2,48 : 1,2 (2) 13,2 · 1,3	◎	S. 139 Nr. 20, 21
Ich kann erkennen, wann die Division von Dezimalzahlen mit gleichen Ziffern zum gleichen Ergebnis führt. Welche der folgenden Rechnungen haben das gleiche Ergebnis? (1) 8,4 : 2,1 (2) 84 : 2,1 (3) 84 : 21 (4) 0,84 : 0,21 (5) 840 : 210	◎	S. 137 Nr. 15
Ich kann mit meinem Taschenrechner Dezimalzahlen multiplizieren und dividieren und kann das Ergebnis überschlagen, um zu prüfen, ob es richtig sein kann. Rechne mit deinem Taschenrechner und überschlage, ob das Ergebnis richtig sein kann: (1) 3456, 78 · 12,345 (2) 8,4019 : 21,0007	◎	S. 140 Nr. 26
Ich kann mit gemischten Brüchen rechnen, indem ich sie in Dezimalzahlen umwandle und dann rechne. Schreibe die Zahlen und Ergebnisse als Dezimalzahlen. (1) $2\frac{1}{4} + 3\frac{1}{2}$ (2) $2\frac{3}{4} - 1\frac{1}{4}$ (3) $2\frac{1}{4} \cdot 3$ (4) $1\frac{1}{4} : 5$	◎	S. 141 Nr. 27–29

zur Checkliste, S. 142, Kapitel „Einen Raum renovieren", *mathewerkstatt* Bd. 2 (Kl. 6)

Kinder weltweit – Anteile von Anteilen verstehen

Seiten im **Materialblock**:

- ▶ Wissensspeicher   ab Seite MB 83
- ▶ Arbeitsmaterial   ab Seite MB 86
- ▶ Checkliste   Seite MB 88

Wissensspeicher   Anteile in Bezug zum Ganzen

Ein Anteil beschreibt die Beziehung zwischen einem Teil und einem Ganzen.

So bestimmt man den Teil, wenn Anteil und Ganzes gegeben sind

	Beispiel: $\frac{2}{3}$ *von 6*	*Beispiel:* $\frac{7}{8}$ *von 40*
1. Möglichkeit: Ganze Menge verteilen im Bruchstreifen		
2. Möglichkeit: Ganze Menge auf Zahlenstrahl verteilen		
3. Möglichkeit: Zuerst leichtere Aufgabe mit 1 im Zähler rechnen, dann Hochrechnen auf größeren Zähler.		

So bezieht man einen Teil auf verschiedene Ganze

Wenn man einen Teil auf verschiedene Ganze bezieht, ändert sich der Anteil.

Beispiel:

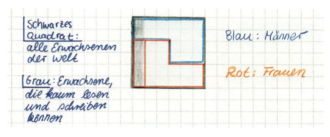

Teil: Frauen, die kaum lesen und schreiben können (entsprechen ____ Kästchen im Bild)

Ganzes: alle Frauen (entsprechen ____ Kästchen im Bild)

Anteil: Anteil der Frauen, die kaum lesen und schreiben können, an allen Frauen:

_____

Teil: Frauen, die kaum lesen und schreiben können (entsprechen ____ Kästchen im Bild)

Ganzes: alle Erwachsenen, die kaum lesen und schreiben können (entsprechen ____ Kästchen im Bild)

Anteil: Anteil der Frauen an allen Erwachsenen, die kaum lesen und schreiben können:

_____

zu O2/3, S. 150/151, Kapitel „Kinder weltweit", *mathewerkstatt* Bd. 2 (Kl. 6)

Wissensspeicher — Anteile von Anteilen bestimmen

Anteile von Anteilen kann man mit Bildern oder Rechnungen bestimmen.

So kann man Anteile von Anteilen in Bildern bestimmen

Beispiel:
$\frac{2}{5}$ von $\frac{1}{4}$

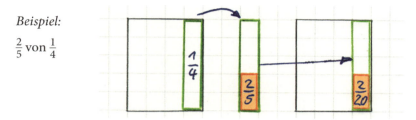

Wenn man den roten Teil auf das grüne Ganze bezieht, dann ist es ─────.

Wenn man den roten Teil auf das schwarze Ganze bezieht, dann ist es ─────.

Also ist $\frac{2}{5}$ von $\frac{1}{4}$ gleich ─────.

So kann man Anteile von Anteilen berechnen

	Beispiel: $\frac{4}{5}$ von $\frac{2}{3}$	*Beispiel:* $\frac{2}{7}$ von $\frac{4}{5}$
Passendes Rechteckbild		
Das Rechteck zum Darstellen besteht aus:	___ Kästchen, denn ___ · ___ = _____ .	
Der gefärbte Teil besteht aus:	___ Kästchen, denn ___ · ___ = _____ .	
Der gesuchte Anteil vom Anteil ist also:	_____ .	
Rechnung:	$\frac{4}{5}$ von $\frac{2}{3} = \frac{(4 \cdot 2)}{(5 \cdot 3)} = \frac{8}{15}$	

Das Berechnen des Anteils vom Anteil ist das Gleiche wie das Multiplizieren der beiden Brüche.

Beispiel: $\frac{3}{5}$ von $\frac{1}{2}$ $\frac{3}{5} \cdot \frac{1}{2}$

Anteil vom Anteil: _____

Rechnung: _____

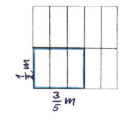

Der Flächeninhalt des blauen Rechtecks: _____

Der Anteil des blauen Rechtecks am Ganzen: _____

Wissensspeicher   Brüche multiplizieren

So kann man sich das Multiplizieren von natürlichen Zahlen vorstellen

Meine Vorstellung:

$$3 \cdot 5 = 15$$

So kann man sich das Multiplizieren von Brüchen vorstellen

Meine Vorstellung:

$$\frac{2}{3} \cdot \frac{3}{4} = \frac{1}{2}$$

zu O7, S. 153, Kapitel „Kinder weltweit", *mathewerkstatt* Bd. 2 (Kl. 6)

Arbeitsmaterial — Kinder in Entwicklungsländern

Lies den Text aufmerksam durch.

Zeichne und prüfe die Aussagen über Anteile.

Weltbevölkerung

Auf der Erde leben etwa 7,2 Milliarden Menschen. Davon leben $\frac{1}{6}$ in Industrieländern. Davon wiederum sind $\frac{1}{6}$ Kinder, also unter 15 Jahren. $\frac{5}{6}$ aller Menschen leben in Entwicklungsländern, davon sind $\frac{1}{3}$ Kinder.

Von allen Menschen auf der Erde leben $\frac{1}{6}$ in Industrieländern.

Ganzes: Alle Menschen auf der Erde

Teil: Menschen in Industrieländern

Anteil: _____   Passt zum Bild? _____

Habe ich das richtig verstanden, ein Sechstel aller Menschen sind Kinder in Industrieländern?

Ganzes: _____

Teil: Kinder in Industrieländern

Anteil: $\frac{1}{6}$ Passt zum Bild? _____

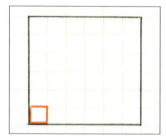

---

① $\frac{5}{6}$ aller Menschen in den Industrieländern sind keine Kinder.

Ganzes: _____

Teil: _____

Anteil: $\frac{5}{6}$ Aussage stimmt? _____

---

② $\frac{10}{36}$ aller Menschen auf der Welt sind Kinder aus Entwicklungsländern.

Ganzes: _____

Teil: _____

Anteil: $\frac{10}{36}$ Aussage stimmt? _____

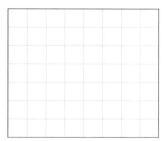

---

③ $\frac{1}{3}$ aller Kinder leben in Entwicklungsländern.

Ganzes: _____

Teil: _____

Anteil: $\frac{1}{3}$ Aussage stimmt? _____

zu E2, S. 147, Kapitel „Kinder weltweit", *mathewerkstatt* Bd. 2 (Kl. 6)

MB 87 Arbeitsmaterial – Kinder weltweit

Arbeitsmaterial   Bilder und Situationen für das Multiplizieren

Meine Vorstellung zu 3 · 5 = 15:

Überprüfe, ob die Situationen, Rechnungen und Bilder zur Aufgabe 3 · 5 = 15 passen.
Schneide die richtigen Vorstellungen aus und klebe sie in den Wissensspeicher „Brüche multiplizieren" (MB 85).

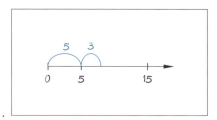

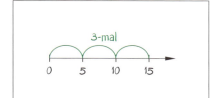

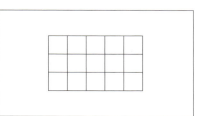

Die Äpfel kosten 3 € pro Kilogramm.
Wie viel kosten 5 kg Äpfel?

Die Äpfel kosten zusammen 5 €, ein Kilogramm kostet 3 €.
Wie viel Kilogramm wiegen die Äpfel?

$3 \cdot 5 = 5 + 5 + 5$

Meine Vorstellung zu $\frac{2}{3} \cdot \frac{3}{4} = \frac{1}{2}$:

Überprüfe, ob die Situationen, Rechnungen und Bilder zur Aufgabe $\frac{2}{3} \cdot \frac{3}{4} = \frac{1}{2}$ passen.
Schneide die richtigen Vorstellungen aus und klebe sie in den Wissensspeicher „Brüche multiplizieren" (MB 85).

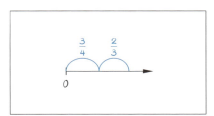

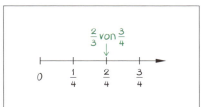

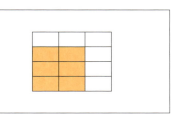

Die Äpfel kosten 75 Cent pro Kilogramm, also $\frac{3}{4}$ € pro Kilogramm.
Wie viel kosten $\frac{2}{3}$ kg Äpfel?

Die Bohnenpflanze ist $\frac{3}{4}$ m groß.
Sie wächst weitere $\frac{2}{3}$ m.
Wie groß ist sie jetzt?

$\frac{2}{3}$ von $\frac{3}{4}$

zu O7, S. 153, Kapitel „Kinder weltweit", *mathewerkstatt* Bd. 2 (Kl. 6)

Checkliste

Kinder weltweit – Anteile von Anteilen verstehen

Ich kann ... / Ich kenne ...	So gut kann ich das ...	Hier kann ich üben ...
Ich kann einen Anteil auf ein Ganzes beziehen und berechnen, wie groß der Teil ist. Bestimme $\frac{2}{6}$ von 30.	◎	S. 154 Nr. 1, 2, 3 S. 155 Nr. 5, 6
Ich kann das Ganze finden, wenn Teil und Anteil gegeben sind. $\frac{1}{5}$ der Klasse sind 5 Kinder. Wie groß ist die Klasse?	◎	S. 155 Nr. 4, 5, 6
Ich kann Informationen über Anteile oder Teile erklären, indem ich sie auf das richtige Ganze beziehe. „$\frac{2}{3}$ der Erwachsenen, die nicht lesen können, sind Frauen." Zeichne zu dem Satz ein Bild und erkläre, welche der folgenden Aussagen stimmt. Begründe deine Antwort. (1) Es gibt mehr Frauen, die lesen können, als Frauen, die nicht lesen können. (2) Es gibt mehr Männer als Frauen, die nicht lesen können.	◎	S. 156 Nr. 7, 8, 9
Ich kann den Anteil eines Anteils bestimmen, indem ich ein Bild zeichne und ablese. Zeichne ein Bild und bestimme $\frac{2}{5}$ von $\frac{3}{4}$.	◎	S. 157 Nr. 10–12 S. 158 Nr. 13–15
Ich kann den Anteil eines Anteils bestimmen, indem ich den Flächeninhalt des Rechtecks bestimme, dessen Seitenlängen durch die Anteile angegeben sind. Wie groß ist die Fläche des Rechtecks in Quadratzentimetern? $\frac{5}{8}$ cm / $\frac{1}{6}$ cm	◎	S. 159 Nr. 16, 17 S. 160 Nr. 18
Ich kann Brüche multiplizieren. Berechne $\frac{4}{8} \cdot \frac{2}{13}$.	◎	S. 160 Nr. 19, 20 S. 161 Nr. 21–24 S. 162 Nr. 25–27
Ich kann zu einer Multiplikation von Brüchen ein Bild zeichnen und eine Situation erfinden. Wie stellst du dir $\frac{2}{5} \cdot \frac{3}{4}$ vor? Zeichne ein Bild und gib eine Situation an, die dazu passt.	◎	S. 163 Nr. 29, 30
Ich kann für Sachaufgaben mit Anteilen die richtige Rechenart finden. Muss man bei der folgenden Aufgabe addieren oder multiplizieren? „Der Preis wurde erst auf 80 % reduziert, dann auf die Hälfte des neuen Preises verkleinert."	◎	S. 161 Nr. 21, 23, 24 S. 163 Nr. 30, 31

zur Checkliste, S. 164, Kapitel „Kinder weltweit", *mathewerkstatt* Bd. 2 (Kl. 6)

Die Welt im Museum – Vergrößern und Verkleinern

Seiten im **Materialblock**:

- Wissensspeicher ab Seite MB 90
- Arbeitsmaterial ab Seite MB 94
- Checkliste Seite MB 96

Wissensspeicher   Figuren richtig vergrößern

Um eine Figur richtig zu vergrößern, müssen alle Längen gleichermaßen vergrößert werden.
Die **Vergrößerungszahl** gibt an, mit welcher Zahl alle Längen multipliziert werden müssen.

Beim Vergrößern einer Figur mit der Vergrößerungszahl 2 geht man so vor

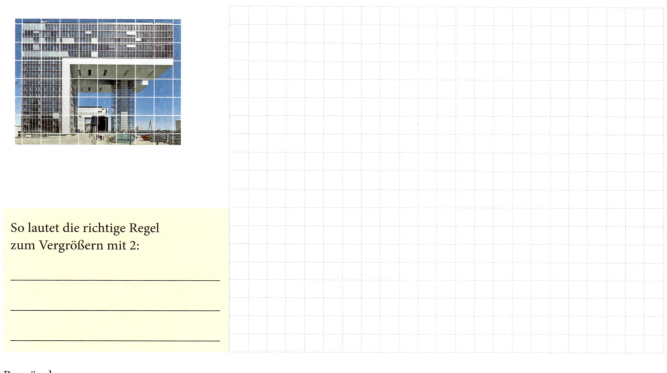

So lautet die richtige Regel
zum Vergrößern mit 2:

_____

_____

_____

Begründung: _____

_____

So kann man die Vergrößerungszahl auf verschiedenen Wegen bestimmen

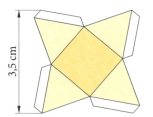

Das Bild links ist 3,5 cm hoch.
Dieses Bild soll vergrößert gezeichnet werden, sodass es 20 cm hoch ist.

Es gibt verschiedene Wege, die passende Vergrößerungszahl zu finden:

Weg 1: Probieren

3,5 cm · _____ = _____

3,5 cm · _____ = _____

3,5 cm · _____ = _____   Die Vergrößerungszahl ist _____

Weg 2: Rechnen

3,5 cm · ☐ = 20 cm   Rechnung: _____ : _____ = _____

Die Vergrößerungszahl ist _____

zu O1/O2, S. 172, Kapitel „Die Welt im Museum", *mathewerkstatt* Bd. 2 (Kl. 6)

Wissensspeicher — Vergrößerung und Verkleinerung als Maßstab schreiben

So kann man eine Vergrößerung oder eine Verkleinerung mit einem Maßstab beschreiben

	Beispiel 1	Beispiel 2
Das sind Fotos von … ❏ echten Tieren. ❏ Modellen von Tieren.		
Das sind Fotos von … ❏ echten Tieren. ❏ Modellen von Tieren.		
	Das Original wurde … _____ _____ cm im Modell sind _____ cm in der Wirklichkeit.	Das Original wurde … _____ _____ cm im Modell sind _____ cm in der Wirklichkeit.
	Maßstab: _____ : _____ („_____ zu _____")	Maßstab: _____ : _____ („_____ zu _____")
	Beim Maßstab gehört die Zahl vorn immer _____	

So geht man vor, wenn die Längen im Original und im Modell in verschiedenen Einheiten vorliegen

Beispiel: Das Modell ist 4 cm hoch, das Original ist 320 m hoch.   4 cm · ☐ = 320 m

Vor dem Bestimmen der Verkleinerungszahl muss man erst den folgenden Schritt durchführen:
_____

Dann sieht die Aufgabe so aus:

_____ · ☐ = _____

Die Verkleinerungszahl beträgt: _____

Der Maßstab beträgt: _____ : _____

zu O3/O4, S. 173, Kapitel „Die Welt im Museum", *mathewerkstatt* Bd. 2 (Kl. 6)

Wissensspeicher — Verkleinern und Vergrößern in mehreren Schritten

So bestimmt man einen großen Maßstab in mehreren Schritten

Die Originalmaße der Pyramide von Gizeh werden schrittweise verkleinert.
Der abgebildete Bastelbogen zur Pyramide soll auf ein A4-Blatt passen.

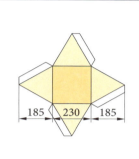

$185\,m + 230\,m + 185\,m = 600\,m$

$600\,m \xrightarrow{:100} 6\,m = 600\,cm \xrightarrow{:10} 60\,cm \xrightarrow{:2} 30\,cm \xrightarrow{:2} 15\,cm$

: ☐

Man kann auch nur durch *eine* Zahl teilen, um das Ergebnis zu erhalten.
Diese Zahl bestimmt man so:

_____

_____

_____

Der Maßstab lautet: _____ : _____

So bestimmt man mit Karte und Maßstab die Entfernung zweier Städte in der Wirklichkeit

Der Abstand zwischen Hamburg und München beträgt auf der Karte etwa 2,4 cm.
Der Maßstab der Karte ist 1 : 25 000 000.
So bestimmt man den tatsächlichen Abstand zwischen Hamburg und München:

_____

_____

_____

_____

_____

Wissensspeicher   Vergrößern und Verkleinern mit Komma und Prozent

So kann man Vergrößerungen und Verkleinerungen mit Dezimalzahlen oder Prozentzahlen ausdrücken

Beispiel		Prozentzahl	Dezimalzahl	in Worten
.	★			
T	T			
H	H	· 200 %		
X	X			

Beispiel		Prozentzahl	Dezimalzahl	Division	in Worten
W	W				
+	+				
B	B			: 2	
4	.				

Wenn man Vergrößerungs- und Verkleinerungszahlen auf einem Zahlenstrahl einträgt, sieht man, wie sie zusammenhängen.

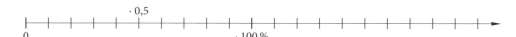

Dezimalzahlen … · 0,5
Prozentzahlen … 0 … · 100 %

So kann man Vergrößerungen oder Verkleinerungen rückgängig machen

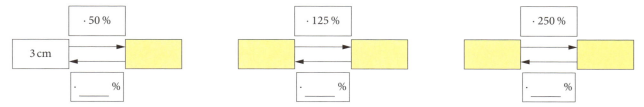

Arbeitsmaterial   Eiffelturm

Bestimme zunächst die Streckenlängen auf dem Arbeitsblatt
Berechne anschließend die Längen für deinen Turm.

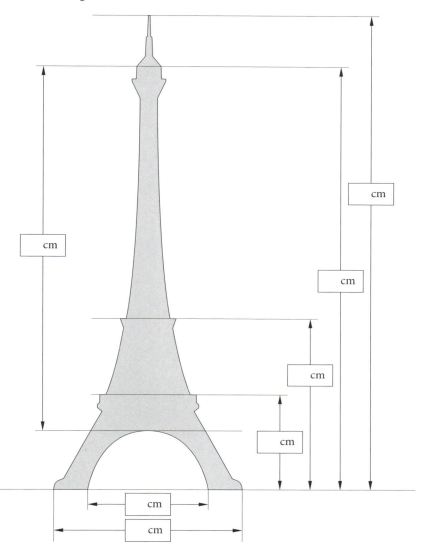

Checkliste — Die Welt im Museum – Vergrößern und Verkleinern

Ich kann ... / Ich kenne ...	So gut kann ich das ...	Hier kann ich üben ...
Ich kann Figuren mit einer vorgegebenen Zahl vergrößern oder verkleinern und kann erklären, wie man dabei vorgeht. Zeichne dieses Rechteck vergrößert ins Heft. Verwende die Vergrößerungszahl 4. Erkläre, worauf du dabei achten musst.	◎	S. 176 Nr. 1, 2
Ich kann die Vergrößerungszahl bzw. die Verkleinerungszahl finden, wenn ich ein Original mit einem dazu gehörigen Bild vergleiche. Finde die Vergrößerungs- bzw. die Verkleinerungszahl:	◎	S. 176 Nr. 3 S. 177 Nr. 4, 5 S. 178 Nr. 6
Ich kann Maßstäbe ungefähr einschätzen, wenn ich das Original mit einem Modell vergleiche. Schätze den Maßstab für das Modell des Rettungshubschraubers.	◎	S. 178 Nr. 6, 7 S. 179 Nr. 9 S. 181 Nr. 10
Ich kann die Längen beim Vergrößern und Verkleinern mit einem gegebenen Maßstab umrechnen. ▪ Wie groß ist eine Modelllokomotive im Maßstab 1 : 8, wenn das Original 20 m lang ist? ▪ Wie lang ist ein Wagen im Original, wenn ein Modell mit dem Maßstab 1 : 50 eine Länge von 15 cm besitzt?	◎	S. 179 Nr. 8 S. 180 Nr. 11
Ich kann bei der Verkleinerung sehr großer Gegenstände in mehreren Schritten den Maßstab bestimmen und dabei auch mit dem Wechsel von Einheiten umgehen. ▪ Verkleinere den Mond (3000 km Durchmesser) schrittweise so lange, bis er auf ein 30 cm breites Papier passt. Welcher Maßstab ergibt sich insgesamt? ▪ Auf einer Karte im Maßstab 1 : 150 000 ist eine Strecke 2,5 cm lang. Wie lang ist sie in Wirklichkeit?	◎	S. 181 Nr. 12–14 S. 182 Nr. 15, 16 S. 183 Nr. 17
Ich kann vergrößern und verkleinern, indem ich geeignet mit verschiedenen Zahlen multipliziere. Am Kopiergerät ist ein Buchstabe, der 20 cm hoch ist, auf 25 cm zu vergrößern. Gib den Vergrößerungsfaktor als Prozentzahl an.	◎	S. 183 Nr. 17–19 S. 184 Nr. 20, 21 S. 185 Nr. 22, 23
Ich kann mit Brüchen verkleinern und vergrößern und dazu durch Brüche dividieren. ▪ Welche Multiplikation macht die Division durch $\frac{1}{6}$ rückgängig? Erkläre im Zusammenhang mit dem Vergrößern und Verkleinern beim Kopierer. ▪ Wie rechnet man $\frac{3}{8} : \frac{2}{9}$? Erkläre, warum man den umgekehrten Bruch benutzt.	◎	S. 185 Nr. 22–24 S. 186 Nr. 25, 26 S. 187 Nr. 27–29

zur Checkliste, S. 188, Kapitel „Die Welt im Museum", *mathewerkstatt* Bd. 2 (Kl. 6)

Zahlen- und Bildmuster – Geschickt zählen und fortsetzen

Seiten im **Materialblock**:

- Wissensspeicher ab Seite MB 97
- Arbeitsmaterial ab Seite MB 99
- Checkliste Seite MB 105

Wissensspeicher   Muster beschreiben und Folgen fortsetzen

In vielen Mustern und Zahlenfolgen gibt es Regelmäßigkeiten, die dabei helfen, die Anzahl von Einzelteilen zu bestimmen.

So kann ich Muster in Bildern erkennen

Bild mit Muster	Beschreibung	Rechnung
(5 Reihen mit je 4 Punkten)		
(Quadrat mit Punkten am Rand)		
(Punkte-Anordnung mit Pfeil)		

So kann ich die Zahlenfolge 5, 8, 11, … auf verschiedenen Wegen fortsetzen

Mit einem Bild (Ole):

Mit einer Tabelle (Till):

Mit Worten eine Regel schreiben (Merve):

Mit einem Term (Pia):

zu O1/O2, S. 196/197, Kapitel „Zahlen- und Bildmuster", *mathewerkstatt* Bd. 2 (Kl. 6)

Wissensspeicher   Zahlenfolgen beschreiben und berechnen

Terme können helfen, Zahlen an hohen Stellen von Zahlenfolgen zu berechnen.

So kann ich einen Term zu einer Bilderfolge aufstellen

Stelle	1	2	3	…	50
Bilderfolge	(4 Punkte)	(8 Punkte)	(12 Punkte)		
Anzahl der Punkte					
Term					

● Änderung von Stelle zu Stelle: _____ Punkte   Startzahl: _____

So bestimmt man die Terme zu der Bilderfolge:

_____

_____

So kann ich einen Term zu einer Zahlenfolge aufstellen

Stelle	1	2	3	…	50	100
Zahlenfolge	5	9	13			
Term						

● Änderung von Stelle zu Stelle: _____   Startzahl: _____

Term: _____ (Hinweis: x wird wie ein Platzhalter verwendet.)

So sehen Terme zu den folgenden Zahlenfolgen aus

Zahlenfolge	Startzahl	Änderung	Term	Zahl an der 100. Stelle
7, 11, 15, …				
5, 10, 15, 20, …				
1, 4, 9, 16, …				

Bei der letzten Zahlenfolge lässt sich kein Term mit Startzahl und Änderung aufstellen, weil

_____

Arbeitsmaterial   Muster in Bildern

Versuche die Anzahl der Punkte in den folgenden Bildern auf einen Blick zu erkennen.
Markiere dazu in den Bildern Muster, die dir beim Zählen helfen.
Jedes Bild ist mehrmals abgebildet, damit du verschiedene Möglichkeiten einzeichnen kannst.

Anzahl der Punkte: _____

Anzahl der Punkte: _____

Anzahl der Punkte: _____

Anzahl der Punkte: _____

Anzahl der Punkte: _____

Anzahl der Punkte: _____

Anzahl der Punkte: _____

Anzahl der Punkte: _____

Anzahl der Punkte: _____

Anzahl der Punkte: _____

Anzahl der Punkte: _____

zu E1, S.192, Kapitel „Zahlen- und Bildmuster", *mathewerkstatt* Bd. 2 (Kl. 6)

Arbeitsmaterial   Folgen und Regeln

Zeichne zu jeder Bilderfolge das vierte Bild.
Markiere jede Bilderfolge so, dass du eine Regel erkennst, wie die Folge aufgebaut ist.
Schreibe die Regel jeweils rechts neben das vierte Bild der Folge.

Regel zu dieser Bilderfolge:

zu E4, S. 194, Kapitel „Zahlen- und Bildmuster", *mathewerkstatt* Bd. 2 (Kl. 6)

Arbeitsmaterial Quartett-Muster-Spiel (Seite 1 von 4)

Bei diesem Spiel für 2 bis 5 Personen müssen möglichst viele Quartette gefunden werden. Ein Quartett besteht dabei aus vier Karten, die zur gleichen Folge gehören.

Spielregeln:
- Alle Karten eines Spiels werden ausgeschnitten und gemischt.
- 16 Karten werden wie im Bild offen auf den Tisch gelegt.
- Wer vier Karten findet, die zur gleichen Folge gehören, sagt deutlich „Quartett".
- Wer als erstes „Quartett" sagt, muss das Muster der Folge erklären und bekommt die vier Karten. Kann der Spieler das Muster nicht erklären, muss er eine Runde aussetzen.
- Weggelegte Karten werden ersetzt, sodass wieder 16 Karten auf dem Tisch liegen. Sind keine neuen Karten mehr vorhanden, ist das Spiel beendet.
- Findet in drei Minuten niemand ein Muster, werden vier Karten dazugelegt.

Zusatzregel:
Ihr könnt auch gemischte Folgen aus Bildern und Zahlen suchen.

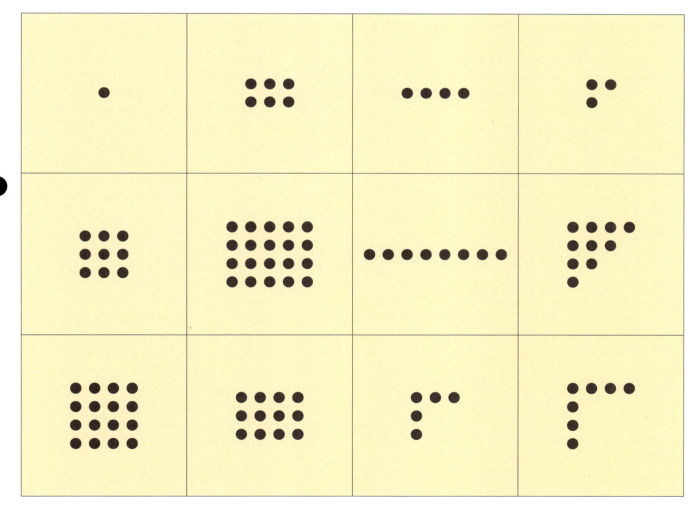

zu V8, S. 201, Kapitel „Zahlen- und Bildmuster", *mathewerkstatt* Bd. 2 (Kl. 6)

Arbeitsmaterial Quartett-Muster-Spiel (Seite 3 von 4)

5	7	2	1
4	8	10	3
3	6	9	18
12	20	12	24
4	4	6	16

zu V8, S. 201, Kapitel „Zahlen- und Bildmuster", *mathewerkstatt* Bd. 2 (Kl. 6)

Arbeitsmaterial — Quartett-Muster-Spiel (Seite 4 von 4)

5	7	1	2
3	5	15	20
4	4	4	4
16	1	3	9
5	10	6	2

Checkliste: Zahlen- und Bildmuster – Geschickt zählen und fortsetzen

Ich kann ... / Ich kenne ...	So gut kann ich das ...	Hier kann ich üben ...
Ich kann Muster in Bildern erkennen und Muster selbst erstellen. Welche Muster erkennst du?	⊙	S. 200 Nr. 1-4
Ich kann Muster in Bilderfolgen erkennen und sie fortsetzen. ① ② ③ Zeichne die nächsten beiden Bilder der Bilderfolge.	⊙	S. 201 Nr. 5 S. 203 Nr. 15 S. 205 Nr. 18, 19
Ich kann Muster in Zahlenfolgen mit Hilfe von Bildern oder in eigenen Worten beschreiben. Wie gehen die Zahlenfolgen weiter? Beschreibe in Worten und zeichne eine mögliche Bilderfolge. (1) 0, 3, 6, … (2) 2, 9, 16, …	⊙	S. 201 Nr. 6, 7, 8 S. 202 Nr. 10, 11 S. 204 Nr. 17 S. 205 Nr. 18 S. 206 Nr. 21 S. 207 Nr. 23
Ich kann Muster in Zahlenfolgen erkennen und fortsetzen. Setze die Zahlenfolgen fort. (1) 2, 5, 10, 17, … (2) 5, 10, 20, 40, …	⊙	S. 201 Nr. 6, 7, 8 S. 202 Nr. 9, 10, 11 S. 203 Nr. 13, 14 S. 205 Nr. 18, 20 S. 207 Nr. 26
Ich kann zu gegebenen Termen Bilder – und Zahlenfolgen aufstellen. Wie lautet die Zahlenfolge zum Term $3 \cdot x + 5$? Zeichne eine Bilderfolge zum Term.	⊙	S. 204 Nr. 16 S. 206 Nr. 21 S. 207 Nr. 26
Ich kann in Bilderfolgen unterschiedliche Muster erkennen und dazu unterschiedliche Terme aufstellen. ① ② ③ Stelle zwei Terme zu der Bilderfolge auf.	⊙	S. 205 Nr. 18, 19, 20 S. 206 Nr. 21, 22 S. 207 Nr. 23, 24, 25
Ich kann zu Zahlenfolgen Terme aufstellen und mit diesen Termen die Zahlen an hohen Stellen der Zahlenfolge berechnen. Gib zu der Zahlenfolge 7, 12, 17, 22… einen Term an und berechne die Zahl an der 77. Stelle.	⊙	S. 206 Nr. 21, 22 S. 207 Nr. 24, 25, 26

zur Checkliste, S. 208, Kapitel „Zahlen- und Bildmuster", *mathewerkstatt* Bd. 2 (Kl. 6)

Unser Klima – Diagramme verstehen und erstellen

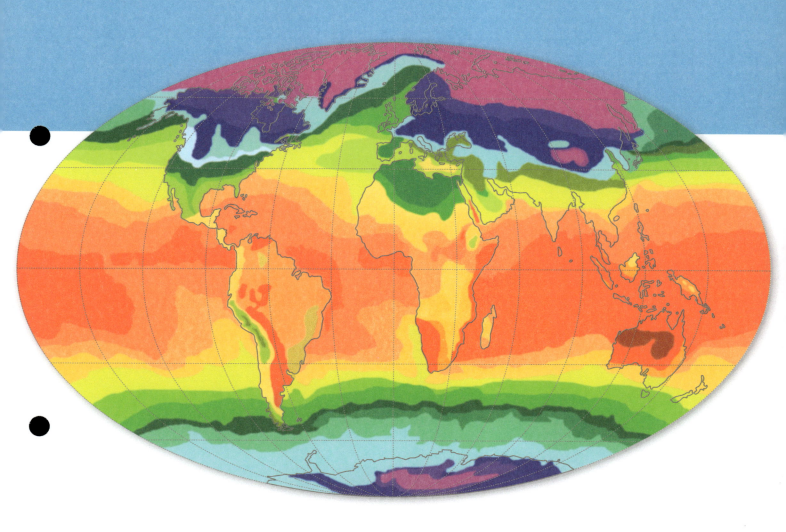

Seiten im **Materialblock**:

- Wissensspeicher ab Seite MB 107
- Methodenspeicher ab Seite MB 111
- Arbeitsmaterial ab Seite MB 113
- Checkliste Seite MB 116

Wissensspeicher — Diagramme lesen

Aus Diagrammen lassen sich viele Informationen ablesen.

Liniendiagramm	Säulendiagramm	Kreisdiagramm
(°C, Jan.–Dez.)	(mm, Jan.–Dez., Monat)	Stunden pro Tag (Jan.–Dez.)
Dargestellte Größen … ■ auf der 1. Achse: ■ auf der 2. Achse:	Dargestellte Größen … ■ auf der 1. Achse: ■ auf der 2. Achse:	Dargestellte Größe:
Der größte Wert: _____	Der größte Wert: _____	Der größte Wert: _____
Der kleinste Wert: _____	Der kleinste Wert: _____	Der kleinste Wert: _____

So findet man heraus, in welchem Monat der Wert am größten/am kleinsten ist:

_____

_____

So findet man im Liniendiagramm heraus, in welchem Monat der Wert genau 25 °C ist:

_____

_____

So ist der Verlauf	So ist der Verlauf	So ist der Gesamteindruck
_____	_____	_____
_____	_____	_____
_____	_____	_____

zu O2, S. 218, Kapitel „Unser Klima", *mathewerkstatt* Bd. 2 (Kl. 6)

Wissensspeicher Negative Zahlen darstellen

Temperaturen können noch kälter sein als 0 °C.
Sie werden mit **negativen Zahlen** beschrieben, die man an dem Minuszeichen davor erkennt.

Beispiel für eine negative Zahl:
Das „–" vor der Zahl heißt auch Vorzeichen.

So kann man negative Zahlen mit einer Zahlengeraden darstellen

Das haben Zahlengerade und Thermometer gemeinsam

_____

_____

_____

Darauf muss man beim Ablesen achten

_____

_____

_____

So bestimmt man den Abstand zwischen zwei Zahlen auf der Zahlengeraden

- zwischen einer negativen und einer positiven Zahl:

_____

_____

- zwischen zwei negativen Zahlen:

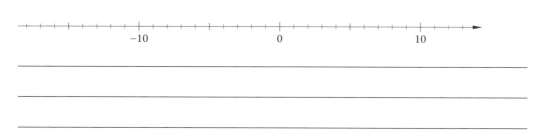

_____

_____

_____

zu O3, S. 219, Kapitel „Unser Klima", *mathewerkstatt* Bd. 2 (Kl. 6)

Wissensspeicher — Geeignete Diagrammart wählen

Mit den folgenden Diagrammarten kann man Daten darstellen:

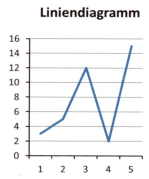
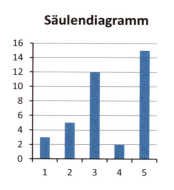
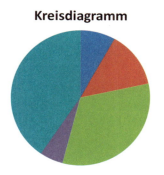

Je nachdem was man erreichen möchte, bietet sich eine bestimmte Diagrammart an:

Das möchte ich erreichen	Passende Diagrammart	Mein Beispiel für eine passende Situation zu diesem Diagramm
Ich möchte darstellen, wie sich etwas im Laufe der Zeit verändert.		
Ich möchte verschiedene Verläufe vergleichen.		
Ich möchte darstellen, wie groß die Anteile an einem Ganzen sind.		
Ich möchte Häufigkeiten darstellen.		
Ich möchte einzelne Werte ablesen.		

zu O4, S. 220, Kapitel „Unser Klima", *mathewerkstatt* Bd. 2 (Kl. 6)

Wissensspeicher — Unterschiedliche Wirkung von Diagrammen

Diagramme können unterschiedlich wirken, je nachdem wie man die Zahlen auf den Achsen einträgt.

Drei Gruppen haben dieselben Werte zum CO_2-Ausstoß dargestellt, wollen aber Unterschiedliches zeigen:

Gruppe 1:
Statistiker informieren möglichst neutral über die Entwicklung des CO_2-Ausstoßes.

Gruppe 2:
Umweltschützer wollen auf das schnelle und gefährliche Wachsen des CO_2-Ausstoßes hinweisen.

Gruppe 3:
Automobilhersteller möchten zeigen, dass der CO_2-Ausstoß nur gering gewachsen ist.

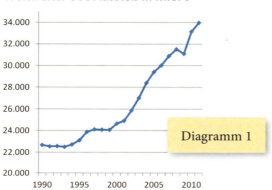

Diagramm 1

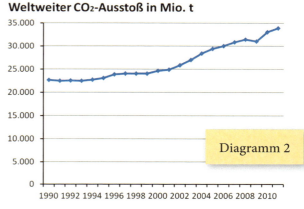

Diagramm 2

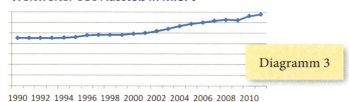

Diagramm 3

So gehören die Texte und Diagramme zusammen

Gruppe 1: Statistiker   Diagramm _____

Begründung: _____

Gruppe 2: Umweltschützer   Diagramm _____

Begründung: _____

Gruppe 3: Automobilhersteller Diagramm _____

Begründung: _____

So entsteht die unterschiedliche Wirkung der Diagramme

_____

_____

zu O6, S. 221, Kapitel „Unser Klima", *mathewerkstatt* Bd. 2 (Kl. 6)

Methodenspeicher Diagramme am Computer erstellen (Seite 1 von 2)

Ich möchte …	So geht man vor (z. B. in Excel 2010)	Das merke ich mir dazu
ein Tabellenkalkulationsprogramm starten		
eine Zahl oder Text eingeben	Man schreibt in eine Zelle. Dafür muss man sie markieren. (Im Bild ist Zelle „A1" markiert, d. h.: Spalte A, Zeile 1)	
die Spaltenbreite verändern	▪ Den Mauszeiger zwischen zwei Spalten setzen, sodass der Doppelpfeil erscheint. ▪ Mit gedrückter Maustaste ziehen oder Doppelklick	
die Tabelle oder einen Bereich markieren	Das Feld links oben anklicken und mit gedrückter Maustaste zum Feld rechts unten ziehen.	
das Unterprogramm *Diagramm* aufrufen	Menü *Einfügen* aufrufen	
die Diagrammart auswählen	Diagrammart anklicken, z. B. Säulendiagramm	

zu O5, S. 220, Kapitel „Diagramme am Computer erstellen", *mathewerkstatt* Bd. 2 (Kl. 6)

Methodenspeicher Diagramme am Computer erstellen (Seite 2 von 2)

Ich möchte …	So geht man vor (z.B. in Excel 2010)	Das merke ich mir dazu
die Größe des Diagramms verändern	<ul><li>mit der Maus in den Diagrammbereich klicken (wenn „Zeichnungsfläche" erscheint)</li><li>an den äußeren Punkten (rot markiert) ziehen</li></ul>	
einen Diagrammtitel einfügen	<ul><li>im Menü „Diagrammtools" erst auf den Reiter „Layout" klicken und dann auf den Button „Diagrammtitel" und der Auswahl folgen</li><li>in das eingefügte Feld klicken und den Titel eingeben</li></ul>	
einen Achsentitel einfügen	<ul><li>im Menü „Diagrammtools" erst auf den Reiter „Layout" klicken und dann auf den Button „Achsentitel" und der Auswahl folgen</li><li>in das eingefügte Feld klicken und den Titel eingeben</li></ul>	

zu O5, S. 220, Kapitel „Diagramme am Computer erstellen", *mathewerkstatt* Bd. 2 (Kl. 6)

Arbeitsmaterial   Klimabeschreibungen und Klimadiagramme (1 von 2)

Welche Klimabeschreibung passt zu welchem Klimadiagramm auf der folgenden Seite?
Schneide die Beschreibungen und die Klimadiagramme aus.
Gestalte damit zu jedem Kind und dem Klima in seinem Land ein Blatt.
Suche dazu im Internet Fotos, die zu dem jeweiligen Land und dem Klima passen.

Apinya: „Bei uns in Bangkok ist es ganz schön heiß und wir haben eine hohe Luftfeuchtigkeit. Die Touristen beklagen sich immer, dass sie klatschnass geschwitzt sind.
Im Winter ist es relativ trocken, aber während der Regenzeit regnet es viel.
Im September und Oktober gibt es häufig Überschwemmungen."

Ethan: „Canberra liegt etwa 150 km von der australischen Südostküste entfernt in den Bergen. Bei uns gibt es alle vier Jahreszeiten mit heißen Sommern und recht kalten Wintern. Dann ist es oft neblig.
Schnee fällt bei uns nicht jeden Winter, vielleicht so alle drei Jahre.
Er bleibt dann meist auch nur kurz liegen."

Khem: „Bei uns in Kairo ist es sehr trocken und wir sind umgeben von Wüste.
Vor allem von Mai bis September ist es unglaublich heiß und es regnet kaum.
Dann gibt es auch oft Sandstürme. Nur im Winter, da kann es nachts kalt werden
und die Temperaturen fallen dann auch schon mal unter 10 °C."

Nanouk: „Bei uns in Westgrönland ist es nicht ganz so kalt wie in anderen Orten in Grönland, dafür sorgt der milde Grönlandstrom. Dennoch haben wir im Winter immer Minusgrade und sind ab Oktober bis April richtig eingeschneit. Im Sommer gibt es ganz selten auch mal 20 °C, meist laufen wir aber auch im Juli mit Jacken rum. Wir müssen jederzeit mit plötzlichen Wetterwechseln rechnen."

Emma: „Bei uns in Deutschland regnet es im Jahr relativ viel.
Im Sommer ist es durchschnittlich 20 °C warm, jedoch regnet es oft.
Im Frühjahr und im Herbst regnet es auch oft, im Sommer aber noch mehr.
Zu Weihnachten liegt bei uns meistens Schnee."

Arbeitsmaterial   Klimabeschreibungen und Klimadiagramme (2 von 2)

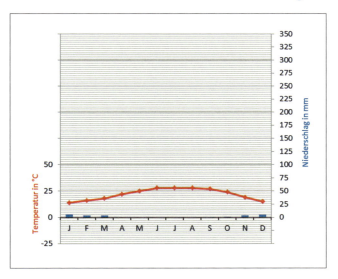
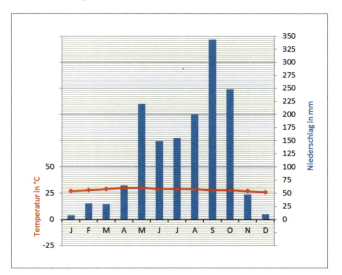
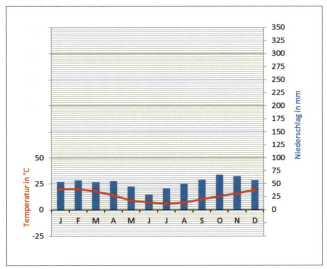
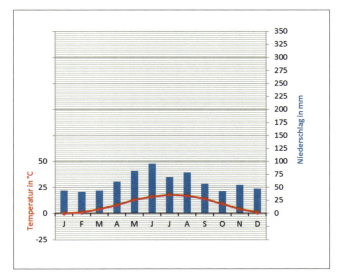
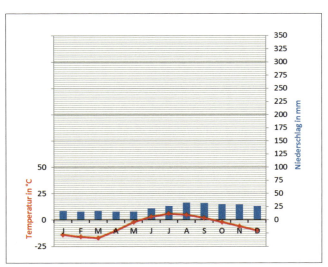

zu E1, S. 212 bzw. E4, S. 214, Kapitel „Unser Klima", *mathewerkstatt* Bd. 2 (Kl. 6)

Arbeitsmaterial — Das Weltreise-Spiel

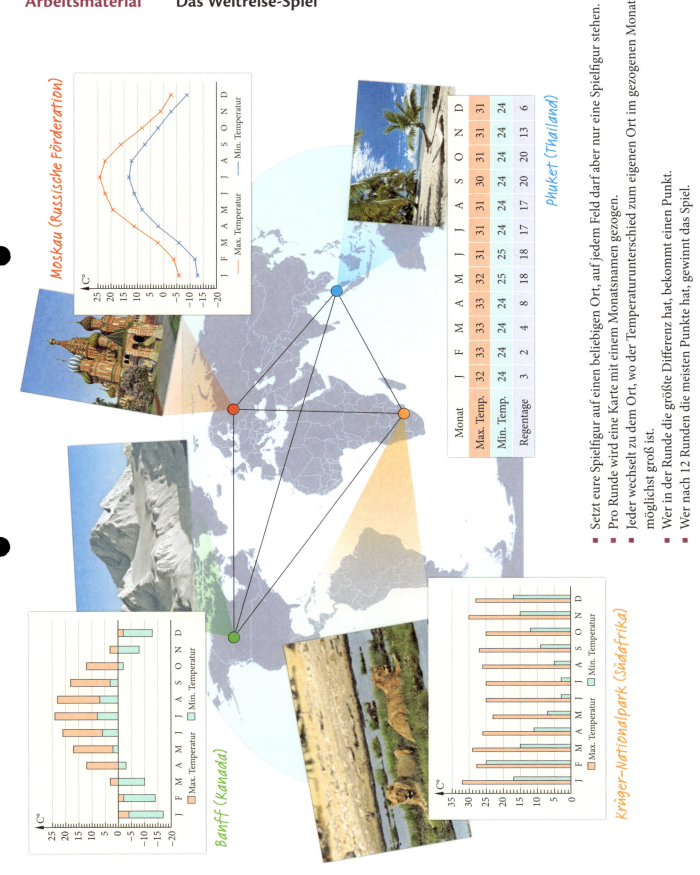

- Setzt eure Spielfigur auf einen beliebigen Ort, auf jedem Feld darf aber nur eine Spielfigur stehen.
- Pro Runde wird eine Karte mit einem Monatsnamen gezogen.
- Jeder wechselt zu dem Ort, wo der Temperaturunterschied zum eigenen Ort im gezogenen Monat möglichst groß ist.
- Wer in der Runde die größte Differenz hat, bekommt einen Punkt.
- Wer nach 12 Runden die meisten Punkte hat, gewinnt das Spiel.

zu V15, S. 227, Kapitel „Unser Klima", *mathewerkstatt* Bd. 2 (Kl. 6)

Checkliste

Unser Klima – Diagramme verstehen und erstellen

Ich kann ... Ich kenne ...	So gut kann ich das ...	Hier kann ich üben ...
Ich kann Zahlenwerte aus einem Diagramm ablesen. Welche Temperatur ist im März an diesem Ort zu erwarten? In welchem Monat sind es 6 °C?	◉	S. 222 Nr. 1–3 S. 225 Nr. 10
Ich kann positive und negative Zahlen an einer Zahlengeraden ablesen und auf einer vorgegebenen Zahlengeraden eintragen. Welche Zahlen sind markiert? Übertrage die Zahlengerade ins Heft und markiere dort die Zahl −7,5 und 1,5.	◉	S. 223 Nr. 4–6 S. 224 Nr. 8, 9
Ich kann eine Zahlengerade so einteilen, dass ich vorgegebene positive und negative Zahlen dort eintragen kann. Zeichne eine Zahlengerade, und wähle eine geeignete Einteilung, sodass du die Zahlen 45 und −25 eintragen kannst. Trage diese Zahlen auch ein.	◉	S. 223 Nr. 5, 6 S. 224 Nr. 8, 9
Ich kann den Abstand von negativen und positiven Zahlen bilden und erklären. Bilde aus den vier Zahlen −4; 5; −7 und 3 alle möglichen Paare von zwei Zahlen. Bestimme für jedes Zahlenpaar den Abstand der beiden Zahlen voneinander.	◉	S. 223 Nr. 4–6 S. 224 Nr. 7, 8
Ich kann ein Diagramm mit einem Tabellenkalkulationsprogramm erstellen. Erstelle zu den Daten in der Tabelle mit einem Tabellenkalkulationsprogramm ein Säulendiagramm und ein Liniendiagramm. <table><tr><td>Alter (in Monaten)</td><td>0</td><td>4</td><td>8</td><td>12</td><td>16</td><td>20</td><td>24</td></tr><tr><td>Körpergröße (in cm)</td><td>50</td><td>62</td><td>71</td><td>76</td><td>81</td><td>83</td><td>87</td></tr></table>	◉	S. 225 Nr. 10, 11 S. 226 Nr. 12
Ich kann entscheiden, wann welcher Diagrammtyp sinnvoll ist. Du willst darstellen, wie sich der Gewinn eines Ladens in den letzten 12 Monaten entwickelt hat. Welcher Diagrammtyp passt am besten? Begründe.	◉	S. 226 Nr. 12
Ich kann erklären, warum Diagramme zu gleichen Daten unterschiedlich wirken können. Die Diagramme zeigen die gleichen Daten. Warum wirken sie unterschiedlich?	◉	S. 226 Nr. 12 S. 227 Nr. 14

zur Checkliste, S. 228, Kapitel „Unser Klima", *mathewerkstatt* Bd. 2 (Kl. 6)

Bildquellen

Titelbild Fotolia/Donnerbold

1 BildArt Volker Döring, Hohen Neuendorf
2 ff. (Vignette) Fotolia/S.Kobold
3/1 Fotolia/Michel Bazin, /2, 3
7, 10/1, 3, 12 Cornelsen Verlagsarchiv
10 Fotolia, /2, 8, 9 jo.weber, /4, 5, 11 tina7si, /6, 7 reich, /10 Cornelia Pithart, /13 shootingankauf, /14 line-of-sight
13/1 Peter Wirtz, Dormagen, /2, 5 Cornelsen Verlagsarchiv, /3 www.sensi-glas.de, /4 Fotolia/Morphart
14 Fotolia/Andrey Kuzmin
15, 16 ff. (Vignette) BildArt Volker Döring, Hohen Neuendorf
26/1, 3, Fotolia/prill mediendesign, /2 www.spielgeschenke.de
44 Fotolia/3dbrained
45 ff. (Vignette) Fotolia/Kraska
47, 50, 51, 55, 56 Cornelsen Verlagsarchiv
58 Stadt Karlsruhe, Liegenschaftsamt/2013/1580
59 Amtliche Stadtkarte der Stadt Mannheim, Ausgabe 2010, FB Geoinformation und Vermessung
60 Cornelsen Verlagsarchiv
61 Fotolia/Margit Power
62 ff. (Vignette) Fotolia/thongsee
63 Fotolia/Antje Lindert-Rottke
66 Cornelsen Verlagsarchiv
73 Fotolia, /1 Carson Liu, /2 yetishooter, /3 MAST
74 Fotolia/Dimitri Melnikow
75 ff. (Vignette) Fotolia/r.classen
82, 83 ff. (Vignette) © Luis Filella, Barcelona
89/1, **90 ff.** (Vignette) Fotolia/visualtektur, /2, Fotolia/ix
90 mauritius images/imagebroker
91/1 Okapia/imagebroker/XYZ PICTURES, /2 fotolia/Serg Zastavkin, /3 Cornelsen Verlagsarchiv, /4 Timo Leuders, Freiburg
92 Cornelsen Verlagsarchiv
95 Aeronautica, Dipl.-Ing. St. B. Walter, Kaiserslautern
96, 97 ff. (Vignette) BildArt Volker Döring, Hohen Neuendorf
114 PantherMedia, /1 Kobchai Matasurawit, /2 Leah-Anne Thompson, /3 iStockphoto/atbaei, /4 mauritius images/imagebroker, /5 Fotolia/Ramona Heim
116 Fotolia, 1 pavel Chernobrivets, /2, 3 mirubi, /4 panthermedia/Andy-Kim Möller